制度是
如何形成的

第三版

苏力 著

北京大学出版社

如果它们不是同样地属于我和你,它们就毫无意义或近于毫无意义,
　　……
　　如果它们不是同样地既接近又遥远,它们就毫无意义。

——惠特曼:《自我之歌》

目　录

第三版序 …………………………………………… 001
增订版前言 ………………………………………… 003
原版序 ……………………………………………… 005
致谢 ………………………………………………… 009

深深嵌在这个世界中

为什么"朝朝暮暮"？………………………………… 003
我和你深深嵌在这个世界之中 …………………… 029
罪犯、犯罪嫌疑人和政治正确 …………………… 044
制度是如何形成的？……………………………… 056
把道德放在社会生活的合适位置 ………………… 072
这里没有不动产 …………………………………… 084
家族的地理构成 …………………………………… 101
法律与科技问题的法理重构 ……………………… 113
透视中国农村的司法需求 ………………………… 136
阅读中国市场经济中的秩序 ……………………… 149

"法"的故事

"法"的故事 …………………………………… 163
反思法学的特点 ……………………………… 186
法学知识的分类 ……………………………… 197
法学教育随想 ………………………………… 206
知识的互惠与征服 …………………………… 212
曾经的司法洞识 ……………………………… 218
悼念费孝通先生 ……………………………… 233
社会转型中的中国学术 ……………………… 239

阅读秩序

法律如何信仰？ ……………………………… 251
认真对待人治 ………………………………… 259
从政法的视角切入 …………………………… 274
民主与法治的张力 …………………………… 278
社群主义的挑战？ …………………………… 291
经济学帝国主义？ …………………………… 302
《新乡土中国》序 …………………………… 312
超越"不过如此" ……………………………… 319

第三版序

北京大学出版社要出新版。对全书,我仅有个别文字修订,未作实质性修改。

苏 力
2022年5月16日于北大法学院陈明楼

增订版前言

《制度是如何形成的》1999年出版,首印3000册,据说重印过3000册,市场上却一直少见。不时有学生询问。曾托刘星学兄几次督促,但也只是督促而已。想改版,除人懒、怕麻烦外,因在版权期内,若手续不齐,没有书面证据,还怕成了被告——侵犯了出版社的知识产权。与此经历类似的还有同一年山东教育出版社出版的《阅读秩序》。

八年的版权期总算过了,于是有了这本增订版《制度是如何形成的》。除仍有市场需求外,出版增订版主要不是因为"敝帚自珍",而是因为这些文章——即使一些类似时评的文章——中触及的诸多社会和学术问题依然存在;甚至,八年的时光更验证了当年的一些粗陋分析和预测。它们不合时宜,却因此没有过时。

但增订版与初版还是有较大区别。首先是校订了一些明显的错误,例如"制度"一文原副标题"马歇尔(应为马伯利)诉麦迪逊案的故事";甚至被人转到网上,真可谓"谬种流传"。其次作了某些文字修改调整,力求明白流畅,一些文章增加了相关背景介绍,也恢复了某些文章发表时省略的某些注释。但最大的改动是文章的增减。"为什么'送法上门'?"和"法律社会学调查中的权力资源"原先是当时设想中的《送法下乡》的两章,如今让它们归队,不再收入;初版的五篇书评文章已收入书评集《批评与自恋》,本来也不打算收入,但为保持整体结构,只删了两篇。增订版因此保留了原书11篇文章,新增了15篇论文、学术随笔和读书笔记。新增文章的追求、思路和风格与原书基本一致;也仍按原书结构大致分为三编:关注社会现实、反思法学和读书,尽管这三方面很难严格划分。想过改书名,但还是保留了,主要怕蒙读者多花钱。这样的交代可能有利于买书人的选择。

除初版以及各文中致谢的朋友外,我想特别提一下北京大学出版社蒋浩编辑,谢谢他的大力督促;否则,惰性会一直拖住这个增订版的。

苏 力

2007年6月6日

原版序

这本书汇集了我近两年发表的部分论文、学术随笔和读书笔记。有两篇曾收入早该出版但因出版社拖沓至今尚未出版的《阅读秩序》一书中。文章大致分成三编。书名则取自集中的一篇文章。

第一编主要是关注一些社会和法律的热点问题，诸如言论自由和隐私权、婚姻法修改、刑事诉讼法修改、送法下乡、科技与法律以及司法审查和制度形成的问题。当然都只是"攻其一点，不及其余"，试图从一个角度切入进行学理的然而可能对社会实践有影响的讨论。写作这些论文，我寻求的不是上帝的眼光，而是带着普通人的常识，以法学家的冷酷眼光来考察。可以说，这些论文反映了对现实的关注。

对现实的关注当然应当包括对自己所在的学科和学术活动的关注和反思。特别是在目前"依法治国，建设社会主义法治国家"的口号已成为流行话语，法律和法学行当非常热门的今天，这种反思甚至格外必要。正如一些清醒的经济学家所言，中国的经济改革的成功并非经济学研究的功劳一样，我也一直很怀疑法学家是否有能力担当起建设法治的任务。我还是坚持自己的观点，法治是一个民族的事业，法学家的工作大致只是对这一事业的正当化和理解。因此,在社会实践中特别是中国社会变迁中反思法学的特点,反思中国近代法学形成,乃至反思法学研究及其方法,不是多余的,而是法学家必须经常扪心自问的。这并不是说法学家可以放弃自己的社会责任和人生关怀,而是说我们必须知道我们知识的界限。这是康德的问题,可能太哲学化了。但至少我们应知道如今不允许做虚假广告,声称自己有包治百病的宫廷秘方呀!否则,就有乘机攫取私利或推销假药的嫌疑。这种"自我审查"是否会对法学"研究"的"蓬勃发展"产生不良影响呢?我认为不会,人不可能在任何时候说一切事情,总是必须有所为有所不为,也只有有所不为才能有所为。不能因为市场销路好,就萝卜多了不洗泥;假冒伪劣产品盛行,不仅害人,而且最终只会砸掉自己的饭碗。第二编的文字就是这样一类对于法学自身的反思。

最后一编的五篇是读书笔记和读后感。

关注现实、反思自我和认真读书,大致构成了我认为一个法学家的"应为"。而且顺序也恐怕不可颠倒,至少在我看来如此。当然,这三者从来不可分。因此,这里的分编似乎又有点多余,恐怕只是为了把书编得更像书一样罢了。人要脱俗是很难的,因为"俗"就是一种约束人的制度。

说到"俗",应当再多写几句。在这些文字中,我或多或少追求了一种通俗,尽量从常人的一般感觉出发,试图将一些普遍流行的俗话、俗语或俗事中都纳入一种理论分析。固然这有追求作品的读者面最大化的考虑,但这更是一种学术的追求。我认为理论不来自理论,而只能来自社会生活。市面上流行的俗话、俗语甚至俗事之所以流行是因为它们集中概括地反映了人的一些特点、局限,反映了人所在的特定社会的一些特点,或者反映了特定自然、社会条件制约下人的一些特点,因此有可能与现代学术研究成果相通,甚至表述更为凝练和富有地方特色。一个学者,如果能够从这些地方切入,将它们纳入理论分析,就有可能赋予这些世俗的东西以理论的意义。这不仅对普通人有启发:喔,原来那些高深的理论离生活并不远,并不是只有在象牙塔才能瞥见的真理,理论就在我们生活中,就像窗外雪花那样无声飘落;我更认为这可能对学者有启发:文章原来可以这样写,理论原来也可以这样表述,我们周围原来有这么多理论思考的素材。

为了追求这种"俗",我也力求摆脱法学理论文章习惯表露的那种绝对真理之化身的语调和叙述方式。请注意我的着重号。许多作者实际上并不把、也未必想把自己的言述当作绝对真理,但他们的语调和表述方式却往往给人这种印象。由于没有对立面,没有对对立观点的同情理解,过分强调对与错、善与恶、正与反的截然对立,言词仿佛很是有力,却往往令人敬而远之。毛泽东同志早就批评过这种"洋八股""党八股"的文风"语言无味,面目可憎,像个瘪三"(《反对党八股》)。我试图以自己的文字改变这种状况。我精神分裂似地不断同自我论战,不断对自己的立场和论点提出可能的质疑,对自己抱一种适度的怀疑;我力求在同假想的读者诉说、对话、辩论中展开和开发自己。这并不意味着我"谦虚"或缺乏自信;事实上,我坚持我的观点,且相当顽固。但哪怕是假想的对手,我也把他当成一个讲道理的真正对手,希望让思想的路径以及它可能误入的歧途统统展示在辩论中。这也是对自己思维的一种训练——您读过茨维格的小说《象棋的故事》吗?

这种努力,并不是一种新的尝试,而是一种对传统的回归,尽管并非为了回归。无论是中国古代的《论语》《孟子》,还是柏拉图的《对话录》,都是对话体,都是从日常生活问题切入的。也许时代不同了,而且人微言轻,我们不可能甚或没有大师们的能力用对话方式写作。但是,至少我们可以把思想表达得更为从容一些,尽管从容也需要努力。

也许有人会认为我这种努力是一种"启蒙",确实,就有人善意批评我写的东西类似"启蒙"读物。我敝帚自珍,并不认为这种努力是在启蒙。除坚持对现实问题作理论思考外,我只是在寻求思想的另一种表述方式而已。同时,我从来也不认为有谁能启他人之蒙。启蒙从来都是个体的自觉过程,是自我的超越,别人无法替代。读书与其他社会生活事件一样,不过可能成为激发人们经验自觉的触媒之一。一个人如果没有人生的体验和反思,即使读再多的书,经再多的"沧海",也永远不可能有"启蒙"之悟。在启蒙这个问题上,读者永远比作者更有权利。

当然,正如任何事都有机会成本一样,我的这种努力同样要付出代价。因此,如此追求并不意味着我认为这种努力在绝对意义上最好,也不意味着我一定会坚持下去,或在所有的文章中都坚持。一些善良的朋友会谴责我,甚至"骂"我:不作系统性理论努力,不写专著,不对概念作精确的界定,乃至"媚俗",等等。但是,我常常感到今天中国的学术界特别是法学理论界缺乏常识,而任何强烈实践性的理论,都不能忘记常识。常识是我们生存的,然后是学术的出发点。

此外,正如博尔赫斯所言:"每个人总是写他所能写的而不是他想写的东西。"

窗外,是今年的第一场雪。无风的天空中,雪飘洒得如此缠绵悱恻、缱绻动人,昨日的萧萧落叶已被覆盖……冬天了。当江南草长,燕子归来之际,这本书就会来到这个世界。

苏 力

1998年11月21日上午于北大蔚秀园

致　谢

　　谢谢几年来许多朋友的鼓励和批评,没有他/她们以各种方式的支持和督促,这里的许多文字或现在以文字表现的思想最多只能私下交流。除感谢丁小宣、方流芳、冯象、葛云松、贺卫方、梁治平、刘星、刘燕、强世功、舒国滢、宋军、张志铭、赵晓力、郑戈以及法学界其他一些无法在此一一提及的朋友外,我还必须感谢邓正来、黄平、盛洪、沈元、孙歌、汪晖、王铭铭、杨念群、张曙光、赵汀阳等其他学界的朋友,感谢许多杂志的编辑,这里许多文章都是他/她们"逼"出来的。我要感谢我的许多学生,这里的许多内容都曾以讲课或讲座的方式讲授过,受到他/她们的评论和质疑,其中有些对我是有启发的。我还必须感谢本书的编辑杨苗燕女士,没有她的二次"逼迫",这些当年被"逼"出来的文字,也许还得等两年才会变成一本书的。谢谢了。

　　我得感谢我母亲,我的妻子,我的兄妹和我的女儿。然而,我已经无法表示谢意的是对我的父亲,他不久前去世了。除其他影响外,父亲对我走上学术之路也几乎起了决定性作用。这里的许多文字他都曾细细读过,甚至是在他病重住院期间,用着放大镜;也许他并不都能理解儿子的专业,但我知道,他曾为此自豪和骄傲。写到这里,我不禁泪水盈眶……中国人的习惯是,许多感情话不对最亲近的人说;等到想说的时候,却已经晚了。

借用当下中央电视台一个关于下岗再就业的公益广告中的话,"爱我的人"和"我爱的人"使我不敢停止努力。

苏 力

1998年12月30日于北大蔚秀园

深深嵌在
这个世界中

为什么"朝朝暮暮"?*

> 没有任何制度有可能建立在爱之上。
>
> ——尼采[1]

一

在时下的城里人,特别是受过一些教育的人看来,结婚基本是,因此也应当是,男女双方个人感情上的事。男女相爱了,然后就结婚了;似乎是,基于性的爱情引发了个体的结合,也就引出了作为制度的婚姻。他们又从此反推,婚姻制度应当以爱情为基础。[2]

---

* 原文以"'酷'一点"为题载于《读书》1999年第1期。
1 Friedrich Nietzsche, *The Will to Power*, trans. by Walter Kaufmann and R. J. Hollingdale, ed. by Walter Kaufmann, Vintage Books, 1968, n. 732, p. 387.
2 如果作恰当的理解,这话其实并不错。但许多人在理解这话时有两个可能相关的错误,一是将基础理解为唯一的因素,二是将基础这个隐喻作一种实体化的理解,因此基础不存在,其他也就不考虑了,这实际还是把感情作为唯一的因素。

没有爱情的婚姻是不道德的婚姻[3]，恩格斯的这句话，往往成为论战者一个屡试不爽的武器。

理想状态的个人婚姻当然是感情、性和婚姻的统一，这是许多爱恋中的男女梦寐以求的。但是，如果睁眼看一看，就可以发现，爱情和婚姻在现实生活中似乎总是不能统一。最极端但仍然流行的表述就是"婚姻是爱情的坟墓"；两者简直是不共戴天了。

而且，认真想一下，就会发现，如果纯粹是两人之间的私事，那么无论是感情还是性，都无须婚姻这种法律的或习俗的认可。如果仅仅是情感，无论婚前的"求之不得，辗转反侧"，还是婚后的"恨不相逢未嫁时"，都无人谴责；反倒是常常得到人们的同情、欣赏甚至是赞美。这些古诗的流传，没有被"封建社会"封杀就是一个明证。即使是性行为，无论是婚前的还是婚外的，在任何社会都不少见，以至于大观园里"只有两个石头狮子是干净的"。当然，婚外（包括婚前）性行为往往受到社会谴责、干预和压制，但主要是因为这些行为可能殃及或波及他人（经济学上称之为"外在性"），例如"始乱终弃"，例如"夫妻反目"，等等。如果没有其他外溢的后果（这一点很重要），我想没有哪个社会会以法律干预。事实上，这些问题在诸多国家的法律上都是"不告不理"的，并且只有利益相关人（而不是任何其他人）告了才受理。一个更明显的证据则是，如今，无论西方还是东方，同居都比以前更常见[4]；没有

---

[3] 参见，恩格斯：《家庭、私有制和国家的起源》，《马克思恩格斯选集》卷4，人民出版社，1972年，页78—79。

[4] 参见，安德烈·比尔基埃等主编：《家庭史：现代化的冲击》，袁树仁等译，生活·读书·新知三联书店，1998年，页571。

为什么"朝朝暮暮"?

结婚这道法定或习俗的仪式和手续,并没有限制同居男女之间情感和性的交流和获得。既然婚姻可以与同居分离,那么我们就没有理由认为,作为制度的婚姻是为了满足性、满足异性间感情的需要。

如果一定要较真,婚姻制度之建立,从一开始反倒更可能是,为了限制和规制人的性冲动和异性间的感情。即使是"婚姻自由"这条现代婚姻最基本原则,也不例外。首先,这条原则要求婚姻必须有男女双方的同意,这就是对情感行为的一种限制、一种规制。这一原则宣告社会拒绝承认基于单方性本能冲动或情感而强加于另一方的性关系之合法性,并坚决反对这种性关系(因此有强奸罪)。其次,婚姻自由原则还不独立存在,作为其背景和支撑的还有目前绝大多数国家采纳的一夫一妻的原则。这两者相加,婚姻自由就意味着至少在制度和规范层面不允许多妻、多夫、重婚和婚外恋;即使有关当事人两情甚或是多情相悦,也不许可。当然,有人会论证一夫一妻制天然合理,是"真正的"婚姻,因为恩格斯说过"性爱按其本性来说是排他的"[5];但恩格斯强调的只是一种应然,而不是"实然",因此是一种看法。不仅至今一些阿拉伯国家仍采取多妻制;而且社会生物学的研究发现,至少有些人(男子中更为普遍一些,但不限于男子)有可能同时爱着(爱的方式、方面和程度则可能不同)几个人,只要有机会,没有其他后果,都愿意与之发生临时的甚或长期的性关系。克林顿未必是因为厌倦了希拉里才同莱温斯基或其他女子发生了"绯闻"吧?生活中常常出现"脚踩两只船",或"挑花了眼",乃至目前流传的"喜新不厌旧"的说

---

5 恩格斯,《家庭、私有制和国家的起源》,同前注3,页78。

法，也都表明，从生物性上看，至少有些人可能同时真心爱几个人。"老婆是别人的好"这句"话糙理不糙"的俗话，概括了相当普遍的一种社会现象。"非你不娶，非你不嫁"，从来只是部分恋人（特别是初恋者）的誓言，真正付诸实践的人很少；实践了，也往往会被人们视为"一棵树上吊死"。但这种种性冲动，或基于性的感情，在一夫一妻制下的"婚姻自由"中都受到了限制和规制。只是我们常常忽视这些相当普遍的现象，习惯于把书本上的"应然"当作"自然"。于是，"自由"变成舌尖上的一个概念，我们很容易忘记了作为制度化的自由的另一面从来都是规训。[6]

也许有人会说，恰恰是有了这种规制或限制，才更好满足人们的性和情感的需要。也许如此。但是这个"人们"是谁？恐怕是希拉里（们），而不会是克林顿（们）吧？而且，从广泛流传并因此显示其颇得人心的"婚姻是爱情的坟墓"以及"少年夫妻（性）老来伴（亲情）"的说法，都表明爱情、性与婚姻并不相等。性爱往往导向婚姻；但婚姻的成立，之所以成为一种"社会制度"，成为一种"文化"的组成部分，之所以得以维系，却不仅仅是性和爱情，也不仅仅是为了性和爱情。如果两情久长确实"岂在朝朝暮暮"（注意，说这话的秦观是个男子；一般而言，女子更希望终身相守），社会又为什么确立了朝暮相守的伴侣婚姻？看来秦观的问题值得深追下去。作为一种制度，婚姻势必有更重要的，至少也是与满足性需求同样重要的社会功能。

---

[6] "启蒙运动发现了自由也发明了规训"。Michel Foucault, *Discipline and Punish, the Birth of the Prison*, trans. by Alan Sheridan, Vintage Books, 1978, p. 222。

为什么"朝朝暮暮"?

二

婚姻制度最重要的功能之一,特别是在工业化之前的社会或社区中,就是费孝通先生在《生育制度》中曾予以详细分析讨论的生育功能,特别是"育"的功能。[7]

生育冲动是一种自然本能,但人类要完成这一由基因注定的历史使命时,却不能仅仅凭着性本能。从一个受精卵到一个可以独立谋生的人,至少需要十多年的时间。在这期间,如果没有他人的支持和养育,小生命随时可能夭折。首先当然是娘胎里的养育;但即使出生之后,也需要人养育。从可能性上看,出生之前或之后的养育未必要父母共同提供(例如有借腹怀孕和领养);但一般说来,父母可能最合适,也最有动力好好养育这个孩子。从生物学上看,每个生命都"希望"[8]自己的基因能更多传播开来、存活下去(因此,常见的男子"花心"、女子"痴心"都可以从这一点开始解释);一般说来,父母更关心承继了自己基因的孩子,养育的动力也更大。"儿子是自己的好",这句俗语概括了作为生物的人类的一个普遍特征;各国民间长期广泛流传的邪恶"继母"或"继父"形象,例如,白雪公主和"小白菜,地里黄",由此也可以得到一个生物学的解释(尽管这一解释不完整)。

---

[7] 参见,费孝通:《生育制度》,《乡土中国·生育制度》,北京大学出版社,1998年。
[8] 其实是本能,并非主观意图,因此"希望"这个词是错的;但似乎没有更合适的表达。

不仅如此，以生物基因联系为基础分配养育后代的责任，也大致公平、便利和有效率。所谓公平，首先是从人类总体上看，由于生育能力和生活环境的限制，每个父母实际养育的孩子数量一般不会太悬殊，因此每个父母都分担了大致相当的养育后代的责任。人类物种遗传的任务不仅分担了，而且保持了生物基因的多样性，防止了面对意外疾病或灾难时，因基因单一可能出现种族甚或物种灭绝的巨大风险。公平的第二方面是从生物个体上来看，基因得到更多遗传（即有更多子女）的父母必须承担起更多养育责任，只有履行更多责任才能实现他们在生物学上的更大收益；"权利""义务"两者大致对等。此外，以这种生物关系分配养育责任相对来说比较方便。试想如果以其他方式，例如让一个机构来决定养育责任的分配，就可能发生很多的纠纷和争议。人们都会争着养育那些相对健康、漂亮、省心的孩子，不愿养育那些病弱甚或先天残疾的孩子。这种责任分配因此也是有效率的：效率来自"产权"明确，使父母更有激励来养育好自己的（生育以及以其他方式收养的）孩子。

这种责任分配至少在一定的人类历史阶段也适用于作为母亲的女性。在农耕和狩猎社会中，女性的生理特点使她在怀孕和哺乳期间很难与其他人在同一起跑线上展开生存竞争，她们行动不便，容易受到伤害，需要他人的保护和支持。但这个"他人"是谁，如何在茫茫人海中标记出这个"他人"？血缘关系当然可以作为一个标记系统，父母兄弟姊妹也确实常常提供了支持和保护（部分原因是他/她们分享了共同基因）。但是，父母也许年长、去世（特别是在生命预期只有30~40岁左右的古代），或他们还有更年幼的孩子要保护，他们自己也还要生存；兄弟往往有或即将有自己的妻子或孩子要保护；姊妹也许面临与这位女性同样的问题。也许（并不必然，因此有摩梭人的婚姻制度）需要到血缘关系外发现可能并可靠的保护者和支持者；显然，那位使她受孕的男子是更有能力的且最合适的。不仅这样标记更为简便，而且这位男子一般说来也比其他男子更有自我利益驱动来保护和支持这位女子——毕竟自己的基因将通过这位女子得以流传。也许正是由于寻求这种支持和保护，我们也可以理解，为什么女性选择配偶，一般不像男子那么注重相貌和"贞洁"，而趋于重视身高、健壮、财产，以及现代社会的学历、地位等一般说来大致但不一定代表了男子的保护和养育能力的东西。[9] "郎才/财女貌"成为世俗婚姻的理想类型，看来不仅仅是由于"封建"意识，而是有一定生物学基础的。[10]

因此，从个体上看，结婚似乎是个人的选择，是性成熟的结果，是感情发展的自然；但从宏观上看，婚姻作为制度是为了回答社会生活中的这些复杂琐细问题而演化发展起来的。它源于性，也借助了性，但如同毛毛虫蜕化为花蝴蝶一样，它成为分配生育的社会责任、保证人类物种繁衍的一种方式，成为一种与人类生存环境有内在结构性关系的制度。[11] 我们无法不赞叹这种以人的生物性因素为基础的、从人类非有意活动中生发出来的自然秩序！

---

[9] David M. Buss, "Sex Differences in Human Mate Preferences: Evolutionary Hypotheses Tested in 37 Cultures," 12 *Behavioral and Brain Sciences* 1（1989）; Gwen J. Broude, "Extramarital Sex Norms in Cross-Cultural Perspective," 15 *Behavior Science Research* 181（1980）; 均转引自，Richard A. Posner, *Sex and Reason*, Harvard University Press, 1992, p. 93, n. 17。

[10] Posner, *Sex and Reason*, 同前注9, p. 91。

[11] 参见，费孝通：《生育制度》，同前注7, 页100—101。

三

但是，恰恰从这里开始，我们也看到了制度化的婚姻与性爱分离的基点。婚姻不再仅仅为了性爱，而是一种为了生育的"合伙"，一种男女双方借助各自生育上的比较优势而建立的共同投资。[12] 不仅如此，婚姻还有其他社会功能。至少在传统的农耕社会中，婚姻也是建立一个基本社会生产单位的方式。通过男女分工，婚姻使家内家外各种福利的生产都获得一种可能的规模效益，而且有互补性。[13] 婚姻也还是夫妻双方经由生育而进行的一种长期投资，也是一种相互的保障；养育孩子，在传统的农耕社会，从来都是父母的一种养老保险和医疗保险。"养儿防老"，这句俗话概括了农耕社会中多少代人的经验；而"老来丧子"更被中国古人沉痛地概括为人生三大不幸之一。[14] 夫妻双方在性和爱情之外也还有其他。到了老年，性已经从生活中完全消退，以前各方面矛盾颇多甚至闹过离婚的夫妻也会相濡以沫，关系更为融洽，一片"夕阳红"了。这种相互的安慰和照顾往往

---

[12] 经济学上的分析，参见，加里·贝克尔：《人类行为的经济分析》，王业宇、陈琪译，上海三联书店，1993年，特别是第11章。

[13] 有关生物学研究的介绍，请看，Posner, *Sex and Reason*, 同前注9，特别是第4章；经济学的论证，请看，贝克尔：《人类行为的经济分析》，同前注12。

[14] 另外两件是"幼年丧父"和"中年丧偶"；同样与这里讨论的问题有关。前一件表明在没有社会养育孩子体制的传统社会中，一个人幼年失去父亲（无论是死亡还是离家出走）是何等不幸。中年丧偶，无论对男子女子来说都是不幸，这里不仅有失去伴侣的痛苦，而且由于种种原因，失侣者可能都难以再婚（对于男子，可能是财力上的；对于女子，则可能有更多的禁忌），而这时抚养孩子特别需要"帮手"。而如果是从女人的角度看，这种失去伴侣的不幸则尤为深重，"孤儿寡母"在传统中国社会中几乎就是不幸的同义词。

为什么"朝朝暮暮"?

是其他任何人无法替代的。在今天中国的城市生活中,由于社会流动性增加,子女天南海北,不再可能儿孙满堂,儿女作为养老保险的功能减弱了,但这种"老来伴"的功能增加了。这些已经没有性的关系或没有基于性之爱情的关系,仍然是婚姻。如果如同当今许多城里人理解的那样,婚姻仅仅是基于性的两情相悦,或者把性(或基于性而发生的爱情)视为婚姻法力求保护和促进的最重要社会福利,那么婚姻法就有充分理由不仅应允许,而且要大力鼓励男子,在妻子人老珠黄后离婚另娶或纳妾,因为就生理上看,一般说来,男子的性欲持续的年份更长久。

从历史上看,情况恰恰相反。中世纪欧洲基督教社会曾长期禁止离婚,即使妇女不能生育也不例外[15];在古代中国,允许丈夫以诸如无子、淫乱等七个理由休妻("七出"),但除"和离"即今天的协议离婚外[16],"三不去"的规定以及对"七出"作出的解释实际基本禁止了男子离异妻子。如果不是抽象坚持离婚自由原则,不是用今天的语境替代昨天的语境,那么,这种禁止或严格限制离婚的婚姻制度在当时恰恰是人道、合理和正当的。因为在一个生产生活资料都主要通过体力获得,并因此大多由男子占有和支配的社会中,在一个没有现代社会保障体系,也没有强有力的法律干预保障离婚赡养得以切实实现的社会中,如果允许随意离婚,事实上会把一大批年老色衰的壮年、老年女性推向经济绝境。恰恰是这种禁止和限制,在总体上并在一定程度上保护

---

15 参见,Posner, *Sex and Reason*,同前注9,页47以及注14。
16 "七出三不去"是中国古代解除婚姻的基本制度。七出者为,不顺父母、无子、淫乱、恶疾、嫉妒、多口舌和窃盗;三不去者为,有所娶无所归、同更三年丧和先贫贱后富贵。参见,瞿同祖:《中国法律与中国社会》,中华书局,1981年,页124—128。

了女性权益。例如"三不去"规定,"同更三年丧"不允许离异,是因为妻子帮助丈夫渡过了家中失去劳力这一段最艰难的时期;丈夫"先贫贱后富贵"不允许离异,是因为这种富贵是妻子参与创造的;妻子"无所归"时也不允许离异,这是为了避免妻子流落街头。又如,所谓"无子",法律解释是,妻子必须50岁以上仍然无子方可休妻[17];而在平均生命预期不超过40岁的时代[18],妻子50岁时,其父母或其公婆难免有人已经去世,属于"无所归"或"同更三年丧"的范畴,因此可以"不去"了;法律还规定妻子可以收养儿子,也可以"不去"。当然,不许离婚对特定女性的保护未必很好,也并非总是有效。肯定有一些女性恰恰因为禁止离婚受到冷遇、羞辱、虐待、迫害;但是,允许离婚也许对另一些女性更糟,更为残酷。就绝大多数女性来说,可以推定,活下去仍然是第一位的。因此,在当时的条件下,两种制度相比,禁止离婚对大多数女性也许就成了一种最低的社会保障,主要不是或至少不总是一种压迫。[19]

上面分析的一个前提假定是,女性是弱者,需要保护。这个假定当然可以被质疑,并肯定会受到激进女权者的批评。但有意义的质疑必须基于特定语境。我并不一般地认为女性是弱者,更

---

[17] "问曰:妻无子者,听出。未知几年无子,即合出之?答曰:律云:'妻年五十以上无子,听立庶为长。'即是四十九以下无子,未合出之。"参见,(唐)长孙无忌等撰,刘俊文点校:《唐律疏议》中华书局,1983年,页268。

[18] 据刘翠溶对长江中下游地区的一些家谱的研究,在1400—1900年间,中国人出生时的预期寿命约在35~40岁之间波动。Liu, Tsui-jung, "The Demographic Dynamics of Some Clans in the Lower Yang Tze Area, Ca 1400-1900," *Academic Economic Papers*, vol. 9, no. 1, 1981, pp. 152-156。同时人口学研究,中国人在1949年前后的平均生命预期也仅仅是35岁左右。

[19] 有关的经济学论证,请看,Richard A. Posner, *The Economics of Justice*, Harvard University Press, 1981, pp. 190-191。

不认为她们在智力上弱于男子。我只是说，在农耕社会或狩猎社会中，在冷兵器战事频繁的年代中，换言之，在一个主要依靠体力的社会中，女性相对于男子，由于她们的生理特点，在生存竞争中处于不利地位。即使如此，这也只是一般。我并不排除有些女子身高和体力都优于某些男子，例如前中国女篮队员郑海霞就比绝大多数男子更高更壮。由于女性在这些方面（而不是所有方面）的自然生理特点（而并非弱点），使男子在社会中占据了主要的生产和生活资料，男性的生理特点逐渐制度化成为社会地位上的优势。但这反映出来的恰恰是，一个社会的生产力发展水平和生产方式，而并非婚姻自由的原则或理念，是影响甚至决定该社会婚姻形态的一个基本的尽管不是唯一的因素。如果从这个角度看，我们才看出婚姻制度的建立以及它与性、感情在历史上的分离是有意义的，这不是一种男性的阴谋，更不是当时人们的愚昧。只有这样，我们才可能以历史的眼光语境化地理解先前婚姻制度的优劣利弊，而不是以今天的自我道德优越审视历史，把复杂的历史问题作一种道德化处理。而也正是在这种眼光下，我们才可能真正理解"时代不同了，男女都一样"，并且把重音放在"时代"二字上。男女都一样的前提条件并不是我们有了一种新的、比前人更公正的观念，而首先是因为，时代变化了。

四

　　这个时代确实有了很大的变化。市场创造了对劳动力的大量需求；工业化和知识经济的发展使大量妇女就业，至少在许多工作岗位上可以毫不逊色，甚至比男子更为出色地创造财富；避孕的简便和医疗的进步使妇女不再为频繁的生育或怀孕所累；小家庭；家务劳动的社会化和电气化；教育的普及；社会交往和流动的增加；以及由此带来的各种选择和再选择机会（包括配偶之选择）的增加。所有这一切在一定程度上都重新塑造着女性（也因此在重塑男性），在一定程度上改变了因体力弱这种自然属性而产生的在社会生活中受压迫和剥削的命运，并进而影响了婚姻中的男女关系。[20] 在现代社会，就总体而言，个人养育后代的责任已经不像在传统社会中那么沉重了，社会可以、希望并且已经承担起先前由父母承担的养育孩子的许多责任。[21] 由于社会保险、福利制度的建立，由于人员的高度流动，"养儿防老"在许多国家已经成为明日黄花，社会也更多承担起赡养老人的责任。除了生物的性爱本能以及文化传统，父母因生育的收益下降而日益缺乏生育孩子的动力（DINK 家庭在都市日益增多，就是一个明证）。由于女性工作机会增多，生育孩子的机会成本也使她们生育更为"理性"（妇女生育率与她们的就业程度特别是收入高低大致成反比）。[22] 近代以来，婚姻制度因此发生了一些重大变化，这不是观念改变或启蒙的产物，我更倾向于认为，这是一个社会历史的过程。

婚姻制度变化中，最重要的就是婚姻自由包括离婚自由

---

[20] 参见，比尔基埃等主编：《家庭史》，同前注4，页573以下。
[21] 在欧洲一些国家最为典型，各国采取了各种有利于生育的财政鼓励措施，但效用有限。在瑞典，这种"社会补助推向了极端。在这些国家里，各种各样的补贴取代了那些本该由家庭或家庭网提供的补贴"。在教育、住房和保健方面的一些社会"计划以某种方式促使家庭的传统职能化为乌有"。比尔基埃等主编：《家庭史》，同前注4，页584—585。即使在其他发展中国家，从学龄前教育到高等教育的社会体制，尽管不是全是，却也部分履行了"育"的功能。
[22] 参见，贝克尔：《人类行为的经济分析》，同前注12，特别是第9章。

在一些国家成为了婚姻制度的核心原则。[23] 就趋势来看,这种变化增加了个人选择,成为婚姻的主导因素。这符合市场经济,也符合经济学的原理。由于价值是主观的,效用要以个人偏好来衡量;因此,结婚和离婚的自由原则不仅令诸多个体更为满意,同时也有利于社会财富的增加,有利于整个社会福利水平的提高。[24]

但是,婚姻制度变化也带来一系列问题。例如,如果一个社会还没有完全现代化,妇女就业不充分,并且社会还不富裕,无法由国家来提供养育和养老保险,离婚自由就可能与婚姻制度的养育功能以及夫妻共同投资相互保险功能发生冲突。特别是中国这样的发展中国家,有广大的农村,城市地区的社会福利体系特别是社会资源还不足以支撑大量单亲家庭的出现。如果离婚时孩子年幼,孩子养育就会成为一个突出的社会问题。当然,婚姻法有规定,即使离婚,父母双方仍然要承担抚养的责任。但问题在于,养育不仅仅是钱的问题,还需要情感和其他方面的投入。单亲家庭的孩子容易出问题,这在世界各国都是一个现实。即使双方就子女抚养费达成了协议,或法院有判决,但司法机关不可能成天上门催要,在现代高度流动的社会,又如何保证协议得以切实执行?即使在美国,也有一个"执行难"的问题。

就离婚双方来言,也有问题。至少目前有一部分离婚,特别

---

[23] 并不是所有国家都采取了绝对的离婚自由原则,在西方大约美国,并且也仅仅是其中的某些州,采取了想离就离的政策。参见,比尔基埃等主编:《家庭史》,同前注4,页590—591、599—601。

[24] "在联合生产有利或收益增加的条件下,偏好相近者的配对是最优的……"参见,贝克尔:《人类行为的经济分析》,同前注12,页269—279。

是所谓"第三者"插足的案件中，往往是要求离婚的一方（往往是中年男子）有了钱，有了成就，有了一定的社会地位。[25] 由于生物原因，人到中年，妻子往往已经年老色衰，而男方却事业成就如日中天，更有"男人气概"。这时夫妻离异，男子不难再娶，完全可以娶一个年轻的妻子（请回想前面提到"郎才/财女貌"的择偶标准）；而人过中年的妻子往往不大可能找到一个比较合意的、年龄相当的伴侣。即使可能，一般也都是同一个更为年长的男子结婚，更多是照顾了年长男子。因此，从个体的社会生活来看，离异女性往往是永久性地失去"老来伴"——她当年的保险投资实际上被剥夺了。

从另一个角度来看，家庭生活中，许多女性往往放弃或减少了个人的社会努力，养育子女、承担家务，以自己的方式对丈夫的成就和地位进行了"投资"，丈夫的成就和地位——不仅是财产——往往是"军功章上，有你的一半，也有我的一半"。只是离婚时，这些一般不作为财产分割；在技术上也确实难以分割。但是，分割有困难不能成为否认它们是共同"财产"的理由；否认了，离婚就变成了对某些离异女性的一种无情剥夺和掠夺，甚至还不如"先贫贱后富贵不去"的古代实践。事实上，在美国，有经验研究证明，尽管有某些经济补偿，无过错离异的女性的生活水准下降，而离异男子的生活水准有所上升。因此，有学者批评"离婚法变革（指离婚自由度增加。——引者

---

[25] "据有关部门统计的材料表明，个体户的婚姻案（主要指离婚案）占全国婚姻案总数的30%以上。"曾毅主编：《中国八十年代离婚研究》，北京大学出版社，1995年，页182。而明星婚变的情况则比比皆是。

注）的主要经济后果就是离异女性及其子女的系统性贫寒化"[26]。更为彻底的另一研究发现，在1960年至1986年间，相对于男子，妇女的经济福利根本没有增加。[27]

而另一方面，这些男子的成就、地位、财富以及其他有价值的因素都可能由第三者坐收渔利；这怎么说也是不公道的。这并不是说第三者都爱慕虚荣，一定有"摘桃子"的意图。她也许确实"只爱这个人"，感情是纯洁的，完全没有考虑什么荣华富贵。这种主观反省的言辞不可信。因为社会生物学的研究发现，一个男子的魅力可能就是这些成就、地位、财富造就的，他最主要的财富也许恰恰是他本人的才华和能力，而并非他已有的钱财。只要看一看周围，所有实际发生的浪漫的第三者插足故事几乎全都发生在老板、影视明星、教授、学者、官员或其他有一定地位的人周围。有几个年轻美貌的姑娘插足了40、50岁左右的下岗工人家庭，还一定非他不嫁？生物性因素是无法从我们生活中抹去的，纯洁的爱情并不排斥生物因素。事实上，爱情在很大程度上就是生物因素的产物，是荷尔蒙的产物。[28]

从社会角度看，如果想离就离，某种程度上还会造成对青年

---

[26] 一个研究发现，离异后妇女生活水平下降了73%，而男性生活水平提高了42%；请看，Lenore J. Weitzman, *The Divorce Revolution: The Unexpected Social and Economic Consequences for Women and Children in America*, The Free Press, 1985. 另一位学者以前者数据和测度重复了这一研究，得出的数据与前者有重大差别，但肯定了离婚后生活水平女降（27%）男升（10%）的基本格局；请看，Richard R. Peterson, "A Re-Evaluation of the Economic Consequences of Divorce," 61 *American Sociological Review*, pp. 528-536 (1996)。

[27] Victor R. Fuchs, *Women's Quest for Economic Equality*, Harvard University Press, 1988, ch. 5.

[28] 参见，弗朗切斯卡·卡佩丽：《丘比特爱神之箭是如何射出的?》，《中华读书报》，1998年10月28日，版13。

男子的性爱剥夺。一般说来，青年男子无论在钱财上还是在事业、地位上都无法同成年男子相比[29]；在竞争年轻女子青睐中，青年男子往往不占优势，甚至会处于下风（再回想一下前面说的"郎才/财女貌"，以及近年来一些年轻女性对所谓"成熟男性"的偏好）。这种状况对社会的普遍、长远影响都不是空谈几个原则就能解决的。当然，年轻男子也会成熟起来，他们可以再寻找年轻女子，人类生生不息，会获得总体平衡。但这还是不能掩盖许多问题。例如，男子从年轻到"成熟"期间的情感和性需求问题[30]、优生问题[31]等。

由于这种种原因，即使在现代，离婚自由也不能作极端理解。如果说结婚自由不能理解为一方的自由，不允许一方将自己的意志强加于人，必须征得双方同意，那么，离婚自由从逻辑上讲就很难理解为一方想离就离，将自己的意志强加于人。当然，社会生活并不服从逻辑，相反，逻辑倒是常常要服从社会生活。但是，即使是从社会生活来看，也不能将离婚自由理解为一方想离就离。从经济学分析来看，只有相关者意思一致的决定（无论是结婚还是离婚或其他），才有可能是帕累托最优，令相关者中至少一方的状况得以改善而不损害另一方。也正是这一原因，即使在"封建社会"，世界各地也一般不对协议离婚表示异

---

[29] Posner, *Sex and Reason*, 同前注 9, p. 248。

[30] 这些年轻男子的婚姻可能推迟；但是从统计学上看，他们的性活动未必减少，而是可能通过其他方式，婚前性关系、机会型同性恋行为来满足。

[31] 优生问题至少有两点，由于婚龄的推迟，生育也会推迟，这就提出男子什么时候生育的孩子一般说来更为健康的问题；此外，由于富有和有地位的男子可以通过离婚而增加其实际生育孩子的数量，这就可能减少实际得以遗传的人类基因的多样性。

议[32]（基督教文化是一个例外，但这主要是为了防止丈夫的胁迫——在男子占支配地位的社会，他可以很容易让妻子"同意"离婚），在如今许多国家手续也都更为简单。一般说来，引起争议并至今没有答案的是，一方想离而另一方不想离的情况。如果从经济学视角看，可以断定，在这种状况下，想离的一方一般都可以从离婚以及此后的生活中获益，而不想离的一方则更可能因离婚或此后的生活受损。这种收益和损失并非仅仅是货币，有些损益会相当个人化，别人往往难以予以客观评价，无法适用统一标准。

五

如果这一分析有道理，也就再一次表明，即使在现代，婚姻也不可能如同理想主义者设想的那样仅仅关涉性和情爱。它一直关涉利益的分配，现代社会尤为明显。事实上，当我访谈农村基层法院法官时，所有的法官都告诉我们，一旦夫妻到了上法庭要求离婚的地步，判断感情是否破裂其实不难，如果仅仅依据感情破裂，判决很容易；难的是离婚涉及的利益分析，财产问题、孩子问题，以及另一方未来的生活保障问题。当然，有时，这些问题也不是问题，如果财产简单明确，没有孩子，双方都有工作，等等；但这种情况比较少，也很容易协议离婚，或者调解离婚。

因此，如果一个制度要能够真正坚持离婚自由的原则，问题就不在于在法律中写入"离婚自由"的字样。重要的，一是社

---

[32] 例如，中国古代就有"和离"的规定，请看，瞿同祖：《中国法律与中国社会》，同前注16，页129—130。

会中首先要逐渐形成建立一种养育孩子的制度，能够替代先前夫妻共同抚养子女的功能，而不能把离婚变成强加给离异女性的负担。这种制度可以是一种高保障的社会福利体系（例如瑞典）[33]，也可以主要依靠法院执行（例如美国以及当代中国）。但目前看来，这两种体制都有问题。瑞典的高福利政策要求高税收，不仅阻滞了经济发展，而且用官僚和计划体制来替代市场来生、育孩子造成了很大的浪费和无效率。[34] 而后一体制则要求一个庞大、强有力且有效的司法执行体系；即使有这样一个体系，也难免执行难。据美国官方统计，1981年，就法院判决的或双方协议（同样具有法律效力）的孩子抚养费支付而言，完全支付的不到一半（46.7%），完全不支付的占了28.2%；就离婚赡养费支付而言，状况更糟，完全支付的只有43.5%，完全不支付的占了1/3（32.6%）。[35]在当代中国，随着可以预见的人员流动性增加，执行难的问题必定会日益突出。这一体制还无法弥补家庭破碎的其他弊端。例如，美国黑人单亲家庭（黑人单亲家庭最多）的婴儿死亡率甚至高于中等发达国家。还有些研究发现，或至少大多数人还相信，离婚对孩子的教育成长也有很大问题（毒品、犯罪以及其他问题）。[36]

---

[33] 参见，Posner, *Sex and Reason*, 同前注9, 第9章。
[34] 同前注33。
[35] 转引自，Kathleen Shortridge, "Poverty is a Woman's Problem," in *Women: A Feminist Perspective*, 3d ed., ed. by Jo Freeman, Mayfield Publishing Company, 1984, p. 499。
[36] 例如，有研究发现，离异家庭的孩子长大后有更高的离婚或分居率，Hollowell Pope and Charles W. Mueller, "The Intergenerational Transmission of Marital Instability: Comparisons by Race and Sex," *Journal of Social Issues* 32, 1976; 关于离异家庭孩子的违法和心理问题的综述，请看，Karen Willkinson, "The Broken Family and Juvenile Delinquency: Scientific Explanation or Ideology?" 21 *Social Problems* 726 (1974); 又请看，E. Mavis Hetherington and Josephine D. Arasteh eds, （转下页）

为什么"朝朝暮暮"?

要保证实现离婚自由另一关键也许是,要公正界定、分割和有效保障离异双方在婚姻期间投入和累积起来的实在利益,而不是简单地禁止离婚或惩罚第三者。要重新界定婚姻内的"财产",不能如同 30 年前那样将财产仅仅限定在一些可见的物质性财富上。在一个知识经济和无形资产已经日益重要的时代,婚姻财产的分割仅仅局限于有形财产,显然是一个时代的错误。事实上,在美国,法律经济学的发展"已经使离婚妇女可以论辩说:丈夫的职业学位是一种(人力)资产,妻子对这一资产有所贡献,应当承认她在该资产中有一份利益"[37]。如今我国的法律由于种种技术、人力和财力上的原因在这方面有重大欠缺。法律虽然规定了婚姻期间夫妻获得的财产均为共同财产,平均分割;但由于财产仅限于物质财富,事实上忽视了其他类型的特别是无形的、可再生的财富;即使有双方可以接受的判决或协议,也经常由于执行难而无法落实。如果婚姻法修改不考虑这类问题,不考虑司法技术上如何实际处理这些问题,而仅仅是高唱"离婚自由"的原则,那么或者是造成对弱者的系统性剥夺,或者是由于种种制约(例如被离异妇女以自杀相威胁,或者社会舆论的压

(接上页) *The Impact of Divorce, Single Parenting, and Stepparenting on Children*, Lawrence Erlbaum Associates, Publishers, 1988, esp. pt. 3。尽管为大多数人相信,但这一点未必能够成立。首先,有学者研究了完整家庭、单亲家庭、再婚家庭和复婚家庭的子女,发现离婚家庭子女与完整家庭的子女基本上没有什么区别;甚至有学者研究认为离婚家庭的子女在个性发展上比完整家庭子女的个性发展,更为充分,更少颓废和失足的可能(曾毅:《中国八十年代离婚研究》,同前注 24,页 168)。但最重要的是,即使离婚家庭的孩子麻烦多,也不能排除其中的遗传因素;最新的经验研究否定了问题儿童是家庭教育不好的观点,而认为与基因遗传有关。请看,Will Iredale, "Family Squabbles: Science Says It's All in Our Genes," *The Sunday Times*, February 4, 2007 (http://www.timesonline.co.uk/tol/news/uk/article1329143.ece)。

37 Richard A. Posner, *Overcoming Law*, Harvard University Press, 1996, p. 96.

力）而使离婚自由无法得到落实。

六

必须指出，许多法学家或知识者的思维习惯从"五四"以后似乎有了一个定式：离婚越自由，社会就越进步，人们获得的幸福就越多。[38] 其实，如果仅仅从原则上，也就是从制度上分析来看，我们很难说，离婚麻烦或容易究竟是利大还是弊大。同样是西方发达国家，有离婚非常自由的（例如美国的某些州），有

---

[38] 与此相关的另一个"五四"创造的神话是，结婚越自由，婚姻越幸福，个体的所谓"婚姻质量"越高。然而，新近北京地区的一个社会调查发现，尽管人们公认过去的40年间人们的婚恋自由度越来越高，择偶标准确有相当大的变化，但"不同年代结婚的夫妻对其目前的婚姻和爱情的满意程度却不存在差异。不同年代结婚的夫妻中，大约都有20%以上的人对目前的婚姻生活'非常满意'，50%以上的人'比较满意'，20%以上的人'一般'，表示'不满意'或'很不满意'的人不到5%"。参见，金磊、魏华：《昨天与今天我们的爱有什么不同?》，《北京青年报》，1999年2月24日，版8（据称，"本次调查，采用严格的多阶段概率抽样、入户面访的形式进行，在北京城区40个居民区的家庭中抽取18至65岁的北京居民，共获得795个有效样本。调查结果可以推论到北京城8区18至65岁的北京居民总样，最大抽样误差不超过2%"）。这一点，实际上，费孝通先生早就在《生育制度》中尖锐指出了。费孝通先生的经验是1930—40年代，是对"五四"之前的婚姻的评论。因此，如果婚姻自由度的增加在总体上没有增加婚姻的幸福，那么这就意味着，"五四"的这个神话是虚妄的；或者说，"五四"时期文学塑造的那个先前婚姻不自由的中国是一个为了证明"五四"之正确而虚构的现实。并且，由于1980年代以来结婚离婚再结婚的夫妻按比例要高于此前结婚离婚再婚的夫妻（尽管该文没有提及这一点，但完全可能），因此这个研究甚至暗示：离婚自由也没有改善总体婚姻质量。

为什么"朝朝暮暮"?

曾经完全禁止离婚的（如意大利和爱尔兰[39]），也有手续极其麻烦的（例如比利时，离婚手续需耗时10年以上）。[40] 在中国，各地实际离婚率也不相同，例如新疆的离婚率就比北京和上海高。[41] 我们无法说，美国人的婚姻就一定更幸福，意大利、爱尔兰人的婚姻就比中国人悲惨，或者，新疆人的婚姻比北京人的婚姻质量更高。离婚的发生是诸多社会因素（例如人员的流动性等）的产物，并不仅仅是情感因素。

任何婚姻制度都有利弊。如果严格禁止离婚，往往会使人们决定结婚（但不是性关系）时格外慎重，因为他或她进入的是一个"一锤子买卖"。一旦进入婚姻，他/她也会因别无选择，从而有动力尽可能保持良好的夫妻关系，自我防范见异思迁；这就是"置之死地而后生"的道理。不准离婚还会使人们在家庭生活中加大投入，因为他/她事先得到了一种安全投资的保证：自己的投入不会因离婚被剥夺，不会因某个第三者插足而丧失。学者的研究发现，坚定的事前承诺不仅有利于后代养育，而且会提高社会的总体的生活福利水平。[42]

---

39 由于天主教和教会的强大影响，欧洲意大利、爱尔兰等多国曾一直不允许离婚。天主教会控制了意大利公民婚事，只办结婚，不办离婚。爱尔兰1937年《宪法》则明确规定"不得制定任何法律规定解除婚姻关系"（第41条第3款第2项）。但随着时代变迁，这种情况开始改变。1970年12月，意大利议会通过了由世俗政党联合提出的法案，设立了离婚制度；只要分居满一定时限，即可离婚。1989年，爱尔兰制定了《司法分居与家庭法改革法》，允许感情破裂的夫妻任何一方向法院申请司法分居，但无权再婚。直到1995年11月24日，爱尔兰全民公投，以极为接近的比例（50.2%比49.8%）赞成不再禁止离婚，并于来年6月16日生效。
40 有关的详细论证，请看，Posner, *Sex and Reason*, 同前注9，特别是第9章。
41 转引自曾毅：《中国八十年代离婚研究》，同前注25，页116表9.2。
42 这就是契约必须信守成为一个社会生活的基本原则最重要的功能和理由，通过这种先定约束，人们可以更好地安排自己的活动，进而创造财富。有关的先定约束的讨论，请参看，斯蒂芬·霍姆斯：《先定约束与民主的悖论》，埃尔（转下页）

而如果离婚过于自由,且是一方想离就离,那么有谁还会把婚姻当回事呢?草率结婚的人数必然增多;而草率结婚又势必导致婚姻更容易破裂。这就像一个一方可以随意撤出的合伙。如果投入回报不确定且无法律保障,没有哪个合伙者会全身心投入。结果可能是,夫妻都不在家庭生活中大胆投入,无论是财力还是情感,总是相互提防,总担心自己的投入会不会被某个不期而至的第三者剥夺和享用。这等于从一开始就在亲密的夫妻关系中砸进了一个楔子,造就了在禁止离婚制度下的婚姻中可能出现,而离婚自由意图避免的那种同床异梦的可能。更极端的情况是,如果离婚非常自由,那么结婚的允诺完全可能成为骗取性满足的一种手段。

分析离婚自由的弊端并不是说禁止离婚更好。禁止离婚同样有巨大的副作用。它有可能进一步加剧社会中婚姻与性、爱情的全面分离,甚至可能使家庭生活成为"人间地狱"。人们会因此畏惧婚姻,普遍推迟婚龄。推迟婚龄也许会减少生育,但并不必然意味着性关系减少。人们还是会通过其他方式,绕过婚姻制度获得性的满足。因此,可能出现更为普遍的婚前性行为,人们甚至会选择以同居替代婚姻,从而使婚姻成为纸面上的制度,或者使社会中实际的婚姻制度多样化。而在婚后,即使有法律的制裁和社会的谴责,也难免会有更为普遍的婚外性关系现象。[43] 而婚外性关系普遍,不仅使一些男子对自己的婚外子女不承担责任,而且会使更多男子不用心抚养自己婚内所生子女,因为他也不敢确定那是否真的是自己的子女。

(接上页)斯特、斯莱格斯塔德编:《宪政与民主——理性与社会变迁研究》,潘勤、谢鹏程译,生活·读书·新知三联书店,1987年。

43 有关的论述,请看,Posner, *Sex and Reason*,同前注9,第9章。

为什么"朝朝暮暮"?

由于婚姻制度从根本上看受制于社会生产方式,当其他变量持衡时,婚姻制度的原则规定从长远来看可能对社会的总离婚率不会有什么重大影响。[44] 原则无法强迫人们必须如何对待婚姻、性和情感,只有激励因素的改变才可能影响或引导一个社会中人们的普遍行为方式。如果这一点是对的,那么,过分强调离婚原则的重要性,很可能是因为法律人的虚荣和自以为是,或是法律万能论作怪。应当更多考虑的是,因离婚原则变化可能引发的人们行为方式改变带来的后果,这种改变哪怕很小,都可能产生超越婚姻制度之外的巨大的、广泛的、长远的社会影响。还必须看到,由于制度强调稳定性、统一性而各人需求不同且感情容易流变,婚姻制度与具体婚姻之间总有矛盾。即使是一个总体良好的婚姻制度,它也不能保证具体婚姻的幸福。制度不可能替代每个个体在具体婚姻中的责任和为此必需的付出。

七

也许正是婚姻作为社会制度与满足现代个体需要之间的紧张,才使现代人往往陷于困境,乃至有了"不谈爱情""懒得离

---

[44] 例如,美国学者对无过错离婚的经济学研究发现,这一变革本身并没增加美国的离婚率,请看,H. Elizabeth Peters, "Marriage and Divorce: Informational Constraints and Private Contracting," 76 *American Economic Review* 437 (1986)。这一点似乎与我们的"常识"相悖,但是从理论上看,这与科斯定理——只要交易费用低,法律对权利和责任的分配就不大可能对资源配置有重大影响——是一致的。事实上,中国的几次离婚高潮都更多是人口流动的结果,是社会变动的结果,而不是离婚原则变动的结果。离婚原则的变动仅仅改变了离婚的难易程度,改变了离婚双方"砍价"时的相对位置以及由此而来的有形财富分配而已,而这才是婚姻法修改更应当考虑的因素。

婚"（借用两部小说的题名）的现象。但我想说的，并不是要慎重对待婚姻。作为法律人，我想说的首先是，婚姻制度涉及社会问题的广泛性，以及制度设计结果的未可确定。讨论婚姻制度，不是讨论该如何处理某一对相爱的恋人或反目的夫妻，而是讨论一个将在中国这个"政治、经济、文化发展不平衡的大国"普遍实施且期待人们普遍接受的制度。这就很难有一种绝对意义上的最好制度，尽管一个制度的1%的弊端对某个个体来说有可能是100%的弊端。

因此，第二，关于婚姻法的讨论不能停留在道德的直觉评判，甚或变成意识形态争论。我们应当更多考虑当代自然科学和社会科学的研究成果，考虑到一切可能的后果。不能从尼采一贯批判的那个虚构的"无知无欲的"个体出发，忘记了在很大程度上人受制于生物性，我们无法彻底摆脱现实的社会物质生活条件，一句话，无法摆脱我们得以成为现在这个样的那个"存在"。我们不能仅仅凭着荷尔蒙激励出来的感觉，凭着已经某种程度意识形态化的"爱情婚姻"理念，凭着一些煽情的或浪漫化的文学故事，凭着本来同一定条件相联系但为了表述便利而抽象了的法律概念原则来设计婚姻制度。法律制度总是要求能够精细操作，诸如"夫妻有相互忠诚的义务"这样的道德话语很难操作，或操作起来太容易出纰漏。

第三，我们考虑的是中国的婚姻制度，因此还必须对市场经济条件下，中国社会总体的发展趋势作一个基本判断。中国目前城市地区的女性独立程度，在我看来，是中国计划经济条件下社会福利体制的一个组成部分。我不敢说，随着市场经济发展，这种福利会消失；但从目前的种种迹象来看，例如女性就业难，特别是下岗再就业难，很有可能这种福利在城市地区也会逐步弱

为什么"朝朝暮暮"？

化。至少在一段时间内，女性有可能在经济上、事业上处于一种相对不利的地位，她们对于男子的经济依赖有可能被迫增加。我们的婚姻家庭法、离婚制度对这些未必发生但可能发生的社会条件改变必须有所准备。坚持离婚感情破裂原则，而不是采取一方想离就离的原则，或许是对女性权益的一种更好保护。至少在一定程度上，会使她们在离婚"砍价"时处于一种相对有利的地位。

第四，必须看到，目前参加离婚原则讨论的人大都和我一样，是知识分子，这意味着他/她们有着比较高、比较稳定、比较有保障的社会地位和收入。[45] 这些人，无论男女，往往更多强调人格尊严、自由、独立。但在很大程度上这并非如同我们想象，是因为他/她有了新的观念和思想，而是由他/她已经拥有的社会、经济地位保证、支撑甚至要求的。但目前社会中绝大多数离异男女都没有这些人同样的社会保障以及相应的自主性。因此，当像我们这些人似乎以社会利益为重讨论问题时，社会位置也许会使我们的视野有所遮蔽，常常以自身作为范本，而没有更多从普通人的视角来看婚姻问题。我们的社会存在限制了我们。

与这一点相关的，我发现，参与这一讨论的还几乎都是中青年，都是性欲正当年的人，而且可以推定，更多是男子[46]；这

---

[45] 例如，目前报纸上绝大多数所谓基于民意调查的讨论，根据都是零点-搜狐网上调查系统（http://www.sohoo.com）1998年9月下旬进行的一次网上调查，共有7852人参加了调查。但是，若是以这个调查作为民意的代表取样，显然太离谱了。可以推定，参加网上调查的绝大多数者至少是大学文化程度，工资或家庭条件比较或相当优越，并且更多是中青年男子（因此性欲更强）。若是以此作为"人民"或"大众"的代表，即使不算是强奸民意，那也至少是忘记了"沉默的大多数"。有关数据的分析，请看，《大众评说〈婚姻法(草案)〉》，《长江日报》，1998年10月23日，版3。

[46] 参见，《大众评说〈婚姻法(草案)〉》，同前注45。

一群体显然更容易将性和基于性的感情当成婚姻的主要甚至唯一的东西，而忘记那些已经基本没有性爱但相濡以沫的老年夫妻。我没想在此扮演一个"大众"的代言人，获取道德的优越，不像那些以时下的"网民"调查代表"大众"呼声的人。事实上，每个人最终都只能从自己的感受出发，都无法真正体会他人的感受和判断。但是，在这个社会中，我们还是可以观察、倾听和感受。如果不是过分脱离实际，那么我们就应当留心一下社会中人们以自己的日常行为对这类问题做出的"投票"，想一想并试图理解为什么社会上普通人往往会更多谴责"陈世美"现象，谴责的究竟是什么，为什么嘲弄"男人有钱就变坏，女人变坏就有钱"。其中当然有许多人云亦云，许多在一般层面发言的人也的确不了解某个脚指头对于那只鞋的感受。但是，我们至少要有一颗平常人的心，要有一种起码的倾听愿望。如果总是从基于我们的社会位置而接受的永远正确的原则出发，也许关于婚姻和离婚原则的讨论就变成了我们个人的理想婚姻的讨论，而不是关于中国绝大多数人可能采纳的婚姻制度的讨论了。

我们需要用一种更务实、更冷静，有时也许会被人认为有点"冷酷"的眼光来看待性、爱情、婚姻和家庭。

1998年10月5日初稿
10月28日二稿于北大蔚秀园

我和你深深嵌在这个世界之中*

——从戴安娜之死说起

> 一切都四散了,再也保不住中心……
>
> ——叶芝:《基督重临》

1997年8月30日午夜,备受公众和传媒(或者应改为传媒和公众?这是一个问题)关注的英国王妃戴安娜魂断巴黎[1];

---

* 原载于《天涯》1997年第6期。
1 戴安娜王妃1961年7月1日出生于一个英国伯爵家庭。她幼年父母离异,学业平平,甚至没能读完中学;在一家贵族幼儿园当老师期间,她同英国王储查尔斯相遇并恋爱;之前没有交过男朋友。1981年7月29日她同查尔斯王子结婚,英国广播公司用33种语言向世界转播了这个20世纪最隆重的婚礼,全球7亿多观众观看了直播。婚后,两位小王子威廉和哈里先后出世。戴安娜几乎重现了一个20世纪的灰姑娘童话。

1990年代初,媒体开始关注查尔斯王子与戴安娜王妃婚姻中的麻烦。1992年出版的《戴安娜:她的真实故事》称查尔斯长期有婚外情,戴安娜曾因此试图自杀。1992年12月9日,英国首相梅杰在下院宣布,王储和王妃正式决定分居。1994年6月29日,在电视采访中,当着1270万观众,查尔斯承认自己对戴安娜"不忠",与已婚的卡米拉有25年之久的感情。同年10月3日,前英国皇家骑兵队军官詹姆斯·休伊特出版《爱河中的王妃》,以300万英镑出卖了他与戴安娜长达5年的恋情。同年11月20日,戴安娜接受英国广播公司(转下页)

一个星期之后，英国举行了据称是继丘吉尔之后 20 世纪最隆重

（接上页）记者采访，在全球 2 亿电视观众面前，剖白十几年王室婚姻的恩怨，承认曾患易饥症试过自杀，与休伊特通奸，对丈夫不忠。伊丽莎白女王忍无可忍，于 1995 年 12 月 20 日公开责令查尔斯和戴安娜"尽快离婚"。

双方就封号、赡养费、孩子监护权等一系列问题展开了"英国最血腥的离婚"（查尔斯语）。最后协议，查尔斯一次性付给戴安娜 1500 万~2000 万英镑的赡养费，并负担她每年 50 万英镑的私人办公室开销；离婚后戴安娜失去"殿下"封号，但因她是未来国王的母亲，地位特殊，仍被视为王室成员；戴安娜和查尔斯共同拥有两名小王子的抚养权，戴安娜可就有关小王子的事作决定；戴安娜可继续住在肯盛顿宫，她的私人办公室也将由圣詹姆斯宫搬往肯盛顿宫。1996 年 8 月 28 日，白金汉宫宣布，王储查尔斯与王妃戴安娜的离婚正式生效。此前，英国从未有过王储离婚的事。戴安娜离婚前就积极投身慈善事业，为艾滋病、癌症和心脏病病人募捐，支持医学研究，促使各国达成了禁用地雷的国际协议；成为英国王室的形象大使。离婚后，她继续立志当"人民心中的王妃"，在本国民众间和世界上都赢得近乎神奇的地位。

1997 年 8 月 30 日午夜，在法国巴黎，戴安娜同 42 岁的男友多迪·法耶兹，英国一名有争议的原籍埃及富商的儿子，在家族开办的酒店进餐后，去法耶兹在巴黎西郊的一座别墅。七名骑着电单车、追踪名人隐私的摄影记者紧紧追随。为逃避跟踪，戴安娜的司机行车时速约 160 公里，在巴黎埃菲尔铁塔附近塞纳河畔隧道内遇车祸，同车男友和司机一同惨死，一名保镖受重伤。追踪的摄影记者在救护车抵达车祸现场前拍下了照片。事后巴黎检察署化验了戴安娜座车司机保罗的血液，证实保罗驾车前曾服食两种抗抑郁药，还喝了酒，血液酒精含量超过法定含量的三倍。

法国警方随即开始调查盘问七名追逐戴安娜的法国摄影记者，多人被指控涉嫌"杀人"。记者则否认。戴安娜的兄弟斯潘塞伯爵认为报界"手上沾满鲜血"。盖洛普民意调查显示这类小报在市民心目中的地位大大降低；并有 83% 的市民支持立法，给予王室家族和其他公众人物更多隐私权。英国传媒还一致同意，今后将不再报道侵犯戴安娜两个儿子的私隐。有摄影记者以 100 万美元要价向媒体出售据称是戴安娜车祸的照片；美国《国民问询报》总编辑科兹则呼吁世界各国抵制刊登戴安娜致命车祸的现场照片。但与此同时，英国各大报刊都因报道戴安娜之死而销量激增，高达 20%~50% 不等。

1997 年 9 月 6 日，英国为戴安娜举行了据称是继丘吉尔之后 20 世纪最隆重的葬礼，超过 100 万名哀悼者聚集在戴安娜出殡必经的威斯敏斯特教堂外。英国首相布莱尔称戴安娜是"人民的王妃"。英国广播公司用 44 种语言向全球转播，25 亿人观看了电视直播。此外，白金汉宫为纪念戴安娜王妃设立了基金，据称，短短的 4 天内就筹集到 1 亿英镑捐款。

的葬礼。备享哀荣之后,戴安娜的灵魂将得到安息。然而她身后的这个世界却仍为她和她的死不安,以至于远在东方的《天涯》杂志为此要编发一个专题,以至于我这个只能算知道戴安娜名字的法律教授也居然开"机",而不是提笔,为她的死写下这篇并不仅仅关涉法律的短文。

一

许多人将戴安娜之死归罪于传媒;戴安娜之兄查尔斯·斯潘塞更明确指责报界手上有戴安娜的血。但是,这种情绪化语言不应影响我们对这一不幸事件本身的考察,以至于走进了语言构建的迷宫。只要仔细看一看有关报道,就会发现,即使是那几位追逐戴安娜的摄影记者,也没有造成戴安娜的死亡,最多只是引发戴安娜死亡的因素之一。司机体内的过度酒精(超过"正常"范围三倍多),超高速行车(时速160公里),以及死者未系安全带(唯一系了安全带的保镖活了下来),我想,如果不为感情迷惑,任何人都可以判断,这些才是造成车毁人亡的真正的和最根本的原因。酒后驾车和不系安全带与"狗仔队"的追踪毫无关系,却为法律甚或现代公共道德所不容;高速行车也许与试图摆脱记者有关,但这也不足以构成在市区违章超高速行车的一个充分理由或借口;毕竟,可厌的狗仔队的亮闪闪镜头并不是匪徒的黑洞洞枪口。因此,就戴安娜之死而言,我认为,承担主要责任的应当是酗酒的司机,以及要求或至少默许了(对于这一点,我们也许永远无法知晓)高速行车的多迪和戴安娜。说记者杀死了戴安娜,如果不是非常不公平,那也是一种修辞。事实上，法国警方也仅仅宣布对这些记者是否构成"非故意杀人"或"见死不救"进行调查，至于能否提出指控，即使提出指控后能否最后认定，都还是问题。如果事实真的大致如新闻报道所言（我的判断还是将不幸地取决于传媒），那么，我敢预言，对这些记者将不了了之；他们最多只会受到一些象征性的处罚。[2]

我并不试图为这几位摄影记者开脱责任。就这一事件而言，他们确有"责任"。他们的令戴安娜讨厌但难以逃避和躲藏的镜头；车祸发生后他们没有首先救人（尽管这仍并不一定是他们的法律责任，而只是作为一个普通人的道德责任，因此不是强制性的），却抢着拍摄可供发表赚钱的照片；他们甚至可能妨碍了救援人员的及时救助；这些也许都是他们应承担的责任，甚至应当受到某种行政和/或职业的惩处。但这都不是对戴安娜之死的法律责任。

二

如果上述分析成立，那么，我们就要问一问，为什么人们会谴责这些记者，甚至称传媒杀死了戴安娜，称他们或它们对戴安娜之死负有法律和道德的责任？而与此同时，却没有任何人称这些记者要对司机和多迪之死承担责任？公众为什么会有这种明显

---

[2] 之后法国的司法调查和法院判决不幸验证了我的这一预言。2006年2月22日法国司法部官员宣布了法国上诉法院2月17日的判决，3名摄影师雅克·郎之万、克里斯蒂安·马蒂内和法布里斯·沙塞里当年从酒店外开始追逐拍照，后来又拍摄车祸现场，两次违反了法国的私隐保护法规，判决每人象征性赔付死者多迪之父1欧元。请看，《三摄影师每人须赔一欧元》，载 http://news.sina.com.cn/w/2006-02-24/10368292402s.shtml。

的厚此薄彼？又为什么会对上一节所述的、明显于他们眼前的"事实"视而不见？

显然，我只能结论说，公众谴责传媒并不是因为它造成了戴安娜之死——尽管是因为戴安娜之死。只有在这一点上，我们才可以看到公众对传媒的谴责何以可能。

在过去的不到二十年间，人们几乎是看着戴安娜如何从一个美丽、青春和清纯（这两个词居然同音，也许这意味着两者在现实世界的联系和语词上的同源？）的平民少女成为高贵的英国王妃，成为两个可爱王子的母亲，成为一位在全世界的慈善事业都有影响的公众人物。她拥有一切可能被人们视为与幸福相联系的"东西"，几乎每个男人和女人都可以从她身上发现自己的某些憧憬和梦想。然而，人们又几乎是看着这位有一切理由得到幸福的女子的幸福如何烟消云散：夫妻反目，丈夫"不忠"，本人承认与他人"有染"，婚姻破裂；当命运似乎开始转机，爱情重新降临之际，在青春已逝、美貌犹存的中年，突然死亡。这一切已不仅是她的不幸，已足以使她成为一个关于人类个体命运无常的象征。

更重要的是，这一切都通过媒体直接展示在人们眼前。当传媒创造了可爱和令人怜爱的她的时候，实际上是创造了大众与他们所钟爱的形象之间一种难分难解的情感关系。所谓"可爱"和"令人怜爱"并不是一种由某人占有或天然具有的"物"或"品质"，而意味着一种关系，一种诉诸怜爱者自身情感的关系。因此，通过传媒，当人们看到戴安娜的青春和爱情逝去，婚姻破裂，在媒体和公众面前承认"有染"，为记者所纠缠和困扰，并且是"即使你在那里苦苦挣扎，我也只能默默地注视"³，以及最终她在突如其来的灾难中香消玉殒。这是人们不愿看到的、自己想象的美与善的逐步毁灭。人们愤怒了。他们需要保持自己心目中的形象（因此，戴安娜对她自己的死可能具有的责任势必成为这些人的盲点），需要情感的排解。人们无法苛责同为死者的司机和多迪，因此，与戴安娜之死有某些、哪怕是微乎其微的关系，同时也确有某些道德缺失的记者以及他们所代表的传媒就很"自然地"成为受谴责的对象。

从这一层面上看，戴安娜之死引出的公众对传媒的谴责似乎更多是因为公众失去了一个他/她们喜爱的人物，必须寻找一只替罪羊。这只羊，一方面掩盖了本文一开始指出的死者本人的过错，使其死显得更无辜；另一方面，则保持了一个由传媒和公众合谋创造的完整的美丽、善良甚至是"被侮辱和被损害的"形象，来填补公众的失落。在这一点上，我甚至要说，人们不是为戴安娜伤悲，而是为他们自己失去了一个偶像伤悲，为他们并不自觉的残酷的善良或善良的残酷而伤悲。也不是说有公众有意这般行为（但也不排除有人利用这一事件），而是说社会本身会有这种集体下意识的反应。这就是戴安娜死亡之地的著名法国社会学家涂尔干一个世纪前就曾指出的一类普遍现象：当社会遇到某些人们难以接受的突发事件时，社会会寻找替罪羊来调整和巩固自身。⁴ 只要看一看，人们将所有悲伤都倾给了戴安娜，而不是倾给同样无辜甚或更为无辜的多迪，就可以理解这一点了。

3　冈林信康：《你究竟是我的谁》，转引自，张承志：《北方的河》，《十月》，1984年1期。

4　Emile Durkheim, *The Division of Labor in Society*, trans. by W. D. Halls, Free Press, 1984.

三

鉴于围绕戴安娜之死的社会心理，我们也就不难看出公众对传媒的指责很容易过分（因此，传媒并非无辜）。事实上，不是所有传媒机构和传媒人士都以刺探戴安娜或其他名人的私隐为工作中心，骚扰戴安娜的主要是一帮自由摄影师和小报记者。大的传媒机构，即使有时也关心和报道了戴安娜的私隐，并在特定意义上参与了制造戴安娜的痛苦，但它们并没用令人反感的方式获得有关信息，也不渲染，而是有自我约束的。一个典型的例子是，戴安娜死后，有记者试图向某大报高价出售戴安娜奄奄一息的照片，就被该报拒绝；传媒界对这几位狗仔记者行为也有谴责，对新闻自由也有反思。这都表明，就整体和平均水平来说，传媒界的人不一定比普通人更缺乏道德感和道义感；当然，这也不意味或隐含着另一个判断：就整体和平均水平来说，传媒界的道德感比普通人更高。问题是并不存在一个铁板一块的传媒；那样的传媒是我们自己的创造，是"传媒"这个词实体化之后给人们的一个错觉。

事实上，在西方国家，报纸和小报有比较严格的区分，那些不择手段刺探和公布名人私隐的往往是小报。一般说来，大报和电视台比较严肃，尽管有时也会有越界的或打擦边球的行为。将这些不同的传媒机构或不同的人放在同一个范畴来加以谴责是不公正的；这正如不能因为出了一个希特勒，所有的德国人就都得对希特勒的罪行负责一样。

我还想指出，尽管在戴安娜身上，无孔不入、毫不留情的传媒的确在某种程度上加剧了她的痛苦，因此也加剧了热爱她的公众的痛苦，但不也正是这个传媒，曾给她带来幸福和光彩，给热爱她的公众带来满足和快慰?! 也恰恰是传媒无孔不入的能力和毫不留情的曝光在另一些场合也曾迫使另一些人，即使是非常有权势的人，不得不行为有所收敛，甚至揭露出了不少违法、犯罪和不公的现象，公众由此获益。因此，我们必须问一问自己，为什么当戴安娜春风得意之际，我们甚至欢迎那喜好刨根究底的传媒；而当戴安娜陷入困境之刻，我们就要谴责那同样是穷追不舍的传媒？凭什么传媒对"坏人坏事"应当追查到底，而对戴安娜这样的美人或好人就应当"镜"下或笔下留情？而在刺探到个人隐秘予以曝光之前，传媒又何以可能事先区分好人和坏人呢？他们又能在多大程度上替代公众的判断？只要我们保持一种严格的逻辑，其结论必然是严酷的。社会之所以容忍这种有时很过分的"新闻自由"并不是一种偶然现象，而是一个社会的选择。而一旦社会作出了选择，形成了作为制度的新闻自由，传媒拥有了作为一种权利的新闻自由，就不可能事先完全排除这种自由带来的某些压迫人的结果（又一个悖论），也不可能事先完全排除传媒界某些人滥用这种权利。如果要想彻底消除，除非是废除传媒的这种自由。但是，我们愿意走那么远吗？

四

即使对那些在我们看来滥用了自由的小报或记者，我们也不应仅仅停留于"道德化"的谴责。我们必须追问，为什么会出现这类令人讨厌的记者和小报？为什么在一个创造了"私隐"

和"私隐权"概念的现代社会,会出现诸如戴安娜遭遇的那种侵犯私隐的境况?仅仅用某些人道德或职业道德的缺失无法解说。甚至我们无法笼统地说这是市场竞争和新闻自由的产物。新闻自由仅仅是一个概念,它并没有规定这种自由必定是戴安娜遭遇的那种自由;而市场需求也由一个个具体的人的需求构成。因此,我们要问,是什么构成了这种状态的新闻自由,什么支撑了这一市场?我并不认为那些小报是某些人"低下""卑俗"欲望的产物。高尚与卑下读者群之区分也许是我们习惯的、简单的"善""恶"两分观念的产物。在我看来,这种令人讨厌的小报的存在和繁荣与"人性"的某些未必真是弱点的弱点有关。

试反身自问一下,我们许多人,甚或所有人都或多或少地有那么一种希望了解他人隐秘的欲望。[5] 记得上研究生时,我当时的女友、后来的妻子来访,顷刻间,几乎所有同学,包括平日最憨厚的同学也都不再"两耳不闻窗外事",以倒点开水、找点饼干之类的借口,都跑到我的宿舍来看一眼,弄得不谙人情世故的我莫名其妙。一般说来,这种好奇心既无恶意,也无恶果,相反可能是出于一种关切,一种友爱(因此,只有"追星族"才会将心中偶像的所有鸡零狗碎都牢记心中);但这已是一种人性的证明。这种好奇心或欲望是如此强烈,其力量有时会非常强大。即使是其"原始"形式,例如乡村、单位或隔壁邻居的风言风语,也造就了古已有之的"好事不出门,恶事传千里"和"人言可畏"的名言。现代社会的市场更是将这种分散的欲望集中起来,规模化地生产,规模化地消费,并且以这种生产不断创造新

5　为什么如此?波斯纳指出了窥探他人私隐有自我保护的正面的社会功能。可参看,Richard A. Posner, "A Theory of Primitive Society," in *The Economics of Justice*, Harvard University Press, 1981, pp. 147-148。

的消费，这种本来并不必然"恶"的欲望因此具有了一种非常压迫人的力量。在这里，市场只是一个放大器。

这不只是学术推理。我敢保证，在沉痛哀悼戴安娜的人群中，至少有相当大一部分人都从或爱从各种小报上了解戴安娜的"个人情况"（私隐的一种比较中性的表述），而其中最为哀伤的人也一定是平日最关切戴安娜轶闻秘事的人。如果没有一种深厚的关切，没有一种相当程度的了解，一个人既不会爱，也不会恨某人，更不会为之哀伤流泪。我们可以设想一个普通中国农民听到戴安娜之死的心境——无动于衷。应当说，他们的这种欲望并不低下，也不必然具有伤害力。但就是这种无害的欲望培养了、促成了那种有害的小报和令人讨厌的记者。

我们在这里看到一种表面悖谬、实际统一的现象。正是公众的关切、爱戴引发了或至少是加剧了戴安娜生活的悲剧和痛苦，引出了那比好莱坞警匪片更为狂野的公路追逐。葬礼上的泪水和街头的小报都源自那种窥探私隐的欲望，是同一心理在不同场合的表现。我们因此可以看到"人心险恶"的另一种解释。

五

正是由于这种"人心险恶"，我们也许应当对传媒加以某些必要的限制。然而，我曾在其他文章中比较详细地分析过，这种限制有可能损害另一种同样值得保护的价值，在此不再赘述[6]；而且，就限制追踪名人私隐问题而言，除非这种限制铭刻在记者

6　苏力：《〈秋菊打官司〉案、邱氏鼠药案和言论自由》，《法学研究》，1996年第3期。

灵魂中，否则很难实现，如果不是完全不可能的话。原因除上一节指出的人性特点以及在此基础上形成的市场外，还有其他一些重要因素。

首先，名人和名人周围的许多人都在想方设法地利用传媒谋求各种利益，这也包括不幸的戴安娜本人。在这个意义上，戴安娜以及其他抱怨传媒侵犯私隐的名人往往不是完全清白无辜的。我并不是指戴安娜承认婚姻期间与其骑师"有染"之类的事，而是指她在许多时候并不拒绝传媒；她不仅利用过传媒，而且在某些时候甚至是大力玩过传媒这把"火"。在一定意义上，公众面前的那个"人民的王妃"（英国首相布莱尔语）的形象就是她与传媒的合谋。例如，为了捐款，她拍卖了个人晚装，创造了时装拍卖的最高价。这并不是因为她个人的晚装本身特别昂贵，而是——一个最重要的因素——她利用了自己对于传媒所具有的特殊影响力，也利用了传媒塑造出来的她的公众形象。

正是在这里，我们看到了福柯指出的那种权力的逻辑：权力并不是哪一个人绝对拥有的"东西"，而是一种可能会发生流变的关系。[7] 当你利用了传媒，那么就意味着你不可能不被传媒所利用；当你通过传媒说话，传媒也正通过你增加自己的影响。你不可能玩弄传媒于股掌，让它仅仅听命于自己，只获得传媒的好处，而拒绝曝光的不利。又要马儿跑，又要马儿不吃草，从来都只能是某些人的一厢情愿。尽管玩火者并不必定都自焚，灼伤却难以避免。对于那些准备利用传媒的人，那些急于出名，急于

---

[7] Michel Foucault, *Discipline and Punish, the Birth of the Prison*, trans. by Alan Sheridan, Vintage Books, 1978.

"包装"自己、出售自己形象的人,这也许是一个重要的警示。

　　这也就意味着,传媒本身就是一个强大的利益集团,尽管集团内部也有利益的冲突。多年以来,传媒不仅给自己戴上了"无冕之王""第四权力""舆论监督"之类的政治的和道义的桂冠,而且创造了一个利润巨大的市场。传媒不断预测、顺应、塑造乃至创造消费者的口味,不断替消费者选择、创造着他们所需要的各种类型的偶像,思考着如何将之"包装",如何将之"推出"。在这一背景下,我甚至怀疑,前面提到的那家声称自己拒绝刊登戴安娜之死的照片的报纸,以及目前传媒对戴安娜之死的自我"反思",不是另一种有意的甚至是下意识的自我炒作,不是传媒自我形象的另一种塑造和强化,不是媒体权力的另一种行使和对这种行使的另一种正当化。哦,这样的分析也许太刻薄、太冷酷了;但如果社会本身比这还"刻薄""冷酷"呢?

六

　　现代社会创造了私隐概念,创造了私隐权[8],私隐由此得到了更多保护;许多善良和天真的法学家这样告诉我们。但是,为什么要创造私隐概念?只要我们睁眼看一看,正是那创造了私隐概念和私隐权的社会条件也创造了私隐概念发生的前提以及私隐权的另一面——黑暗和残忍的一面,即对私隐的残酷剥夺和利用。

---

[8] Samuel D. Warren and Louis D. Brandeis, "The Right to Privacy," 4 *Harvard Law Review* 193(1890).

是的,初民社会、乡土社会中确实很难有"私隐"。在一个关系密切的群体中,"群众的眼睛是雪亮的";自然很难发生这样的概念,也不可能产生作为权利得到法律保护的私隐。[9] 但这并不意味不存在作为事实的"私隐"。没有现代传媒,信息和知识基本是口耳相传,许多事都局限于各个不同的"圈子"内,事实上的"私隐"随着人际关系的差序结构而存在。而现代社会之所以需要一个私隐概念,也许并不是因为传统社会中没有私隐,很可能恰恰是由于传媒的出现、市场的出现,市场和传媒的结合所产生的那种巨大的压迫人的力量不断且很容易侵入个人、家庭的私人空间。现代社会之所以需要将私隐作为一种权利,以法律的形式将一部分个人生活置于他人和公众的干预之外,也许恰恰反映了私隐已经稀缺。但是,当法律划定了这条不能触动的界限之际,不也就划定了可以肆无忌惮剥夺、剥削的界限吗?而且这条界限还可以在实践层面不断侵蚀。

因此,我们看到了一系列悖论:一方面,我们不能当面问一位女性的"芳龄几何"(这在中国的城市地区,恐怕也只是1990年代以来的事),而另一方面,我们可以在电影甚或电视中看到那些很难和孩子、父母或朋友一块观赏的"镜头",在街头巷尾,在网上,你可以轻而易举地获得那以最现代方式展示的人最原始的隐秘的音像资料;一方面,在美国,女性人工流产已成为受宪法保护的个人的私隐权[10],而另一方面,这种权利却一次次在联邦最高法院的法庭公开辩论后由大法官来确定,不时还有国会或政府或其他社会组织的干预。一方面,同性恋被认为是个

---

9 请看,Posner, "A Theory of Primitive Society,"同前注5。
10 Roe v. Wade, 410 U. S. 113 (1973).

人的私隐，而另一方面，同性恋者又为他们的法定权利和婚姻而招摇过市，走上街头和议会。请注意，我并不是指责什么，也不意图指责什么，这就是现代社会，一个也许并不糟糕的社会。我仅仅想指出的是，现代社会陷入了一种巨大的精神分裂。而传媒，如果一定要说它的功过，那只是强化了、加剧了这种分裂，并将这种分裂的艰涩和痛苦以更强烈的方式展现在我们眼前，然后，又毫不悔改地继续操练。

在我看来，这一事件不仅触动了公众与戴安娜之间难以分解的情感关系（因此不存在这种情感关系的多迪和司机被遗忘了），还伴随了一种困惑和发泄；因此，本文第一节所辨析的戴安娜是否真的为传媒所杀，这个问题对于公众其实不重要（而仅仅对那几位倒霉的狗仔队记者重要）。由于传媒曾展示塑造了一个幸福的和一个痛苦的戴安娜，我们也的确可以说是传媒杀死了那个作为符号的戴安娜。在一片对传媒的谴责中，因此，我听到了生活在传媒时代的人们对戴安娜悲剧引发的对人类自身荒谬、悖论式的难堪境地的质疑。戴安娜的生和死正是这样一种现代人类生存境地的象征。

七

戴安娜已死了，她曾面对的问题还活着；她的灵魂安息了，她身后这个世界还焦躁不安。的确，"死并非死者的不幸，而是生者的不幸"。这些问题不会因她的死而消失，也不会因反思她的死而消失，我们还必须活着、思考和选择。写到这里，我突然发现，我的这些文字不也正以另一种方式剥夺和消费着戴安娜之死这个私隐,参与塑造着这一作为公众事件的个体死亡?我的文字将通过传媒发表出来,读者你也将通过传媒阅读这些文字。当我领取稿酬之际,我难道不正以另一种方式剥削着死去的戴安娜的私隐?

我和你都已深深嵌在这个使戴安娜不幸的现代世界之中了,尽管我们似乎是在"反思"!

1997年9月10日于北大蔚秀园

罪犯、犯罪嫌疑人和政治正确[*]

> 他们仅仅是为反对"词句"而斗争。……他们只是用词句来反对这些词句。
>
> ——马克思[1]
>
> 进步的麻烦在于它看上去总是比实际进步更大。
>
> ——耐斯托依[2]

《刑事诉讼法》修改重新颁布之后,法学界一片欢呼:中国的刑事诉讼法在某些点上又与"世界"接"轨"了;是中国法治的一个重大发展。的确,修改后的刑事诉讼法在有关刑事被告人权利保护的文字规定上有了不少修改。但是,这些权利的文字规定并不必定保证其有效实践;即使得以实践,也还会引出其他一些深刻问题甚至两难,未必能得到公共选择的最后认可;发展

---

[*] 原载于《读书》1997年第2期。
[1] 《德意志意识形态》,《马克思恩格斯选集》卷1,人民出版社,1972年,页23。
[2] 转引自,维特根斯坦:《哲学研究》,汤潮、范光棣译,生活·读书·新知三联书店,1992年,页6;并根据2009年英译本作了调整。

罪犯、犯罪嫌疑人和政治正确

并不一定意味着正确，因为任何法律从根本上都是要回应其所在社会的需要，而不是为了迈向某个确定的方向。在这个意义上看，一个发展也许只是一轮新试错的开始。更重要的是，如果不加注意，正剧也完全演出喜剧或悲剧来。

这些宏论有点漫无边际，但也是有感而发，而对象就是这个被法学家认为政治正确的称呼——"犯罪嫌疑人"。

据一些法律学者说，新《刑事诉讼法》实际体现了无罪推定原则；其中要素之一就是，一个刑事被告人在被法庭判决有罪之前，任何人不得认为他或她有罪。据说，这是对刑事被告人权利的重大保护。在今年以来有关"严打"的电视新闻和广播新闻中频繁出现了"犯罪嫌疑人"这个词。警方抓获的不是"罪犯"，而是"犯罪嫌疑人"，哪怕这个人是一个越狱后潜逃作案的人。据说，这严格体现了现代社会的法治原则，是社会走向法治的重要一步；一切以法律为准绳。

可是，让我们假定这样一种情况：一个人劫持了人质，特种兵当场将之击毙。普通人或新闻播音员难道不能说当场击毙"罪犯"，而只能说击毙了"犯罪嫌疑人"？这会不会使中国的普通百姓犯迷糊：既然是当场，为什么不击毙罪犯而要击毙嫌疑人呢？既然此人还只是嫌疑人，又有什么根据要将之击毙？若是警察依法搜查一个有明显重大贪污嫌疑的人的住宅，面对着大量的黄金美元，他们收集的不是"犯罪"的证据，而仅仅是涉嫌犯罪的证据？甚至，许多法学家忠告，即使普通百姓或记者也不应当或不能说"罪犯"，而只应当说"犯罪嫌疑人"；否则，就是缺少现代法治观念，就是一个社会的法治不健全的表现，甚至是违法的。

法学家的解说也许是对的。可这话怎么说起来这么别扭，听起来也这么别扭；我怎么总有点"以法为教，以吏为师"的感觉呢？直觉告诉我，这可能出了什么问题——即便直觉并不总是可靠。

一

其实，无罪推定仅仅是一个司法的原则。法学界一般认为，最早明确表述无罪推定思想的是意大利法学家贝卡利亚。他在1764年所著的《论犯罪与刑罚》一书中提出："在法官判决之前，一个人是不能被称为罪犯的。"[3] 可问题是，不能被谁称为罪犯？作者和译者在此都用了一种令中国读者有点别扭的被动语态，并非偶然。这句话不应理解为——却很容易理解为——"人们不能称其为罪犯"。从上下文和语法上来看，只能理解为国家法律不能称其为罪犯，或不能称其为法律意义上的罪犯，而不可能是禁止公众在其他意义上称其为罪犯。

贝卡利亚是在谈论废除刑讯的语境中提出这一主张的。他讨论的是刑事法律意义上的"罪"与"罚"之间的关系，他认为两者应当而且可以紧密相连、相互对应；有罪才可以惩罚，无罪则不能惩罚，且应罪刑相适应，等等。由于刑讯是由有关国家机关——警方——对尚未被认定有罪的刑事被告人施加的惩罚，而这些被告人完全有可能是无辜的，或刑讯的严厉程度有可能超过了被告人依据法律应受的惩罚，因此，贝卡利亚为废除刑讯而认

---

[3] 贝卡利亚：《论犯罪与刑罚》，黄风译，中国大百科全书出版社，1993年，页40。Cesare Beccaria, *On Crimes and Punishments*, trans. by Henry Paolucci, Bobbs-Merrill, 1963。

为，在法庭判决之前，不能认定被告人有罪。在今天看来，无罪推定只是贝卡利亚用来支持废除刑讯的一种逻辑的正当化方式、一种理论设计。他关注的是保护无辜者和罪刑不相适应者的正当权利（贝卡利亚也是最早从理论上提出罪刑法定原则的思想家，因此必须将无罪推定原则同罪刑法定原则作为其理论体系的构成部分，而不应视为分离的主张）。尽管无罪推定原则此后有所发展，对司法程序中举证责任规则有重大影响，产生了许多在我们看来是积极的作用。但其核心从来也不是一个称呼问题，不是为了禁止其他非司法人员在其他意义上称某个刑事被告人为罪犯。

而且坦白地说，我也不相信，有哪个社会的人们真正能接受这样一个脱离司法语境而泛化的原则。一个被强奸的妇女——假定她是一位坚决主张无罪推定、有高度法治意识的法学家、律师或法官——在法庭判决之前，不能认为或说那位强奸者是罪犯？她丈夫——假定也是这样一位学者——只能认为那位强奸者是一个犯罪嫌疑人？否则的话，反倒是她/他们违法了？如果法律是这样的，或无罪推定原则作此种解释，这种违背天理人情的法律或解释也必定是个错误。我相信，在她/他们和其他一些相信她/他们的人的眼中，这个强奸者就是罪犯。此外，尽管名称可以改变，但警官和检察官在提起诉讼时也一定认定此人是罪犯（否则，他为什么要对这个人，而不是其他人，提出诉讼呢？）。无罪推定原则的实践意义只在于要求检察官和警官，尤其是法官和他所代表的国家司法机关在判案时，不能先入为主地认定被告人就是罪犯，而要以证据来证明被告人是否是罪犯，更不能刑讯逼供。这一原则只是一个司法的原则，而不是，也不能成为一个泛化的、用来指导人们如何称呼认识刑事被告人的规定。任何有意义的原则一旦被当作放之四海而皆准的真理,就成了一派胡言。

二

贝卡利亚试图保护刑事被告人的正当权利,这是许多人——包括我——分享的一个功利目标。但问题是,为什么贝氏以"不得称刑事被告人为罪犯"的方式来论证?我认为,这与西方长期以来占主导地位的关于语言的哲学观有关。后人之所以这样理解贝卡利亚,除贝氏废除刑讯的理想一直未能实现、贝氏一直被视为权威的正当化根据外,很大程度上也是由于这种西方语言观绵延至今。这就是为后期维特根斯坦摧毁的语言图像论。按照这种理论,语言是世界的真实图画,一个真实的物体对应着一个绝对正确的语词,一个命题则对应着真实物体之间的关系,因此有可能发现一套正确的语言。在刑事法律上,罪犯就是被判决认定有罪的那个人,判决前的那个人只是犯罪嫌疑人;真正的刑罚是国家对罪犯的惩罚,对犯罪嫌疑人的惩罚由于不合法,因此不是真正意义上的刑罚,是刑讯。进而,既然世界上只有一套正确或精确的语言,为避免思想的迷失和误解,人们就应当按照这套正确语言来说话。接受了这种唯理主义哲学思维的人们(常常是一些学者,而不是那些缺少哲学指导的平民百姓)很容易相信,使用了精确、正确的语词就可以改变人们的行为。

在此,我不想批判这种图像理论,因为自维特根斯坦、索绪尔之后,这种理论和观点早已无法成立了。我只想"矫情"一下,如果真地严格按照这种理论,恐怕"犯罪嫌疑人"的名称仍然成问题。我们固然可以称这个被告人为嫌疑人,但是在法庭认定这个行为为"犯罪"之前,我们恐怕也不应认定该行为是犯罪,只能称其为"可能的犯罪";因此,我们也许应当"更正确地"称犯罪嫌疑人为"可能的犯罪之嫌疑人"。北京人的话,你累不累呀?不要以为我这只是抬杠、调侃、反讽或其他,事实是目前中国的法学研究很多就属于这样的文字游戏。我所舞的剑自然也就"在乎山水之间也"。

其实一个语词,作为一个概念来使用时,重要的是对它的内涵予以界定,对其使用范围予以限定(这种限定并不总是需要明确,更多是一种语境中的默契),而不在于它是否真实对应了或表现了现实。语词与其所指称的物从来不可能对应,其间的关系是一种因常规而形成的专断的、临时性的关系。[4] 同一个语词在不同场合完全可能有不同的含义和功用,即使一些常用的法律语词也不例外,更何况这些语词并不为法律所专有。例如,社会学意义上的犯罪概念就与法律意义上的犯罪概念不同。毛泽东同志说过,"贪污和浪费是极大的犯罪"[5];由于隐含的语境限定,我想没有哪个思维正常的人会认为这是在制定一个刑法条文,抑或是在对某些行为作出司法判决。现实中每个常人一般也都熟悉各种语词的语境限制,能理解语词含义,并能在社会生活中自如、恰当地运用语词。请想一想孩子看到电影中汉奸时说"他是个坏蛋"和恋人间说"你是个坏蛋"中"坏蛋"这个词的含义。

正是基于这一分析,我认为,普通百姓、新闻工作者,甚或

---

[4] 参见,费尔迪南·德·索绪尔:《普通语言学教程》,高名凯译,岑麒祥、叶蜚声校注,商务印书馆,1980年,特别是第2章;又请参见,维特根斯坦:《哲学研究》,李步楼译,商务印书馆,1996年。

[5] 《我们的经济政策》,《毛泽东选集》卷1,人民出版社,1991年,页134。

是政府官员和法律工作者——只要他不是以公职身份代表政府或法院就某案说话，或者不会给人以这样的错觉，或不是在讨论法律专业问题的场合——没有任何理由必须依据司法术语使用规则严格区分罪犯和犯罪嫌疑人。他应当有权凭着自己的直觉、感情、思考、判断甚或便利，自由使用他愿意使用的任何一个语词，只要这种使用不影响有效的交流。

三

当然，作出这一判断，我还有其他理由，甚至是更重要的理由。

1980年代中期，我去美国留学，作为外来者，我很快感到美国社会中有种种政治性的语言禁忌。例如，说话或写作中指称不特定的第三者时，应当甚至必须用"他/她"，而不能仅仅用"他"；后来，又有不少人主张，指称美国黑人时，应当使用"非裔美国人"；又说以往的历史（history）只是男人眼光中的历史即所谓"他史"，而现在要写出女人眼光中的历史即"她史"（herstory）；又说称呼同性恋家庭应当是"单性家庭"。诸如此类，不甚繁多。如果谁不这样说或写，他就是或正在强化男权、白人中心等各种主义，就是歧视妇女、少数族裔、同性恋或其他什么群体，就是在强化现有的歧视文化，一句话，就是政治不正确。这种被称为"政治正确"的社会实践在美国如今相当普遍，特别是在知识界已经形成了一种相当大的社会压力。在这种压力下，甚至某些学术问题也变成了学术禁区，不能进行正常的研究，例如不同种族的比较研究。

罪犯、犯罪嫌疑人和政治正确

我当年对此不仅感到新奇，而且，受图像语言观的影响，我也觉得这些政治正确言之成理，尽管有时觉得别扭。但如果因此真能够促进社会平等和公正，我想，也许应当坚持这种"政治正确"。问题在于，情况并不如同政治正确的倡导者所相信的，语词和现实完全对应，或只要大家换用一个词就能改变甚或创造一种社会现实。时间一久，我就发现这种政治正确不但效果很差——如果还曾有效果的话，更重要的是它使我有一种"文革"感；如果不加限制和抵制，我认为很可能导致另一种专制，一种地地道道的语言和思想的暴政。

我不否认不同语词的运用对人们的行为会有影响。在可能情况下，我们必须澄清语词概念的含义，显现其寓意及可能与其相伴的社会行动和后果。但由于语词与现实没有对应关系，因此任何语词都会有局限。即使是一时被认为是没有局限的语词，由于语词的含义是由使用语词的人赋予的，是流变的，进而会产生"局限"。一个例子，"策划"这个如今颇为流行的中性词，在"文革"期间就具有极为险恶的含义和政治后果。另一些例子是近年对"蜜"和"小姐"或"同志"的用法。据此，我认为重要的在于理解具体语词的局限，反省"行动"，而不在于发现或确定"正确的"语词。仅仅是"正确的"语词甚至法律规定不可能改变甚或会遮蔽社会实践。就以"无罪推定"为例，1789年法国大革命的《人权宣言》最早从法律上规定了这一原则；但事实是，大革命期间的革命法庭把许多无辜的人，或者是没有死罪的人推上了断头台，包括许多大革命的领袖人物。读过狄更斯小说《双城记》或看过这部电影的人，谁能不为那位同情法国大革命和平民的贵族厄弗里蒙德被判死刑的场景（《双城记》卷3，章9、10）而震撼呢？无罪推定的原则和犯罪嫌疑人的名称并没有，而且也不可能拯救他，因为在当时的革命洪潮中，只是出生于贵族之家，这一点就足以构成令当时的人们相信的充分的犯罪证据了。[6]

我也不想否认语词可以有禁忌。任何社会实际上都有一些语言的禁忌，例如，我们在许多场合会说一些长者"去世了"，而不会说"死了"或"新陈代谢了"（但这还是分场合和对象的）。从社会功能上看，某些语言的禁忌也许不可避免，甚至必须。但是，这类语言禁忌毕竟是社会的，是社会习惯形成的，即在一定意义上是人们通过多向交流（当然这种交流中也不可能完全没有话语权势的因素）而自愿接受的，因此在一种象征意义上可以说是一种社会契约的产物。而美国的政治正确，至少其中有些是少数人按照他们认为的正确观点创造出来的，试图通过某种社会压力单向度地强加于人，不容分辩。正是由于这一点，我才感到那种咄咄逼人、高人一等的政治正确中有一种可怕的优越感，构成了一种对个人自主性的威胁。它试图要人们统一按照一种据说是正确的思想去想问题、去说话，而不允许每个人按照自己的感觉、思考和方便来说话。经过"文革"教训的、学习法律的我，自然不可能接受这种政治正确，尽管我尊重妇女、少数民族，也尊重同性恋者的个人人格。

想不到的是，如今许多中国法律人也搞起这种政治正确的把戏来了。尽管端倪初露，但要警惕这种政治正确是在加强法治建设或"普法"的名义下展开的，具有极大合法性，同时又借助

---

[6] 这就意味着一个证据的证据力并不是自然而然的，而是与听取证据的人的判断有关的，与他或她的知识以及支撑其判断的特定时期的社会文化标准有关。"铁证如山"，从这个角度看，只是一个修辞的说法。这个问题很大，涉及问题也很多，我将另著文讨论（《窦娥的悲剧——传统司法中的证据问题》，《中国社会科学》，2005 年第 2 期）。

了强大的国家权力；积极推动和倡导这一中国式政治正确的更多是中国的法律人，据说还是为了更好地保护公民（包括刑事被告人的）权利。这不能不使人警惕和深思。

为什么中国也会搞出这一套把戏？回顾起来，中国历史上类似这种政治正确的东西也曾不少，例如"文革"中只能用"请主席像"而不能用"买主席像"之类的。尽管这类事件随着一个特殊时期的过去已成为当今人们的笑话，但支撑这种话语并使之可能的非话语结构在任何社会一直存在，我们每个人（包括本文作者）在某种程度上都是这一话语的接受者、传递者，甚至可能成为强化者。因此，一旦条件成熟，这种话语就会从另一些渠道、以另一些方式流露出来，弥散开来。由于这种话语同新的、合法的、时尚的、主流的、似乎是天经地义无可辩驳的题目——例如现代化、启蒙、法治、民主、科学、权利——相结合，获得了高度正当性，以至于很难为言说者察觉和抵抗。

这表明，当代中国社会的"知识"领域内有许多值得中国学者认真反思的问题，不仅仅限于法学界。许多学者总是习惯或容易把语境化的概念、命题、论断和实践一般化、普适化；认定所谓历史的必然和真理，认定真理和谬误的截然对立；抱着自己的专业知识而忽视日常生活中的常识，认为需要对民众启蒙，而拒绝对日常生活中细小琐碎问题的深思和反思。一旦有可能，为建立和保证被他或他们认定为真理的那些知识权威或学科集团的利益，就会并非清醒地、却仍然积极主动地同某种权力结合起来，不断扩张，硬要把他们的那一部分专门知识强加给整个社会，甚至忘记了它本来的追求。这种做法即使出于善良的动机，即使会带来某些可欲的结果，也可能带来某些不可欲的、甚至危险的后果——"不经意处是风波"!

1996 年 9 月 20 日于北大蔚秀园

附录 1：

顺便说一句，黄风译中国大百科全书出版社 1993 年版中译本《论犯罪与刑罚》中有多处译作"罪犯"的地方，例如，仅第 20 页就有 4 处；但在我所见的英译本中，这些地方均译作"被告"（the accused）。据译者的译后记，中译本直接依据了意大利文本，并经过余叔通教授对照英、法、日等译本认真审阅了中译本。本文作者不懂意文，无法核对原文，不敢妄加猜测这些翻译的对错。但如果贝氏真的如同今天法学家理解的那样，把罪犯严格界定为经法律判决有罪的人（我倾向于这种观点），并一贯严格使用罪犯的概念，那么这些概念的中译就法律专业上看是不能迁就的，是会误导中文读者的错译。

指出这一点，并不是我出尔反尔；相反，是对本文核心观点的强调和补充。

附录 2（2021 年补记）：

不到 20 年，这个法学界视为社会进步的"犯罪嫌疑人"就也已涉嫌"政治不正确"了。

2015 年 6 月 9 日凌晨，河北省肃宁县发生特大枪击案。55 岁的村民刘双瑞持双管猎枪先后打死同村村民 2 人、打伤 3 人；又打死了前来抓捕嫌疑人的肃宁县公安政委和另一警察，打伤了另外两名干警。

罪犯、犯罪嫌疑人和政治正确

中央电视台主持人白岩松做相关节目时，拒绝了"犯罪嫌疑人"，而是称刘为"这位五十多岁的老汉"。当有人质疑白岩松时，白的回答是，因当时事实还不清楚，"必须首先采用中立的词汇，这是新闻的准则"。换言之，至少白岩松不认为犯罪嫌疑人是个中性词了。

这就印证了本文的题记之一："进步的麻烦在于它看起来总是比实际进步更大。"

制度是如何形成的？*

——关于马伯利诉麦迪逊案的故事[1]

> 有心栽花花不开，无心插柳柳成荫。
>
> ——民谣

在这个问题上，有时，一页历史的教训超过许多本书。

一

1801年3月3日夜，华盛顿，美国国务院灯火通明，一片忙

---

* 原载于《比较法研究》1998年第1期。
1 Marbury v. Madison, 1 Cranch 137 (1803)。关于马伯利诉麦迪逊案的背景及前因后果，本文主要参考了，John R. Schmidhauser, *Constitutional Law in American Politics*, Brooks/Cole, 1984, pp. 60-65; Henry J. Abraham, *The Judicial Process: An Introductory Analysis of the Courts of the United States, England and France*, 4th. ed., Oxford University Press, 1980, pp. 325-332; Stanley I. Kutler, ed., *The Supreme Court and the Constitution: Readings in American Constitutional History*, 3d. ed., Norton and Company, Inc., 1984, p. 25; Alfred H. Kelly, Winfred A. Harbison, and Herman Belz, *The American Constitution: Its Origins and Development*, 6th ed., Norton and Company, Inc., 1983, ch. 10; and Richard E. Ellis, *The Jeffersonian Crisis: Courts and Politics in the Young Republic*, Oxford University Press, 1971。

乱。约翰·马歇尔，虽已就任联邦最高法院首席大法官一个多月却仍担任国务卿，正忙着给一些法官委任状加盖国务院的大印。[2] 三天前国会通过法律创设了这些法官职位，昨日总统提名，今天白天参议院刚刚批准这些法官的具体人选。

作为这种废寝忘食和效率之背景的是这样一个事件：联邦党人在去年年底的总统和国会选举中全面失败。从法律上看，午夜之后，亚当斯总统就将离任，马歇尔也将卸去国务卿之职；而他们的对头，共和党（此共和党非美国今天的共和党，而是今天的民主党之前身；这一变迁也许是本文论点的另一种补证）领袖杰弗逊将继任美国第三任总统。作为战略撤退部属中的一步，马歇尔必须赶在午夜前送出这些委任状。

总体战略部署从1800年年末就开始了。由于行政权和立法权均已丧失，联邦党人唯一可能继续控制的阵地就是不受大选结果直接影响的司法领地。因此，当1800年年末联邦最高法院首席大法官埃思沃斯（Oliver Ellsworth）因身体不佳辞职后，联邦党人看重的候选人杰伊也以"身体不佳"为由谢辞提名，亚当斯总统立刻提名他年轻力壮的（时年45岁）国务卿、坚定的联邦党人马歇尔出任首席大法官，得到了其控制的国会参议院的认可。即将卸任的国会还采取了一系列动作，于1801年2月13日和27日先后通过了《巡回法院法》和《哥伦比亚特区组织法》，对美国的联邦法院系统进行了重大调整。前一法令将联邦巡回法院的数量从3个增加到6个，并因此新设16名巡回法院法官；又在华盛顿这一对最高层政治可能有重大影响的特区增加

---

[2] 这表明尽管三权分立作为原则已经体现在美国宪法文本中，但尚未充分地进入宪法的实际运作，甚或令人怀疑，当年的美国宪法设计是否真有一个明确的三权分立原则。

了 5 个地区法院，每个地区也增设一名检察官和一名联邦执法官；最后，还将联邦最高法院大法官的法定数量从 6 名减少到 5 名。[3] 后一法令则在人口稀少但邻近首都的各县设立了 42 名任期 5 年的治安法官，由于这一任期将跨越下一届总统的四年任期，因此杰弗逊总统除修改立法外无法替换。随后，一大批忠诚的联邦党人纷纷就任了新设官职；其中，治安法官人选是亚当斯离职前一天提名，离职当天参议院才批准的。但所有的委任状都必须于当天午夜前由国务院封玺之后送出。否则，这批没有"执照"的联邦党人法官将无法履行党赋予他们的固守阵地的职责。就这样，在这新老总统交接之夜，同时担任着国务卿和首席大法官的马歇尔日理万机，有条不紊地指挥着这一撤退，整整工作了一个通宵。委任状送达之事，他委托给了其弟，刚被任命为新设立的华盛顿特区法院法官的詹姆斯·马歇尔。

一切都已准备停当，一个意外却打乱了撤退中联邦党人的如意算盘——詹姆斯未能将全部法官委任状送出。太阳再次升起时，有 17 份治安法官的委任状滞留在国务院内。新上任的杰弗逊总统对联邦党人的这些做法早就"义"愤填膺，得知消息后，立即指令他的国务卿麦迪逊拒绝送达这些已经签署封印因此理论上已经生效的委任状，而是将之"如同办公室的废纸、垃圾一样处理了"。[4] 与此同时，共和党人主导的新国会立即引入新法案，于 1802 年 3 月 8 日成功废除了《巡回法院法》，但没有撤

---

[3] 当时已经有 6 名大法官在任（因此违宪？）。因此，这一规定将从任何一位大法官因病故或辞职之类的原因离职后方开始生效；可以想象，作为联邦党人的最高法院大法官们一定会"生命不息，战斗不止"，争取坚守到杰弗逊总统离职。因此这条规定的真正目的在于使杰弗逊没有机会任命亲信任职联邦最高法院。

[4] Charles S. Hyneman, 转引自, Abraham, *The Judicial Process*, 同前注 1, p. 328 及注 104。

销有关治安法官的《特区组织法》。为了防止马歇尔控制下的联邦最高法院挑战国会的这一行动,新国会进一步以法令形式迫使联邦最高法院从1801年12月到1803年2月关闭了14个月。当联邦最高法院再次开庭时,已经是1803年了。[5]

未能收到委任状的威廉·马伯利以及其他三位"亚当斯的午夜法官"万般无奈,他们依据1789年《法官法》第13条规定的联邦最高法院管辖权提出诉讼,要求联邦最高法院向新任国务卿麦迪逊发出训令,命令他送达委任状。与此同时,联邦党人也在巡回法院针对共和党控制的国会废除《巡回法院法》的行为提出了诉讼。两个案件都到了马歇尔大法官的手中。

二

马歇尔大法官面临的局面非常微妙,也非常棘手。他很想利用这个机会来教训教训杰弗逊总统和共和党人;为了使联邦党人真正有效利用司法对抗共和党控制的国会和总统,也必须提高联邦最高法院的权威。然而,马歇尔也深知,这个汉密尔顿曾认为"既无钱又无剑"[6]的联邦最高法院的权威很有限,无法强迫政府和国会服从联邦最高法院的判决。此前,马歇尔曾将马伯利的请求转递麦迪逊,要求麦氏给予答辩,但麦迪逊毫不理睬。因此,即使联邦最高法院作出判决,麦迪逊也会置若罔闻。这样

---

5 Charles Warren, *The Supreme Court in United States History vol. I*, Little, Brown, and Company, 1926, pp. 222-223.

6 参见,汉密尔顿、杰伊、麦迪逊:《联邦党人文集》,程逢如、在汉、舒逊译,商务印书馆,1980年,页391,第78篇。

一来，不仅判决毫无用处，更重要的是会"偷鸡不成反蚀把米"——马歇尔个人的以及联邦最高法院的权威都会进一步降低。但如果为避免这一尴尬而谢绝审理这些案件，则意味着——至少在他人看来——马歇尔在共和党人猖狂的"反攻倒算"面前屈服了，他和联邦最高法院会同样灰溜溜。干还是不干（To be or not to be），这是一个哈姆雷特式的问题，甚至更为哈姆雷特，因为无论干不干都会是输家。

"沧海横流，方显英雄本色"。马歇尔决心在一个看来必败的战役中打一场成功的战斗。他选择了马伯利诉麦迪逊一案进行反击（在另一案中，马歇尔放弃了，等于认定新国会废除《巡回法院法》的行为合宪[7]）。在该案判决中，马歇尔狡猾地（不带贬义）将问题概括为三个：（1）马伯利是否有权获得委任状；（2）如果马伯利的权利被违反了，法律上可以有什么救济；以及（3）如果法律上可以给予救济，可否由联邦最高法院发出训令。在这份长达27页的判决书中，马歇尔用了整整20页对前两个问题作出了肯定的回答。[8] 但是，从逻辑上看，说麦迪逊违法并不自然而然地等于联邦最高法院有权命令麦迪逊纠正自己的违法。问题的关键因此系于，联邦最高法院有没有权力向麦迪逊发出训令？

马伯利的起诉依据是1789年的《法官法》第13条；这一条规定联邦最高法院对这类争议有一审管辖权，可以向麦迪

---

[7] Stuart v. Laird, 1 Cranch 299（1803）。马歇尔未参与这一联邦最高法院判决的表决，因为他作为巡回法官在第五巡回法院曾听审了这一案件。在巡回法院的判决中，他否定了联邦党人的挑战，认定新国会撤销1801年的《巡回法院法》合宪。
[8] Abraham, *The Judicial Process*, 同前注1, 页329。

逊发出训令。[9] 但是，马歇尔说，依据美国《宪法》第3条，马伯利的案件不属于宪法规定的联邦最高法院一审管辖之列[10]，1789年的《法官法》实际上扩大了联邦最高法院的管辖权。因此，《宪法》与《法官法》在这一问题上的规定相互抵牾。当《宪法》和普通立法有冲突时，马歇尔指出，必须服从《宪法》，因为《宪法》是最高的法律，不允许国会以一般立法来改变《宪法》内容。也许有人会说，国会可以解释《宪法》和法律，作扩大解释。但马歇尔指出，确定法律规定的含义断然是司法部门的领地和责任；如果，发现两个规则有冲突，适用法律的人必须决定谁有效。马歇尔的论辩是，与《宪法》相悖的法律是违宪的，也是无效的。因此，尽管马伯利享有权利，尽管麦迪逊不送达委任状违反了马伯利的权利，尽管马伯利应当得到法律救济，但依据美国《宪法》，最高法院对此问题没有管辖权。短促突击，有礼有节，马歇尔巧妙利用了一个法律技术问题在判决的最后否决了马伯利的诉求，避免了与杰弗逊的正面冲突，也就避免了自己的尴尬。

三

马歇尔极其精明、大胆和狡猾。在他看来，只要选准

---

[9] 第13条的部分文字是，"最高法院还将对来自巡回法院和各州法院的由本法特别规定的案件拥有上诉管辖；当它作为有海商和海事管辖权的法庭审理时将有权向地区法院颁发禁止令，并在有法律的原则和惯例保证的案件中，依据合众国的权威，有权向任何被任命的法庭或担任公职的个人发出训令"。

[10] "……关于大使、公使、领事以及以一州为当事人的案件，最高法院有初审权。在前述其他一切案件中，最高法院有受理关于法律和事实的上诉裁判权，但须遵照国会所规定的例外情况和规章。"美国《宪法》第3条第2项。

了，一个马伯利案件就足以教训杰弗逊了。以攻为守，他追求的效果是，既要当面扇杰弗逊的耳光，对方还无法还手。他做到了这一点。首先，马伯利案判决虽然直接抨击了杰弗逊政府，却还是否定了马伯利的诉求。其次，判决虽否决了国会的立法，但否决的并不是杰弗逊控制的本届国会颁布的法律或决定；这一否决本身对当政的行政（杰弗逊）或立法（杰弗逊的共和党人）活动也不构成额外限制，而仅仅与马歇尔所在的司法机关有关。最后，判决尽管主张了司法审查的权利，创立了审查国会立法的先例，但这种主张不是一般化的，并没有剥夺其他部门的审查和解释（review）立法的权力。就这一判决本身来说，是限制了而不是扩大了联邦最高法院的管辖权。所有这一切都意味着，这个判决在政治上更容易为以杰弗逊为首的行政部门和由杰弗逊政治盟友控制的立法部门接受。杰弗逊挨了打，气也只能往肚子里咽。一旦咽了下去，就意味着接受了这样一个原则，即联邦最高法院有权解释宪法并判断国会立法和执行机关的法令是否合宪，成为一个先例。不论杰弗逊是否清醒意识到了这一点，事实是，他就这样眼睁睁地看着马歇尔把一个极为重要的，然而《宪法》上并无明文规定的权力抢到手中。这个判决，大大提高了联邦最高法院的威信，从根本上改变了它自建立以来的"鸡肋"形象，初步形成了三权分立和制约平衡的格局，对此后美国宪制的定型有极其深远的影响。一百多年后，这一判决赢得了著名美国历史学家比尔德一个绝妙的赞誉——"伟大的篡权"。[11]

尽管作为一个里程碑案件，得到后代美国法学家的一致赞

---

[11] Charles A. Beard, "The Supreme Court—Usurper or Grantee?" in *Essays in Constitutional Law*, ed. by Robert G. McCloskey, Vintage Books, 1957.

美,但必须看到,马伯利案的处理有许多地方违背了司法常规,甚至是"违法的"(往好听里说,即所谓"创造性的")。首先,马伯利案与马歇尔任职国务卿直接有关,依据司法惯例,马歇尔必须回避与自己有牵连的案件,但他没有回避。其次,为了便利"公报私仇",马歇尔在判决写作上"不远万里",兜了个很大的弯子,以超过 4/5 的篇幅论证杰弗逊当局的行为非法,仅以不到 1/5 的篇幅认定自己无权管辖,还"搂草打兔子"式地创立了司法审查的先例。如果他真的是为维护《宪法》的权威,真的是试图创立司法审查的先例,那么无论就逻辑上看还是就司法惯例上看,他都完全可以甚至必须直截了当地从讨论管辖权开始(管辖通常是司法首先要讨论的问题),然后径直宣布 1789 年《法官法》第 13 条违宪。只是这样照章办事,就不是他马歇尔了。几乎是在完全讨论了马伯利案的实体问题并作出"判决"之后,马歇尔才开始讨论程序,并淡淡地说了一声,"哦,对不起,这里没有我说话的份"。最后,马歇尔也并非真想维护马伯利的权利。据后辈学者的一些研究,只要马歇尔愿意,从他一贯的司法风格来看,他完全可以作出 1789 年《法官法》第 13 条不违宪的解释。[12] 因为,联邦最高法院此前就曾

---

12 马歇尔的判决意见一直以其创造性而在美国司法界闻名。在任职联邦最高法院首席大法官的 30 余年间,他建立了一系列奠基性的司法先例。例如马伯利诉麦迪逊,开创了司法对联邦立法的审查;马克洛诉马里兰州,确立了联邦至上的原则,通过解释"必要和适当权力"条款,扩大了联邦的权力。美国著名法学家、法律家,后来联邦最高法院法官卡多佐称,"我们的宪法性法律的形式之所以今天如此,就是因为马歇尔在它还仍然具有弹性和可塑性之际,以自己强烈的信念之烈焰锻铸了它"(Benjamin N. Cardozo, *The Nature of Judicial Process*, Yale University Press, 1961, pp. 169-179)。另一位美国著名法学家卢埃林称马歇尔的司法判决风格属于与"形式化风格"相对立的"宏大风格",具有一种"注重结果的智慧"(wisdom-in-result)。转引自,Lawrence M. Friedman, *A History of American Law*, A Touchstone Book, 1973, p. 540 及注 35。

依据这一条向政府官员发过训令并得到了执行。[13] 无论是依据"先例必须遵循"的原则,还是依据"禁止反悔"和"合法信赖"的原则,马歇尔都可以甚至必须将错就错。他之所以不怕麻烦地纠正这种不为人注意的小小历史"失误",只能有一个解释,就是要避免正面冲突,避免冲突必定给自己和联邦党人控制的联邦最高法院带来难堪[14];马伯利个人的权利则为此牺牲了。

四

若仅仅是在一般意义上,我们完全有理由谴责马歇尔狡诈多端、出尔反尔、玩弄权术,说他"公事私办(对马伯利),私事公办(对杰弗逊)",说他缺乏司法职业道德,没"把(马伯利的)权利当回事"(套用德沃金的一部书名),等等。但本文不想就马伯利案本身论是非,而试图从中获得关于制度如何发生和形成的一些启发。仅仅追求个人的动机或以"道德"来评价历史和制度形成是不贴切的,至少是不完整的。

近代以来,由于对人类理性的过分崇拜,我们已习惯于将某个后人认为良好的制度视为一种正当理性的逻辑展开,视为个别或少数精英清醒意识和追求的产物,把一个制度同后来者构建起来的关于这一制度的理性论证等同起来;我们不仅日益注重制度设计,设计时也往往注重制度所谓的"本质关系";考察一个成

---

13 参见,Abraham, *The Judicial Process*, 同前注1,页330。
14 Elllis, *The Jeffersonian Crisis*, 同前注1, p. 67。

功制度时,习惯于从善良愿望出发考察它的纯洁、崇高的起源;面对制度失败时,又往往归结为其先天的理论不足或创制者的道德缺失。我不敢对这种观点做一个普遍性判断,但马伯利案表明,至少有些制度的发生和形成全然不是如此。为如今众多法学家、法律家赞美的司法审查制度的发生完全是一个历史的偶然(尽管在后来者看来,其创立在美国的语境中也可以说是一种必然,我将在后面论及),是党派间争权夺利、政治家不共戴天的产物,是他们的激情和狡诈、斗争和妥协的产物,是他们追求各自利益的副产品。[15] 至少在这一制度的发生中,传统法哲学或法理学教科书上最津津乐道的道德或正义所起的作用并不像人们想象得那么大,即便法学家经常并今天仍然如此告诉人们。在这里,起源似乎不重要,制度实际发生的作用和意义并不因起源的神圣而增加,也不因起源的卑贱而减少。制度在发生学上的伟大意义往往是后人回头展望之际构建的,在后来者总体历史观的观照下和理性塑造下才有了神圣的光环。这种光环常常使我们不能也不敢以一种经验性的求知态度来"凝视"(福柯语)它和凝视我们自己。

再扩大一点来考察,这一点会格外明显。因为被一些学者当作人类理性制度设计之典范之一的美国《宪法》本身就没有明确规定或暗示司法审查制度。[16] 甚至在此案数年前(1796年)的

---

15 参见,Michel Foucault, "Nietzsche, Genealogy, History," in *The Foucault Reader*, ed. by Paul Rabinow, Pantheon Books, 1984, pp. 76 ff.。
16 有许多学者认为,这一原则"隐含"在宪法的结构之中,并例举《联邦党人文集》讨论司法审查的文字作为美国《宪法》中含有司法审查原则的证据。但这些论据都是不够充分的。所谓"隐含",说白了,就是没有明文规定;《联邦党人文集》的作者固然对宪法创制有一定影响,但他们更多是阐述他们对宪法的理解,而不是宪法本身的规定。

一个案件中，创造这一先例的马歇尔，作为弗吉尼亚州律师协会的领袖，受聘出庭联邦最高法院论辩时还曾明确提出，"司法权威部门不可能有权对法律的有效性提出质疑，除非这种［司法审查］管辖权是宪法明确规定的"[17]。"这真是一个'命运之嘲讽'的范例"，20世纪初一位马歇尔传记的作者这样写道，"在这场历史性的法律竞争中，马歇尔支持的理论竟然是他此前政治生涯始终反对的。"[18] 然而，这一制度却在美国发生了，就在马歇尔手中，并成为如今美国宪法制度的不可变更的重要组成部分。而后来，特别是"二战"以后，当其他国家试图齐整地、有目的地移植这一制度时，反倒没有一个国家建立了美国式的司法审查，不仅"走样"，而且根本没有美国的那种权威。[19] 这印证了中国人的一句老话，"有心栽花花不开，无心插柳柳成荫"；也再次印证了马克思早就指出的事物的逻辑不等于逻辑的事物的深刻命题。[20] 之所以不相等，是因为制度的形成，并不如同后来学者构建的那样是共时的，而更多是历时的。制度的发生、形成和确立都在时间流逝中完成，在无数人的争斗历史中形成。正是在这个意义上，弗格森、休谟、门格尔、哈耶克都称制度是人类行动的产物，是演化的产物。[21]

---

17 Ware v. Hylton, 3 Dall. 199, 201 (U. S. 1796).

18 Albert J. Beveridge, *The Life of John Marshall*, vol. 1, Houghton Mifflin Co., 1916, p. 187.

19 参见，路易·法沃勒："欧洲的违宪审查"，集于路易斯·亨金、阿尔伯特·J. 罗森塔尔编：《宪政与权利——美国宪法的域外影响》，郑戈、赵晓力、强世功译，生活·读书·新知三联书店，1996年，页28—60。

20 马克思：《黑格尔法哲学批判》，人民出版社，1963年，特别是页32—33。

21 参见，弗里德里希·奥古斯特·冯·哈耶克：《个人主义与经济秩序》，贾湛、文跃然等译，北京经济学院出版社，1989年；其他部分有关的文献可见，苏力：《法治及其本土资源》，中国政法大学出版社，1996年，页20注42。

也因此，我认为，许多美国学者或多或少夸大了马伯利案对司法审查制度形成的意义。[22] 首先，若精细一点，会发现，此案仅宣告"确定法律规定的含义断然（emphatically）是司法部门的领地和责任"，马歇尔从来没说这只属于（exclusively）司法的领地和责任，更没有宣布司法的判断要高于政府其他部门的判断[23]；这些明明白白的模糊表明了马歇尔的政治天才和修辞天才。其次，从严格意义上看，在马伯利案中只是发生了司法审查的事件，为这种审查提出了某些理由，一定程度上为此后司法机关审查国会立法的合法性铺了路。但它创造的还只是一种可能性，而不是必定性。[24] 一个判例只是一个起点，只有当这一判例为后人遵循且必须遵循时才成为先例、成为制度。从抽象层面看，马伯利案并没决定后来者必须遵循它。在习惯于关注实体问题的普通人看来，马伯利案的判决中最重要、最直接的问题是联邦最高法院的管辖或马伯利能否获得委任状，它不必定被理解和解释为司法审查的先例。事实上，当时无论杰弗逊总统还是联邦党人都没关心此案宣告的国会立法违宪的判断，和普通人一样，他们都更关心马歇尔对总统不送达委任状的批评。[25] 此后

22　请看，Ellis, *The Jeffersonian Crisis*, 同前注1, p. 65。

23　Albert J. Beveridge, *The Life of John Marshall*, vol. 3, Houghton Mifflin Co., 1919, pp. 605-606；Warren, *The Supreme Court in United States History*, 同前注5, pp. 264-266。

24　参见，凯里斯对法律推理问题的分析，David Kairys, "Legal Reasoning," *Politics in Law, A Progressive Critique*, ed. by David Kairys, Pantheon Press, 1982, pp. 11-17。

25　Ellis, *The Jeffersonian Crisis*, 同前注1, p. 66。

三十余年间，首席大法官马歇尔也一直没有对国会立法进行司法审查。[26] 据一些美国宪法学者的研究，在此后相当长的时间内，马伯利案的判决的这一深远意义也一直为人们遗忘或忽略。[27] 直到1857年，在声名狼藉的德里德·斯考特案[28]中，联邦最高法院才再一次审查并否决了国会立法。然而，这一次，联邦最高法院否决的是一个与废止奴隶制有关的立法（《密苏里和约》），并因此——用一些美国法律史学家的夸张语言来说——引发了美国南北内战。只是到这时，几乎可以说是因为这个司法错误，司法审查作为一种制度、一个原则才算真正确立。在这个意义上，制度其实是后来者构建的，而不是"先行者"创造的。马伯利案的先例意义——借用钱钟书先生的话来说——是事后追认的，"仿佛野孩子认父母，暴发户造家谱，或封建皇朝的大官僚诰赠三代祖宗"[29]。这种不限于文学或法学领域内的普遍现象表明，在诉诸和认同传统中隐藏的是诉诸者和认同者自身强烈的创造欲望和能力。

由此，我们还可以看到，即使一个总体上说来是有用、有益的制度也不是万能的，不存在只有好处没有缺点的制度。一个制度并不仅仅因为它是制度，就不会在具体问题上，有时甚至是在

---

[26] 绝大多数学者持这种观点。但也有个别学者认为，马歇尔任职联邦最高法院期间还曾在另一案件 ［Hodgson v. Bowerbank, 5 Cranch 303（1809）］ 中认定国会某立法违宪。但如何解释此案判决相当含糊，且有很多有争论。参见，Edward L. Barrett, Jr. and William Cohen, *Constitutional Law, Cases and Materials*, 7th ed., Foundation Press, 1985, p. 31。

[27] 简要的分析，请看，John R. Schmidhauser, *Constitutional Law in American Politics*，同前注1, pp. 67-68。

[28] Dred Scott v. Sandford, 19 Howard 393,（1857）.

[29] 《中国诗与中国画》，钱钟书：《七缀集》修订本，上海古籍出版社，1994年，页2—3。

重大历史判断上出错。司法审查并没能使马伯利获得法律救济；德里德·斯考特案宣布废止奴隶制的国会立法违宪，更表明司法审查制度有时——而不仅仅如同我们习惯想象的，只是在出了坏人或好人不当使用时——也会阻碍正当且必要的社会、政治变革。[30] 但是，我们评价一个制度无论如何不能仅以个别事件的实质性对错为标准，而要作出总体上的利害权衡，而这种权衡是公众在历史中进行的。这也表明，社会在任何时候都不可能只依赖某一个制度，而需要的是一套相互制约和补充的制度。这些制度不仅包括成文宪法和法律明确规定的，可能更重要的是包括了社会中不断形成、发展、变化的惯例、习惯、道德和风俗这样一些非正式制度。

尽管容易为人误解，本文的目的却不是贬低美国的司法审查制度，而只是通过考察历史来展现制度实际是如何发生的。当我说制度的形成不是理性设计的或有偶然性时，这不意味着制度形成完全是随机的，无须任何条件。马伯利案之所以可能成为司法审查制度的开端，显然有多种社会的因素，包括法学人、法律人的职业努力。美国当时的社会经济发展都要求一个更强有力的联邦政府（美国宪法就是对此的一个回应）和联邦最高法院，在这个意义上，司法选择得以确立是一种社会的公共选择。英美法形成的遵循先例传统对这一制度确立意义重大，在这个意义上，司法审查又是传统的产物。美国当时各派都具有相当的政治力量以及基于这种力量对比才出现了妥协，在这个意义上，制度的确立是一种政治力量对比的产物。马歇尔此后长达30余年担

---

[30] 这种状况后来也多次出现，最著名的是在罗斯福"新政"时期，联邦最高法院曾多次判定"新政"立法违宪。但在罗斯福"重新包装"最高法院——任命更多最高法院大法官——的威慑面前，最高法院的大法官们改变了自己的决定。

任首席大法官并精心呵护联邦最高法院的权威,在这个意义上,司法审查又是司法人员稳定、自律和司法经验积累的产物。后代法官能从特定视角将马伯利案开掘出来,赋予其司法审查的意义,创造了一个司法专属区,在这个意义上,司法审查则是后代法官慧眼和持续努力的再创造。当然还有其他一些我们可以想到的,或我们今天的想象力也无法触及的因素。所有这一切,构成了一个制约但并非决定了河水流向的河床,而水流的冲刷也一直改变着河床。但是,还必须指出,所有这些构成因素只是在我们今天回头之际才能辨识和理解,判定其为必然;现实生活中,由于人必须且总是向前生活,因此,历史究竟如何发展,究竟会形成什么样的制度,又会如何形成,所有这类问题,对于身在此山中的愿意思考并具有一点反思能力的当代人来说,大约总有某种无能为力甚至是荒谬之感。

这不必然得出我们只能且应当无所作为的结论。正如同这个司法审查制度的故事所例证的,促使人们采取具体行动的更多是他在当下情境中产生的欲求,是他的激情,而不是,也不可能是在对遥远未来予以总体反思后的选择;相反,理性只是这种欲求、这种激情的奴隶。[31] 因此,即使从历史的角度看来似乎是必然的事物,我们也无法否认个体的创造;更无法否认后来者对于传统的重新构建。当年,美国联邦最高法院的第一任首席大法官杰伊在任期内就无所事事,宁肯辞职到国外当大使;1800 年亚当斯希望杰伊再度出山,杰伊再次拒绝了这个"鸡肋",亚当斯

---

[31] 参见休谟的论证,休谟:《人性论》下册,关文运译,郑之骧校,商务印书馆,1980 年,页 451 以下。

是不得已才提名马歇尔出任首席大法官的。[32] 而杰伊并非等闲人物，作为《联邦党人文集》的三名作者之一，1800 年联邦党人的总统候选人之一，他在美国政治法律思想史中的地位和在美国宪法创制过程中的作用甚至超过了马歇尔。然而，只是到了马歇尔法院，在马歇尔手中，才出现了马伯利诉麦迪逊，才出现了麦克洛诉马里兰州[33]等一系列对美国宪政意义极其深远的伟大判决。

最后，即使从以上对马伯利案的剖析，我们也足以领略马歇尔大法官个人的政治判断、机警、不带贬义的狡猾和分寸感，他对司法技术的娴熟且创造性的运用。所有这些个人性因素在制度发生和形成中的作用都不容忽视。而这一切因素，我想，即使马歇尔本人也未必能够清楚意识。

而且，即使意识到了，就一定能够超越甚或是把握吗？

1997 年 6 月 7 日于北大蔚秀园寓所

---

[32] 杰伊认为美国联邦最高法院是一个"缺陷很大的机构"，缺乏"活力、份量和尊严"；转引自，Abraham, *The Judicial Process*，前注1，p. 328。统计数据表明，在马歇尔之前，每位大法官平均每年还摊不上审理一起案件。因此，除杰伊外，同期还有其他大法官辞职，或谢辞晋升首席大法官。也多亏有人谢辞，这才为 5 年后马歇尔出任首席大法官空出了位置。请看，Frank H. Easterbrook, "The Most Insignificant Justice: Further Evidence," *University of Chicago Law Review*, vol. 50, 1983, p. 497, Appendix A, 484 no. 11。

[33] McCulloch v. Maryland, 4 Wheaton 316 (1819).

把道德放在社会生活的合适位置*

> 有过这样的时代吗？公众认为社会道德水准正在提高？
>
> ——博克[1]

眼下，人们一致认为当今社会风气不好，道德水准下降。的确，贪污腐败随处可见，职业道德普遍缺失，违法犯罪急剧增加；即使在带着神圣光环的学术界，也有各种违背学术道德规范的现象。面对这种"无序"或"失范"现象，不少人怀念1950—1960年代，认为如今人变坏了。真的是人变了吗？如果真是人变了，那么又是什么因素或条件引起或促成了这种变化？而我们又能够做些什么？

必须注意，在这种公共议论中，人们所用的"道德"一词的含义在学术上看相当含混和不确定。它有时是指个人的道德观念，有时谈的是人们的行为方式和准则，有时又是指社会风气。

---

* 原载于《东方》1996 年第 5 期；编入本书时作了较多修改。
1　Derek Bok, *The State of the Nation, Government and the Quest for a Better Society*, Harvard University Press, 1996, p. 314.

本文也就"入乡随俗",在这种宽泛的意义上谈谈"道德"。

由熟人社会转向陌生人社会

应当指出,社会转型时期的"道德滑坡"(暂且用这个流行说法)、不轨现象增加并非我国的独特现象。放眼世界,这种现象曾经并且仍然普遍地存在于各国"从社区到社会"(滕尼斯语)、"从身份到契约"(梅因语)、"从机械一体化到有机一体化"(迪尔凯姆语)的"现代化"进程中。因此,这个问题也就一直是社会现代化研究中的一个重点。从这一传统来看,中国社会目前出现所谓的"道德滑坡"是与中国目前的社会转型相联系的。

中国正从一个以小农经济为基础的熟人社会转向一个以工商经济为基础的陌生人社会。这种社会和经济的转型总是伴随着城市化进程和人员的高度流动,不仅大量农民暂时或永久性地进入了城市,而且许多城市居民也处于前所未有的流动中。一方面,由于事实上存在亲疏关系,以及人的自然情感局限,"爱有差等"其实是一种普遍的自然现象。[2] 人一般只是对自己熟悉的人或环境才有切身的责任感,不可能真正做到墨家主张的"兼爱"。高度流动中的人往往更容易对陌生人,或在陌生地区,做出在熟人之间或熟人社会不会做的不道德的事。极少有人在家中行窃、对亲人施暴;"兔子不吃窝边草";外国侵略军往往格外

---

2 这并不是中国文化的结果;西方学者也有类似的分析。可参见,休谟:《人性论》下册,关文运译,商务印书馆,1980年,卷3,章2。

残忍等看起来完全无关的现象，背后都有这个因素。另一方面，由于社会转型，熟人社会曾经有效的非正式社会约束机制，例如声誉、疏远、流言蜚语、以牙还牙的报复等，也都不再可能像以往那样奏效。交往方的不特定，交易机遇和对象的众多，使得交易可以是，并且往往是一次性的。一些人甚至不希望（例如出售伪劣产品者），没有愿望（例如某些卖淫嫖娼者），也没有必要（例如繁华地带的小商小贩）建立长期的个人关系。关系的萍水相逢化，不仅容易产生不道德的、败德的行为，也更容易逃避各种社会制裁，包括社会舆论的和法律的制裁。

社会转型是很艰难的事。一方面，必须且势必突破某些现有的规范和秩序，没有这些突破，社会很难迅速发展，但社会无论何时何地都需要秩序，只是新的、有效的规范还未形成，而且也不可能在短期形成，不可能通过发布一纸文件就建立起来，因为规范总是需要强制力来保证。在缺乏或没有普遍接受的规范的条件下，即使没有个人利益的介入，每个人也只能依赖各自的直觉、本能、习性和本地习俗行事，这也很容易发生规范上的冲突。这时，人们会感到社会的道德水准大幅下降，尽管有时事实上并不那么大，只是无法适应社会规范的多样化而已。

由此可见，熟人社会以及形成熟人社会的许多社会组织（例如，单位、街道、村落）实际构成了对不道德、不轨行为的一种下意识制约。但熟人社会向陌生人社会的迅速转型往往会破坏这些人们从来没有意识到的、曾经有效的约束机制，其中有些还可能是有意识的或现代化所必需的破坏（如对家族或村落社区的过度忠诚）；但如果没有或者来不及产生新的有效约束机制来完成功能上的替代，各种败德行为、不轨行为就一定会急剧增加。可以预料，随着中国的改革开放，市场经济的发展，人员的流动，社会分工的发展，价值和道德多元，村庄、单位以及类似"熟人社会"中种种先前未充分意识和理解的社会功能进一步弱化，我们不可能重返"夜不闭户，路不拾遗"的时光了。

不带贬义的"机会主义"

如果上面的分析有道理，那么，这就意味着，一个社会的社会风气好坏与该社会中个人的道德观念实际上没有太大关系，至少没有如同人们想象的那么大的关系。尽管我们经常进行"道德教育"，希冀通过传授一些正确的"道德"观念，来改变人的行为，但事实上，道德在很大程度上是一种非常个人化的实践，是在社会生活中逐步内化的，而不像2加2等于4，是一种可以简单传授普及的知识。

说它是个人化的，我是指道德实践往往不能给实践的个体带来通常意义上的利益，更可能带来的是某种物质利益损失。道德实践必须是自觉的、自愿的，只有那些视牺牲物质利益具有更高、更大价值的人才有可能坚持这种道德实践。我个人当然尊重这样的视道德伦理为身家性命的人，他们为大多数人树立了道德的楷模，因此是一种稳定社会的力量。但是，作为一个现实主义者，我可以希望，却无法使社会上绝大多数人这样做。绝大多数人都是不带贬义的机会主义者。他们在某些社会环境下的行为似乎符合某些道德原则或信条，但这并不意味着这一刻他们道德水准高，或是他们头脑中有什么坚定的道德信念或准则，而仅仅因为这种行为方式对他们的生存更为有利、有效，与他们养成的习惯更协调和便当。换一个环境，一个陌生的环境，一个可以轻易逃避处罚或制裁（当然，其中某些处罚和制裁的合理性也许值得探讨）的环境，他们的行为就可能不"道德"了。一个将同事遗失的钱包归还同事的人，完全有可能在火车站之类的陌生地区将他人遗失的钱包据为己有。一个羞怯的村姑在见不到家人和亲友的地方，为了挣钱，就有可能成为三陪女。在这里，我们很难说他或她此前的道德水准高，而此后的道德观念变了，道德水准降低了；他/她们仅仅是所处的环境变了。在这个意义上，即使先前的社会风气比较好，大多数人的行为都比较符合道德，我们也很难说先前的社会道德水准高。人们之所以那样行为往往是出于社会的流行，会得到社会的褒奖，或不这样行为，会受到某种社会制裁。[3] 这类行为其实与道德无关。这并不是对人的贬低，而是现实地理解人。毕竟，一般说来，人不是一种仅仅靠观念就能生活下去的动物，而是在观念与社会环境互动中生活的动物。

我不否定有些人有强烈的道德信仰，一贯并始终坚持实践（而不仅仅是言说）他所信仰的道德信条，也可能有人一时干了坏事会良心困扰一辈子。但这种人是极少数，只可能是极少数，在某种意义上，甚至也应当是极少数。这个判断会很令一些真假道学家反感甚至深恶痛绝，但我是有理由的。首先，我并不认为社会的问题仅仅是，或主要是一个道德问题；那种将一切社会问题甚或是主要问题道德化，似乎解决了道德问题就解决了社会根本问题的倾向实在是我们许多人探讨社会问题时一个有很大局限的——如果不是一个错误的——进路。我不简单地相信"衣

---

[3] 迪尔凯姆研究认为，一般人的道德观念是相当淡薄的，他们心中确定拥有的只是一些最不可缺少的道德原则。参见，Emile Durkheim, *Suicide, A Study in Sociology*, trans. by John A. Spaulding and George Simpson, Free Press, 1951, p. 317。

食足则知荣辱",但作为社会非正式制度之一的道德,就其整体而言,实在是人类在具体环境中维持自己生存的一种工具,必然与社会生活的物质生活水平和方式无法分开。这就意味着至少某些道德规范应当而且必然随着人类生存条件、生存环境、生产方式的变更而变更。例如"孝顺"作为一种道德规范,就与小农经济下老人缺少生活保障这一严酷现实有关(即便不是决定性的关系)。昔日对女子要求"从一而终"的道德规范,尽管曾被某些权势者用作压迫女性的工具,但就其社会功用而言,总体来看具有维护家庭稳定(因此也就维护了社会稳定)的功用,在某些方面或某些时候甚至可能成为并实际成了女性制约男性、维护自身权益的一种工具。⁴ 今天,由于社会条件的变化,先前的道德规范有些得到保留,有些有所改变,有些则基本废弃了,被今

---

4 由于多年来对"从一而终"的批判,这一点可能很多人不能接受。但,从理论上看,痴心女子完全可以以"从一而终"为由拒绝"感情破裂"的离婚。特别是在小农经济条件下,女性没有自己的财产或收入手段,"从一而终"几乎是她们得以生存下去的唯一途径。一旦"从一而终"成为一种社会的道德规范,就对"负心汉"构成一种社会压力。尼采曾说过,道德是弱者创造出来并用来约束强者的(参见,尼采:《论道德的谱系》,周红译,生活·读书·新知三联书店,1992年,页28—30);福柯也认为,大意是,权力不是一种物,而是一种关系,因此是可以反向发生作用的。当然,这里只是理论的分析,需要对中国历史上的这类问题作实证研究来例证或证伪这一论点。但是,国外的某些法律实践已部分地例证了这一点。例如,1960年代以来,美国女权者曾大力倡导"无过错离婚",即双方想离就离,无须对方有什么过错(如"不忠"),强调女性独立自主;部分后果是,表面看来女性保持了独立的"人格",经验调查却表明,离婚女性不仅比离婚男性更难再建家庭,而且离婚女性的物质生活水平也比离婚男性更低。

注意,这并非主张或倡导"从一而终",只是强调社会现象的复杂性,以及人的理性分析的局限性。

天的人视为不道德了（例如"从一而终"）。⁵

因此，在一个社会中，如果人们的行为总是固执于先前的"道德"规范，或者一个社会现有的道德过于强烈，不允许个体有任何悖离社会现有道德规范和道德意识之外的行为和思考，社会就不可能生成与变化的社会生产生活方式相适应的新的行为方式，不可能形成新的道德规范，也就不可能促成社会的变化；这个社会就会变得僵硬，从长远来看，没有希望。在这个意义上，"道德上"的机会主义并不一定是坏的、可怕的，它也许是人的创造性的体现，是产生适应社会的新道德规范的一个生长点，是一个社会健康发展的必要条件。⁶

---

5 但这并不意味着那得以保留的才是真正的道德，而发生变化的或被废弃的就一定不是"道德"或是"不道德的"（参见，迪尔凯姆：《社会学方法的准则》，狄玉明译，商务印书馆，1995年，页60）。这种观点一方面是狭隘的，以自己时代的道德作为确定道德的标准；另一方面又过于空泛，是从上帝的观点（超越一切时间和空间）看道德，由于这种道德过于抽象，脱离具体生活环境，对人们日常生活往往缺乏实践的意义。

6 迪尔凯姆曾指出，一个社会的集体良知（collective conscience）和道德意识如果总是不受冲击，就会僵化，就会因缺乏弹性而折断；因此，就社会功能上来看，社会发展本身就需要并不断生产出这种违背集体良知的个人首创。也正是凭着这种违背集体良知现象的存在，我们得知一个社会是活跃的，它的道德边界不是僵化的（请看，迪尔凯姆：《社会学方法的准则》，同前注5，特别是页88—89）。在另一著作中，迪尔凯姆将这一点强调得更为明确，认为"如果考虑到社会在一个时期进程中必须面对不同情况，且不可能保持一成不变，那么这种需要看来就更为明显"（请看，Emile Durkheim, *Suicide*, 同前注3, pp. 361 ff., 365）。哈耶克在论证自由对社会之重要性时，实际上作出了与迪尔凯姆的逻辑相类似的社会哲学分析。他认为，由于我们不可能预先知道人类发展途径上的一切可能出现的社会灾难，因此，一个社会应给予所有人以自由，鼓励一切个体在一切方向上进行创新，因为在所有的创新中，只有少数可能成功，为社会和人类准备了抗拒灾难的必要方案，其他人将模仿这些少数人；人类的生存和繁荣就是以这样的方式实现的。参见，F. A. Hayek, *The Road to Serfdom*, University of Chicago Press, 1944。

法治建设与职业道德

正是基于此，我认为，在这个转型社会，传统道德规范作为一种非正式的制度固然可以起某些作用，但作用可能有限，也应当有限。道德教育应当坚持，但不能指望太高。我们应当，而且也可能抽象地继承一些传统的道德规范，然而更要首先注意法治。既然，如前所述，由于社会转型、人员流动会引起人们行为方式的改变，传统的道德和道德评价制裁机制已不足以维护现代社会的有序和公平，就必须要有新的社会评价和制裁机制来实现功能替代和补充，尽管不可能完全替代。

首要的机制是现代法治。现代法治关注的是非个人化的和一般的社会关系，强调法律适用的统一性和普遍性，强调法律面前人人平等，强调正当程序，强调一般人大致可以做到的行为规范，这些特点原则上与工商经济社会更为相洽。但由于中国社会仍处于转型时期，中国社会各地区经济文化发展不平衡，以及中国有其独特的悠久的文化传统，这一切都要求我们不能仅仅按照理想的法治逻辑来设计法治或照搬外国的法治实践。我们必须在关注本土经验——包括传统的道德规范和道德实践——的基础上建立与中国经济社会转型大体一致的法治。

另一值得重视的是，要格外关注培养由于社会分工而必然形成不同职业的道德。所谓职业道德，可以说是一个职业行当的人们为了维护自己职业生活而形成的内部的制度或道德伦理规范。[7] 职业道德与通行的社会基本道德规范不同，有时，甚至会相互抵牾。例如，在社会生活的许多方面，人们都反对投机行为，这是必要且应当的；然而，在商业领域内，投机行为一般说来不违反商业道德，有时甚至是商业实践的要求，期货和股票交易其实都是投机行为。因此，不能笼统地用社会生活的一般道德规范来要求商业活动。又如，社会道德的基本规范之一是要说真话；但司法实践上采取的抗辩制，则要求律师在一些特定情况下不能说真话——如果说真话不利于他的当事人，说真话就可能违反了他的职业道德。类似的情况还有心理医生，他也必须为病人保密。再比如，在市民和政治生活中，我们人人都是平等的，平等待人是社会普遍的道德规范；但就一个具体的企业、事业单位或政府机构来说，就不一定如此。许多事就是要老板、上司或教授怎么说（只要不违法）其下属就怎么做，相反则不符合职业道德，甚至可能构成犯罪（渎职）。

多年来，由于社会分工缺乏，计划经济体制下国家对社会管得太多太死，我们社会的许多行业尚未形成，不注意培养，甚至不承认特殊职业群体的特殊职业道德规范。各行各业往往都套用一般的社会伦理规范。由于缺乏具体的、可操作的职业道德规范，许多时候，企业、学校、机关的运作甚至不得不依赖私人关系、个人才能或魄力，结果是这些企事业单位的运行很不规范，缺乏制度的特点。

说到各种职业道德，其实已经隐含了现代社会中的各种道德

---

[7] Emile Durkheim, *Professional Ethics and Civic Morals*, trans. by Cornelia Brookfield, Routledge, 1992 (1957).

规范之间的冲突。例如律师应遵循的职业道德与律师作为社会个体应遵循的社会道德之间，甚至法学人与法律职业人之间都有矛盾。这种状况不仅在社会分工高度发展的工商社会内部不可避免，而且在农业社会与工商社会之间，在认同不同社区或行业道德规范的人们之间也不可避免。就社会来说，由此呈现的必然是一种道德规范多元的现象。道德多元有好处，社会会更有活力；但道德多元也意味着在某些问题上道德规范的制裁力弱化，因为只有基于社会共识之上的道德规范最有社会强制力，更具有社会控制的功能。也因此，道德多元要求法治在工商社会中扮演更重要的角色。法律规则号称"价值中立"或"道德无涉"，其实不可能，它仅仅是放逐了道德的话语而已。但这也表明，应当或只能把"道德"放在社会生活中的适当位置。

社会道德"进步"的相对性

如果历史地看，或是在价值多元的世界中坚持某个道德立场，我们可以说，社会道德的某种"进步"或"发展"同时也就是道德的某种"退步"和"滑坡"。尊重个人的"私隐"也许可以视为一种自由主义的道德"进步"，可是在私隐的背后也会并且实际出现了各种违反道德的、不轨的，甚至违法犯罪的行为。尊重他人恋爱自由可以说是一种道德的进步，但不是也有不少女子以"交友"为名公然出入宾馆行卖淫之实吗，有许多男子以恋爱自由为名行玩弄女性之实吗？在保护私隐的背后又有多少腐败官员得以藏匿其贪污受贿所得呢？从整个社会来看，大量农民在一定程度上摆脱了城乡两元结构，开始了比较自由的职业流动，这可以说是整个社会的一种道德进步，但也因此确实有不少农民工受到各种歧视和压迫，有许多村姑事实上沦落为烟花女子，这是否又是社会的一种道德沦落？

而道德的某种"退步"，在另一个意义上看，也许又构成了某种道德的"进步"。我们社会中的确少了一些集体主义，而多了一些个人主义，许多人对他人的喜怒哀乐漠不关心。但与此同时，也就少了一些强加于人、强求一致，社会变得更为宽容一些了。在许多分歧上，我们学会了保留意见，而不再像"文革"期间那样，一定要争出谁是造反派，谁是保皇派。因此，道德的进步或退步，取决于视角。

当然，这种说法太相对主义了。对一些相信道德绝对主义或本质主义的人来说，甚至对于我自己的道德直觉来说，都很难接受。但我不是鼓吹道德相对主义，只是试图指出，在现代社会中，道德实际可能具有的地位，而不是我或你认为它应当具有的地位。由于社会的转型，人们在许多具体问题上，而不是在公正、正义、公平这样一些抽象的大词或原则上，很难有共同的道德评价。因此，当我们从社会的角度来讨论道德问题时，重要的也许不是我认为这种或那种做法是否道德，而是这种做法说到底对谁有利，由谁来作出选择，以及能否为人们广泛接受。我多少还是有点相信尼采对道德的谱系学分析：善是出于利，而恶与害相联系，并且有阶级因素[8]；只是此后，这些本来非常世俗的话语才变成了一种抽象的实体，普世的价值，似乎变成了一种圣人学者的学问，脱离了人们的日常生活。也许这里面有些什么值得深究一下。

8　参见，尼采：《论道德的谱系》，周红译，生活·读书·新知三联书店，1992年。

把道德放在社会生活的合适位置

此外,我的这种似乎是道德相对主义的说法,也是为了抨击那种简单的"进步"理论。在他/她们看来,只要是道德的就是好的,有利的,正当的,神圣的,应当不惜一切代价追求。而在我看来,既然社会的道德是一种非正式的制度,那么它就必定和其他制度一样有利有弊,不可能如同人们想象的那样,有百利而无一害;那种把道德过于神圣化的做法也许其本身就隐含了不道德的社会实践的基因。

一通空洞的议论,似乎什么也没有解决。其实,学者的议论往往只是有助于理解问题,而不是解决问题。请问谁有能力在短期内改变一个社会的道德风气?如果说道德问题已经成为一个社会问题,必须解决,我的根本论点与前面的论点是一致的,那就是只有一个社会进入一个稳健的发展时期,才可能形成一套比较有效的道德规范和良好的社会风气。因为在一个急剧变化,一切预期都不很确定的社会中,固守道德并不能给人们带来什么好处,因此很难长期普遍坚持。可能只有少数视道德为性命的人才能坚守自己的道德信念,并且对于社会也未必是好事——想想历史上的那些烈女忠臣。社会的绝大多数人都不是圣人,都首先需要活下去,希望活得好一些。因此,任何一种作为个人信仰或价值体系的道德要成为一种社会的普遍实践,成为一种非正式的制度,需要时间,需要人们在实践中的自觉接受。在这个意义上,急功近利的道德建设本身就是与道德"建设"相悖的。

1995 年 7 月于北大蔚秀园

这里没有不动产*

——法律移植问题的理论梳理

> 一个民族的生活创造它的法制,而法学家创造的仅仅是关于法制的理论。
>
> ——旧作

一

仿佛以前这个词都用错了。只是到了青海省西南部,才知道了什么真正叫作"辽阔"。其实这里也不是一马平川,远方有连绵的雪山,逶迤朦胧。只是那笼罩四野的寂寥,那种压着自己不敢大声说话的寂寥,才衬托了这里辽阔。

辽阔不只是一个空间的概念,而是一种心灵的感悟。

这里属于青藏高原,植被生长缓慢,一旦破坏了很难恢复;此地藏民稀疏,都以游牧为生,所有的家产都在马背上。当地巡回审判的法官告诉我:"这里没有不动产。"

---

* 原载于《法律适用》2005 年第 8 期。

这里没有不动产

没有不动产,这可能吗?《德国民法典》《法国民法典》《瑞士民法典》《日本民法典》以及英美的普通法,尽管有种种差异,有种种称呼的差别,却都对诸如房屋、土地等不会移动的财产作出了详细的规定。不动产在现代法律上被认为是一个普世的概念。

然而,这个普世的概念就在这片偏远辽阔的土地上受到了挑战。

没有不动产,不是说没有土地——这里的土地极为广袤。但这些土地不属于任何一个人,也没有人想到占有。至少在现在的生产方式下,在此,不占有一片土地比占有一片土地对他们的生存更有价值。他们也使用土地,但并非排他的使用;所有的人都可以来放牧。甚至,他们偶尔也会因放牧发生纠纷,但不是为了土地,而是为了土地上的牧草。而牧草在我们的法律世界中属于动产,属于"孳息"。

没有不动产,也不是没有贵重的财产。有法官告诉我,这里有很贵重的财产。如果以物理意义上的整体来衡量,往往是新媳妇的那件嫁衣,价值最高可达数十万人民币,因为全家最珍贵的珠宝金银都缀在这件衣服上。

还要注意,我说的只是,对于当地藏民来说没有不动产。事实上,这里的土地在法律意义上属于国家,因此也可以说有不动产。但是这个不动产属于一个以工商业为基础的现代国家的法律体系,至少目前还不属于藏民的生活世界。这样一个概念,至少当他们还是牧人之际,没有意义。这里因此也是一个法律多元的世界。

就在这辽阔的世界,我获得了另一种辽阔——关于10多年来议论颇多的法律移植。

二

被认为是普适法律概念的"不动产"并不是一个实在的"东西",而只是一个词,一个存在于很多——并非所有——法律体系中的关键词。它是建构出来的,在物理世界中可能有但并不一定有实在的指涉;有或没有取决于一个群体的"文化"。在一个法律多元的文化中,它可能同时有(在现代国家的文化中),又没有(在当地牧民的文化中)。

这里说的文化不是我们日常读书识字唱歌画画意义上的文化,而是社会学、人类学意义上的文化。后一个文化范畴要比一般中文世界的文化范畴大得多。为了便于经验性的分析,在本文中姑且将这个文化操作化为三个指标:生产方式、概念系统和法律制度。

藏族牧人的生活世界之所以没有不动产,首先因为他们的生存环境以及与此相联系的生产方式不需要。对于牧人来说,土地无疑非常重要,没有土地就没有牧场。至少在今天,还不可能设想不附着于土地的牧场,也无法利用某种技术通过光合作用或其他原料直接生产牧草或牧草代用品。但由于这里生存环境相当恶劣,无永久居民,流动的牧民也很少,土地相对于牧人以现有方式有效使用和消费的能力来说几乎是无限的。在这种土地不"稀缺"——尽管牧草常常稀缺——的条件下,土地本身就不是牧民生活最基本的生产或生活要素,不是"财产"。财产是社会构成的。[1] 只有在那些必然带来土地稀缺且高度依赖土地的生产方式——包括农业和现代工业——中，人们才会关心土地，把土地变成了一种"财产"，出现各种所有制[2]，进而在同其他财产的分类比较中，成为"不动产"。可以想见，如果这里的藏民的生产方式是农业，土地相对稀缺，那么即使没有翻译法典或"不动产"概念的移植，这里的人们也完全可能创造出与"不动产"概念大致相当的一系列法律产权概念。也许那些概念在我们看来不那么完美，不那么精确，不那么抽象，但它一定会发生和存在。

在藏族牧民的生产生活世界中，作为不动产或财产的土地——而不是一般意义上的土地（土地可能很重要，因此被尊为他们的母亲，藏民还会把一些山奉为神山）——的不重要，进而导致了土地在牧民有关财产、相关权利义务的观念和概念系统中不重要。他们无须这样的概念；这正如终生生活在热带雨林中的人们没有必要有"雪"的概念一样，也正如今天的普通人——除了从事特定专业——无须"白垩纪"的概念一样。但另一方面，这也正如空气——尽管对人的生命至关重要——在我们目前一般有关财产或权利义务的观念体系中不重要一样。[3] 因此，就一个民族或一个群体甚或一个智力正常的人来说，如果没有某个概念，或没有我们认为很重要很关键因此他似乎应当有的概念，就不是因为他们智力上有问题，或是他们的文化世界不完整、不发达；而首先一定是在他们的生活世界中，这个概念没有

---

[1] Alan Ryan, *Property*, University of Minnesota Press, 1987.
[2] 参见，巴泽尔：《产权的经济分析》，费方域、段毅才译，上海三联书店、上海人民出版社，1997年。
[3] 事实上，这种状况正在改变；空气污染问题意味着空气产权问题已经提出，尽管目前还无法占有空气。但这还是证明了稀缺才会导致产权问题。

必要存在（或者是有其他一些概念能够大致在功能上替代[4]），进而在一个与之相关的观念体系中不重要。

但，在我们的生活世界中，不动产又不仅仅是个概念或观念，它的真实存在还需要一套法律制度运作来予以凸显、支撑和强化。正如福柯指出的，任何话语都需要一套非话语机制支撑才能得以运转。如果仅仅是一个词，没有一套法律的建制（institutions）围绕这个词按照一定的规则运作，那么即使有这样一个词或类似的词，那么它也还不是法律意义上的"不动产"。在藏族牧人的观念世界中，有山、土地和草原的概念，这些"东西"也是不动的；他们也知道例如某地水草丰茂，气候较好，或许他也曾希望在一段时间或长期排他使用——如果必要和可能的话。但仅仅有个人的感悟或意欲还不足以产生一个法律上的不动产概念。一个法律概念，首先要凝聚一种社会共识，并在这个意义上达成一个具体的"社会契约"；即无论这土地是个人或群体所有，大家都要自觉遵守与之相关的规则，这个不动产才成为现实。这是一种社会建制。但在一个地广人稀，信息交流极为困难，甚至几年才会遇到一位陌生人的地方，要形成这种共识几乎不可能，甚至没有必要。即使可以形成，这也还是一种非正式的建制（或者称习惯或社会规范），尽管实际上是最重要的建制。如果要这个概念能够长期稳定存在，真正成为一个法律的建制，还需要其他正式制度的支撑，包括土地的边界划分、丈量、登记、注册、公示以及与此相关的一系列社会文化建制，还可能需要成文法、立法机关、警察以及其他行政执法人员，发生纠纷

---

[4] 例如，严格说来，中文世界中的兄弟与英文世界中的 brother 就不等同，因此并不对应；除血缘关系这个事实外，前者还有更浓厚的伦理规范意味，而后者几乎没有。

时还需要有组织的暴力机构、法庭、法官、强制执行机构、争端解决机构，甚至监狱以及这些建制机构和人员的有规则的活动。只有有了这一系列建制，"不动产"这几个字或这一串声音，才成为有法律后果的概念。

因此，尽管只是一个法律概念，如果它要真正有意义地植入和存在于一个陌生于它的社会，就不仅仅是当地语言中增加几个新音节，文字中多了一个新词，一个新概念，而是要引入一种生产方式，要引入与这个生产方式相适应的观念文化和制度（即马克思所说的上层建筑）。

三

因此，就可以看出，过去十多年来中国法学界有关法律移植的讨论注定有一种被遮蔽的深刻和浅薄。

被遮蔽的深刻之处在于，法律移植问题的讨论其实是关于中国社会应当如何发展的一个讨论，是关于中国社会的生产方式、社会组织方式和治理方式的讨论，而不是仅仅关于法律条文本身。所有参与法律移植讨论的人，其实都分享了一个未言明的前提，即中国社会必须变革，中国必须是，也已经是世界的一部分了。在这个前提下，才可能讨论法律应当且必须变革，必须现代化，必须满足和适应当代中国的需求。从这个意义上看，所有讨论者的追求都是相同的，尽管他们的言辞和表达可能不同，甚至对法律移植能否成功的判断也不同。

当然，你无法排除中国社会（而不是法学界）中有极个别人试图保持传统中国的文化，即传统的农业社会生产方式以及与之相适应的观念和制度。但是，首先，我没有看到任何学者认为中国社会不应当现代化，不应当发展市场经济，不应当工商化。其次，如果真的有这样的人，他也一定不会待在城市内，待在学界，待在法学界，他根本不会讨论什么法律移植问题。换言之，至少在经验上，我们周围就一定看不见这些人。据此，我完全可以自信地说，并仅仅在主张中国经济社会发展的层面上，这一代中国法学人都赞同法律移植。说中国法学界有人主张也有人反对法律移植，这个命题因此是纯粹的虚构，是一个为了获得社会关注而制造的无害谎言，或者是一个为了标新立异或为了打压对方而形成的一种知识权力运作的策略。

这一分析进而暴露了以法律移植问题来讨论中国法治向何处去的重大问题，是不适宜的。因为中国法治发展的关键问题并不是法律移植，而是中国社会的发展和转型。用法律移植这样一个技术性的问题来讨论社会转型问题必定是肤浅的。它遮蔽了真正值得法学界关注的问题，导致法学界在中国法治建设上的某种唯心主义和法治浪漫主义。

这种肤浅表现在，我们应当首先讨论和关注的问题一定是广义的"发展是硬道理"，一个社会的生产、生活、组织和治理方式的改变。如果这一点改变了，那么这个社会就会因生产生活而要求新的社会规则，也一定会产生新的法律，而无论有或没有或有多少对外信息交流，有多少外国法律的介绍和翻译。如果一个社会的生产生活方式还是牧业，那么很可能不动产就不那么重要；如果仍然是自给自足的农业经济，没有也不需要多少商品交易，那么合同法就不可能很重要，就不会有现代意义的消费者，就不会需要有产品责任法，就不会有消费者权益保护法，就不会有银行法，不会有金融法，不会有票据法以及其他现代工商社会的法律。如果中国社会的构成还是一个个以家庭或家族为中心的小型农耕社区，就很难真正出现普遍的公民权利；宪法上的这类规定也只是具文。法律发生和法律移植成功的基本条件其实大致相同。一旦某个社会的生产生活方式改变了，该社会的或该社会某些方面的规则就一定要变化，也一定会变化，依赖对外信息交流而出现的法律变革就可能因此成功。在这个意义上，我们可以称这种法律变革为法律移植或法律的成功移植。但如果要讨论法律移植，至少必须同时关注社会的经济和组织变迁。

如果社会生活不发生变化，因此还没有需求，那么这个社会中就不会有相应的概念；甚至法律移植的文字形式，比方说，法典翻译或法律概念的引进，都很困难。法学界的人都知道英国人梅特兰和波洛克的《英国法律史》是一本重要的法律著作[5]，我们也早知道霍姆斯的《普通法》很重要[6]，但至今没有人翻译或尚未出版。未翻译有种种其他原因；但主要原因之一，就是太难翻译。难度不是其英文太复杂，难以理解，而是中古时期英国法或普通法的许多概念在汉语世界中无法找到且很难创制大致对应的词，而用一个描述来替代翻译，就很难阅读。严复当年翻译西学名著遇到过这种问题；贺卫方、高鸿钧等翻译《法律与革命》同样遇到过这样的问题。

事实上，中国近代之所以可能翻译引入诸如"不动产"这

---

[5] Frederick Pollock and Frederic William Maitland, *The History of English Law Before the Time of Edward I*, 2nd ed. reissued; with a new introduction and select bibliography by S. F. C. Milsom, Cambridge University Press, 1968.

[6] Oliver Wendell Holmes, Jr., *The Common Law*, Little, Brown, and Company, 1948. 撰写和发表此文后，中译本出版了；请看，小奥利弗·温德尔·霍姆斯：《普通法》，冉昊、姚中秋译，中国政法大学出版社，2006年。

类西方法律概念，在很大程度上是因为汉族地区以及其他以农耕为主的少数民族地区，已经有了与西方社会大致相当的某些财产问题。英文中的 real estate 之所以能够在中文中翻译为"不动产"，首先因为当时中文中已经有了与之类似的概念，如相对于"浮财"的"恒产"。[7] 恒产也许外延与 real estate 还不重合，但有相近之处。在完全没有类似问题和相应概念的两个生活世界中，概念是无法翻译的，最多只能借助某些近似的因此在另一个文化看来是非常不精确的语词或是创造一个新词。例如，西方基督教中的上帝概念在许多文化中就无法精确翻译。[8] 严复当年翻译西方法律著作时也不得不忍受"一名之立，旬月踟蹰"[9] 的痛苦。而我们今天尤其是当代翻译西方法学著作相对容易则是另一种说明：不是因为我们今天翻译的经验多了，而是今天我们的社会生活更"西化"了，更复杂了。即使如此，由于中国当今的法院体制衍生于当年的行政体制，至今具有高度的行政性，因此在我们这个更习惯于一审、二审、三审和再审概念的法院体制和司法概念体系中，今天仍很难通过语词翻译直接传达英美法的"trial court"和"appellate court"的概念。我们不得不对英美法的初审法院和上诉法院作一番比较细致的描述和解释，才能传达什么是英语世界中的"上诉"。

---

7 "有恒产者有恒心，无恒产者无恒心。"《孟子·滕文公》上。也还有民谚："家财万贯，带毛的不算。"

8 E. E. Evans-Pritchard, *Theories of Primitive Religion*, Clarendon Press, 1965.

9 严复：《〈天演论〉译例言》，《天演论》，商务印书馆，1981 年，页 xii。

四

有关法律移植的讨论还有另外一种肤浅之处。当法律移植这样的技术性言辞遮蔽了关于中国社会应向何处去这样一个目标判断之际，我们还忽略了一些真正有意义的有关法律移植的学术问题，甚至有可能压制和排斥这类学术问题的讨论。因为，既然法律移植隐含的应然判断是一个时代的期望，应然就很容易压倒实然，对理想的追求就很容易排斥对理想之可能的探讨，法律移植讨论因此很容易变成意识形态的话语喧嚣。只要过河的目标确定了，被认为是正确的，那么如果你还要谈"桥"和"船"的问题，指出其中的问题和难度，那么你就可能是在变相反对过河，有可能给革命人民的热情泼了冷水，就是保守派，就是危险思潮。"无知者无畏"，变成了法律移植主张者的强心针或壮阳药，同时也是以学术话语装饰非学术领域争夺话语权的行动策略。

必须把有关目的的讨论同手段的讨论区分开，也必须把应然性和可能性分开。中国的法学人不应当止步于布道者的角色，喋喋不休地谈论法律移植的必要性，回避法律移植的可能性和一系列技术问题。法律是世俗的事务；它当然得有理想，但也必须有可能，而不能因为它是理想的就一下子变成了可能。永生倒是理想，但有谁永生了？荣冠永生的恰恰都是些死者！不能因为各位法律学人基本分享对现代化的追求和中国正在发生社会转型，就忽略了一些看来只是技术性的问题。不关心这些技术性问题，那么即使社会经济成功转型，法律制度也未必能完成相应的转型。

因为，尽管法律移植可欲，但完全意义上的法律移植绝对不可能，最好的结果也只会是"得意忘象""得意忘形"，最糟的则是忘意得形。理由是，文本翻译尽管重要，可以传递重要信息，但是文本本身已经不是真实生活世界中的法律之再现或重现（representation）；翻译或转述则最多是再现的再现。大规模翻译引介外国法律，颁布施行，并不是活体意义上"移植"法律。

即使再现了，即使规范要求，社会的法律实践也不会严格服从文字。法律是实践的，任何法律实践都同实践者本身紧密联系。法律首先通过法律人在社会中发挥作用，而这些法律人都已经有了一定的文化塑造，他们不是外国法的传送带，也不是外国法律人的复制品。即使是，即使他们自认为是在进行严格直接的外国法适用，由于适用对象不同，这种适用也具有创造性，一定是创造性的，而不再是原汁原味。其次，法律适用需要法律适用之对象——即该社会的民众——的配合。人不是木头，消极接受法律，接受法律的打磨；他们永远都会通过自己的实际行为来修改、规避因此也是在重新塑造法律，进而改变法律运行的环境。即使文本以及机构名称和形态意义上的法律移植完全可能，也不意味社会实践意义上的法律已经移植了。例如，美国法就与美国的判例制度和在判例制度中训练出来的法官、律师和民众紧密联系，仅仅移植了美国《宪法》文本和法院组织结构，若无相应的法律人和接受这些舶来品的民众，仍然无法重现美国宪法式的法律实践。

一国的法治不等于一国的法律制度，而且法律制度也不等于法律条文规定的制度。法治是一个配套系统，这个系统由大量的正式制度和非正式制度共同构建，相互协调才能有效运转。因此，即使个别法律或制度能够成功移植（甚至这我也怀疑），在一个其他法律不配套的法律体系中的实际运作效果也必定不相同。正如西欧国家在"二战"后都在不同程度上"移植"了或试图移植美国的司法审查制度，但是——不带贬义——播下的是龙种，收获的是跳蚤。[10]

如同任何书面合同一样，制定法总是不完全的。法治社会中的法律运作并不只靠法律，还要靠其他一系列因素，包括信用、道德和习俗。近年来，经济学界和商界都强调信用、信誉，开始注意社会规范[11]，不是偶然的。由于制定法和法律建制不可能预先确定社会即将发生的所有情况，就法律制度的实际效用来说，法律和制度总是不完备的，总是存在着剩余立法权（residual law making power）的问题。如果从立法机关、行政机关和司法机关以及执法者来看，立法机关可以说是预先的法律制定者，司法机关则是事后的法律制定者，行政机关在一些事务上则可能同时是预先和事后的法律制定者，执法者可能在某种程度上也是事后的法律制定者。[12] 除非把所有的制度都换掉，把所有的立法者、行政官员、法官和执法者都换掉，把所有的人民和他们的生活环境和自然环境都换掉，否则任何移植的法律都不可能如同法律输出国那样运作。

如果不是在法律运作良好的意义上谈论法律移植，而只是谈

---

10 参见，路易斯·亨金、阿尔伯特·J. 罗森塔尔编：《宪政与权利：美国宪法的域外影响》，郑戈、赵晓力等译，生活·读书·新知三联书店，1996年。

11 例如，张维迎：《信息、信任与法律》，生活·读书·新知三联书店，2003年；《法律制度的信誉基础》，《经济研究》，2002年第1期。

12 Katharina Pistor and Chenggang Xu, "Incomplete Law: A Conceptual and Analytical Framework and its Application to the Evolution of Financial Market Regulation," 35 *Journal of International Law and Politics* 931（2003）; Chenggang Xu and Katharina Pistor, "Law Enforcement under Incomplete Law: Theory and Evidence from Financial Market Regulation," *Columbia Law and Economic Working Paper* No. 222.

论法律的某些形式,例如民法典,或者最高法院的人员机构设置,或者某一行当的法律,例如社会保障法,那么,即使这种移植成功了,比方说,我们有了一个德国版的民法典文本,或是有了一个冠名为《社会保障法》的制定法文本,但对于这个社会,又有什么意义呢?"法律的最终目的是社会福利。"[13] 我们不是为了法律移植而移植,不是为了某种法律时髦而移植。

尽管分享有关现代化以及言论和信息交流自由的基本价值,也主张并身体力行地了解和学习外国法律,但基于一些可行性或法律功能上的理由,我在一般层面上坚决反对简单照搬某个法律的做法。这种反对是实用主义的,而不是意识形态的。例如,从理论上说,我反对法袍和法槌的移植,认为这种制度移植不可能对中国法治有什么积极意义(相反,我的一些调查发现其有消极意义);但如果中国法学界都认为,或大多认为这两项移植有利于司法权威之形成(尽管我怀疑),而司法权威对于中国的司法制度建设确实很重要,且这两项制度移植成本不高,弊端不大,那么实践上我并不反对,甚或支持。

因为,正如上面的不动产的例子表明的,任何法律的概念、原则和与之相关的法律实践说到底与人们的生产生活状态相联系,其作用完全是功能性的,而不是概念本身固有的。就藏族牧人来说,现在的生产生活方式注定了他们现在不需要不动产这个法律概念,不需要与这个法律概念相关的一系列法律原则和法律实践。这不仅因为他们是牧人(在其他牧区就有不动产的概念,例如埃里克森笔下的美国加利福尼亚州牧

---

13 Benjamin N. Cardozo, *The Nature of Judicial Process*, Yale University Press, 1921, p. 66.

区[14]),而且因为这里的自然环境,以及由此带来的生产方式。不针对法律植入地的实际需要而仅仅根据"外国有的我们也要有"这样一种简单逻辑,不仅会浪费大量的人力物力,而且移植过来也是白费力气。最令人可怕的是,这样的意识形态化的法律移植必定是压迫人的,一种借助宏大话语对民众选择的剥夺和强迫。

五

尽管怀疑很极端,质疑也很极端,但是这一怀疑仅仅局限于"法律移植"甚或是"法律的成功移植"。我最关心的,我认为中国法学人应当关心的问题是,什么样的法律能够有效回应社会的需求,实现社会的公正有序?没有必要关心某一有效的法律是移植的,还是本土自生的。我不反对某种变形的法律移植,只要它运作良好;"四不像"不一定糟糕。

事实上,上一节的质疑更促使我认为,应当大力鼓励大量且全面吸收外国法的相关信息,学习了解外国的经验。因为既然现代的良好法律需要相应的社会变迁和转型作为其生长和良好运作的前提条件,那么当代中国就一定要大力发展经济,促进社会生产方式乃至人们的生存方式的根本变革。也正因为法治无法完全通过书面文字来移植,那么就要更重视了解和把握外国的法制系统及其实际运作,不仅要了解那些已经形成文字的成功经验,还

---

14 Robert C. Ellickson, *Order without Law*, *How Neighbors Settle Disputes*, Harvard University Press, 1991.

要了解那些非言辞的经验；不仅要了解成功的经验，还要了解失败的教训；不仅要了解法治的，还要了解社会生活其他方面的经验；不仅要通过书本学习，还要通过其他直接交往的方式学习，如留学、商业往来、文化交往；不仅学界精英要学，普通人也要学，要鼓励他们通过经商、旅游、探亲、交友等日常方式学习。换言之，中国需要全面的开放和改革，全面的交流。法治的变革说到底是一个社会的变革。

在这个过程中，作为一个实用主义的结论，而不是一个智识的结论，我甚至支持那些激进主张法律移植者的努力；尽管如果仅仅从知识和学理辨析上，我会嘲笑这种不自量力。为什么？关键是，这些努力甚或不自量力同样会激励和促进信息的交流，其功能和后果可能是积极的。当然说甚或，就是有前提的，前提是，这种努力不能妨碍和压制他人的努力，不能因为法律移植的方向正确因此就压制其他同样真诚和重要的法治努力。

其实，中国的法律是否是移植的，或有多大成分是移植的，这不仅不重要，在我看来甚至不是个问题。即使最终的法治努力获得的不是原汁原味的某国法律，但只要能促进中国的社会发展和转型，实现中国人民的富裕幸福，并为中国人民所接受和尊重，我或其他人会仅仅因为它是或不是移植的而拒绝或反对吗？我以及——我相信——中国的任何人，在这一方面就如同在其他方面一样，都是法治产品的普通"消费者"。消费者一般（因此不排除特殊）不重视产品是否原装，而重视产品好坏，是否合用，价格性能比等。找对象会挑挑拣拣，有时还会重视家庭出身或门第，但他/她们永远更看重"人"本身。

我还认为，恰恰因为法律不可能完全移植，这才给了中国法律人和法学人挑战和机会，才需要中国法律人的创造力，才使得中国法律人有可能不虚度一生，甚至有可能大显身手，对人类的法治有所贡献。说实话，我们其实应当为此而庆幸；否则，我们这辈子作为学者是否太悲惨、太猥琐？

实用主义不是机会主义，不是畏畏缩缩地怕惹上是非，因此"怎么都行"。在对待法律移植的问题上，得有不让步的时候——在学理分析的时候，是作为法学人。较真是因为关注社会科学的"真相"，是因为是在这个行当之内。公开批评法律移植者的论说，认为他们没想清楚，或者分析隐藏在他们的学术语词背后的工作日程、个体和群体利益以及知识意志，这不是回到了本质主义，而恰恰因为坚持了实用主义，只是周围的场景变了。

六

上面的分析和概括除清理了在法律移植问题上的一些含混言辞和思想外，对中国法律发展或法律移植之实践的意义并不大，但对中国的法学研究还可能有意义。

这一分析指出了法律移植的问题是社会转型问题，是我们的追求和价值判断；如果为此发生争论，明智的法学人就应当谢绝。不是所有的争论都是有意义、有成效的；道不同的争论不会有智识的结论，而实践的结论则必须留待时间和历史。

也因此，我认为法律继受的概念可能比法律移植概念更恰当一些。继受不仅同样强调了知识的传播，还比较看重继受者的反应，并且这种反应有决定性意义；移植则隐含了更多的强力和移植者的主观意图。当然，语词的含义会变，如果法律移植的含义只是法律继受，那可以接受。

在理解了法律与社会生产生活方式之间的结构性关系的基础上，我们也必须界定法律和法学的边界。不能因为我们从事的是法律，喜欢这个职业，认为这个职业很重要，就把法律视为社会生产生活方式转变的决定力量，就希望通过移植我们认为可欲的法律来改变中国社会中我们认为不可欲的生产生活方式。当然应当重视法律的力量，甚至由于我们的职业也只能更多通过法律的力量来推进中国的社会转型；但是，我们更应当关注哪些法律更能促进中国社会的转型和变迁，进而促成中国法制的转型和变迁。我们要清醒地意识和追求通过市场经济来促使全社会的生产生活方式的全面转变。

最后，学界的任务之一就是要让理论思维更精细一点，表述更精细一点。我们永远不放弃理想，却不能永远高喊理想；成天高喊理想完全可能是无所事事、放弃理想的另一种方式。需要吆喝，但只吆喝不练的把式不是好把式，甚至有可能是假把式。至少也需要分工，不仅是在社会，而且是在学术界。

2003 年 12 月 4 日于北大法学院

家族的地理构成*

一

1997年，我在湖北省江汉平原进行基层司法制度研究，无论是室内访谈，还是田野调查，常常听到谈论和抱怨家族势力对司法的强大影响，包括直接的以及通过党、政、人大等渠道的压力，影响了法院和法官的独立公正判决。

思维的惯性很自然引导我把家族势力归结为当地的经济文化相对于城市地区而言的不发达，归结为传统社会宗法家族旧思想、旧习惯的影响。解决这些问题的套路也就随之而来：发展经济文化，灌输新思想，特别是普法，在民众中建立现代法治观念，破除传统的宗法家族观念。尽管我对传统的强调普法教育的法治进路一直抱有某种怀疑，只是一旦遇到这类无法回答的问题

---

* 原载于《山西大学学报（哲学社会科学版）》2007年第3期。本文初稿是中国社会科学杂志社于荆门职业技术学院农村发展研究所共同举办的"转型期乡村社会性质研究学术研讨会"（2001年7月14—16日，湖北省荆门市）的论文；贺雪峰、凌斌等学友曾读过本文初稿，提出了一些宝贵的批评意见，在此致谢。

时，流行的法治意识形态话语就会跳出来，节省了我的思考和分析，拯救我于困惑。

之后，带着这个问题，我从江汉平原到鄂西的恩施土家族苗族自治州调查。我多次询问当地法院领导和法官，他们却一致认为，感受不到家族势力对司法的压力，甚至说，没有家族势力。

恩施这个州，特别是我们调查的咸丰县位于鄂渝边界的大山区，经济文化发展水平都明显要比江汉平原上的一些县市落后得多。人均收入低，县财政很穷，集"老、少、山、穷、库"于一身，是国家级贫困县（事实上该州8个县全都是国家级贫困县）。可观察到的直接证据是，这里人民法院的法庭建设都很差；人民法庭的法官基本都住在乡里，楼上住家，楼下审判，还要自己种蔬菜、养猪补贴生活；为节省办公费，电话都锁在木盒中——不影响接电话，但限制了向外打电话，只有真正有事要请示县法院，才能打；县法院法官的工资常常拖欠；法官教育水平很低，整个县法院一百多人，没有一个正规大学的毕业生；交通也很不方便，山高路陡，无法骑自行车，就只能靠两条腿；有个法庭甚至必须绕道重庆市地域才能到达。

这种现象对我的预设提出了一个挑战，家族观念与经济文化的发展似乎不成正比或反比，就看如何界定正比或反比。引申开来，我们也可以说法治——就家族影响法治这一点而言——与经济文化的发展不成正比或反比关系；甚或全然无关。那么是什么因素使这里感受不到家族势力阻挠现代司法进入乡村呢？

二

首先想到的是民族。鄂西是土家族苗族自治州，许多法官也是土家族出身。也许不同的民族有不同文化？也许——按照中国目前一些法学家的观点——有些民族的文化就是比较排斥法治（移植），例如缺少基督教传统的汉族，而有的民族文化则比较容易接受法治（移植）？不无可能，土家族同汉族不一样，其文化中有些因素特别有利于现代司法的进入？

我的访谈和观察否认了这一点。首先是，这里的少数民族没有什么普遍的固定宗教或对法律的信仰。若一定要说有，和一般汉族也没有明显差别，那就是崇拜祖先，称其为祖先神。尽管其他地方（如湘西）的土家族，据说，还会使用本民族语言，但在此地，已普遍使用汉语。诸多法官还告诉我，不仅本地土家族人不诉诸家族势力，当地汉族人打官司同样不诉诸家族。当然，好辩者会说，这里的汉族人已经被土家族等少数民族文化同化了。这种说法看起来有理，但不能成立。这种论点的前提是民族文化不是固定的，可以相互同化或融合。但根据这一点，就完全可以质疑，为什么在这里不是汉族文化同化了土家族呢？难道仅仅因为这个州被称为土家族苗族自治州吗？事实上，汉族仍是该州最大的民族，占了人口总数的近50%，其他土家族、苗族、侗族等27个民族总共才占了50%略多。此地之前一直称恩施地区，1983年才建立自治州。最后，我们也没有根据说江汉平原上，汉族的家族之风，就是汉文化的精髓或本质；否则大城市里的汉族人为什么不借助家族？任何民族的文化都很难说有一种坚定不移、永恒不变的"本质",除非你坚持一种本质主义的民族观。

我们访谈了一些法官,包括一些土家族、苗族和侗族的法官。他们也一致否认了这种解释。他们都认为土家族与汉族在文化上没有什么大的区别,也不认为土、汉民族有什么独到、明确和坚定的民族认同。土家族自称"毕兹卡",意为"土生土长的人",1957年国务院才确认其为一个民族,近现代史上还出过诸如沈从文、黄永玉、向警予、廖汉生这些后来才被界定为土家族的名人。一位土家族法官还提到一个案件,某犯罪嫌疑人,来自中国北方的某较大的少数民族,以自己是少数民族为由试图获得法官从轻处理,甚至不无威胁的意味。该法官的回答是,"别说自己是什么少数民族,我是最少的少数民族"(此话言过其实了,土家族并不是中国人数最少的少数民族)。从这个回答中,我们可以看出,这位法官在这一点上颇为现代,即使涉及少数民族,他也坚持了一种抽象的人的观点,坚持法律面前人人平等,认为当事人的民族身份不应当影响现代法律的运作。这个例子不是为赞美这位法官的做法(批判种族法学理论的学者完全可能对此提出异议);要点在于间接地证明了,湖北省的土家族——而不是说其他什么地方的某个少数民族——作为一个民族来说,不认为少数民族有或应有什么影响司法运作的文化。

有人会说,法官受现代官僚政治的影响,受现代国家政治法治意识形态的影响,已经被同化了,不能代表一般的土家族平民百姓。也许如此。但正如前面提及的,这里是老、少、山、穷、库地区;咸丰县法院没有一位正规大学本科毕业生;处理案件的这位法官没有本科学历,一直在本地工作,甚至很少离开本县;很难说这里受过现代官僚体制的"洗礼"。在访问人民法庭的日

家族的地理构成

子里,我同一位土家族人民法庭庭长漫步在乡政府和法庭所在地,我发现这位身负"土家族"和"法官"双重标签的法官与当地其他土家族村民和乡里的干部如同家人。他的妻子是一位普通农村妇女,我曾在《送法下乡》中简单描述过他们的艰苦生活环境。[1] 总之,实在看不出有什么民族文化的差别。

当然,这一切描述和解说对较真于"民族"和"法官"概念的知识分子都不具有充分说服力;甚至田野观察也未必能让他/她信服,如果坚信"民族"或"法官"这些词本身具有某种魔力的话。我只能在此打住。只是,如果我的判断不错,必须回答的问题只是,这些就法律文化上而言与汉族并无差异的土家族人,以及当地的汉族人,为什么拒绝用家族力量来影响司法呢?

三

在下乡的路上,我认为我发现了答案。这就是,由于自然条件,鄂西的乡民们,无论是汉族还是土家族,都无法形成、利用家族,因此可以说不需要家族。

考察中,最令我印象深刻并吃惊的是这里可耕作土地的稀少和极端薄瘠。一路上除山岔里或溪流两旁有少量水田外,大量是旱地。旱地的分布零零落落,几乎每小块地中都有许多巨石露出地面,土石交错;有些土地上石头的面积几乎占到1/3。夸张

---

[1] 苏力:《送法下乡——中国基层司法制度研究》,中国政法大学出版社,2000年,页185注14。

一点说，所谓旱地就是铺在巨大岩石上的一层土。可以想见，即使没有旱涝，这里土地收成也将何等微薄！

这是一个自然空间辽阔的地方，同时又是一个可生活空间极其狭窄的地方。这个矛盾对当地人们的社会组织制度构成了一个基本制约。他们不可能集中在一块地方生活耕作；他们必须分散开来，才可能在一个相对广阔的自然空间中找到足够供养他们生存的可耕土地。开阔的自然空间也为他们分散居住创造了条件。除了在乡政府所在地，一路上我没有看到在江汉平原上的那种规模很大的自然村；最多只是几处房子集中在一个个山坡上（也许有数户人家？），而山坡之间直线距离最近的也在两三里以上。

这是一个交通不便的地方。上山下坡，沟沟坎坎，可以说，各种交流都很不方便。电话通信对于这里的农民更为遥远——记得前面提到的人民法庭的电话吗？在这样一个自然环境中，要诉诸家族，首先就必须形成社区，有一种社区归属感或家族归宿感。这就必须有经常的、细密的、贴近的互惠交往，要有一定数量的集体行动。要诉诸家族力量，还必须能在短期内有效交流信息，聚集起相当数量的家族成员，并协调行动。在这样一个山区环境中，要建立这样一个制度，显然成本太高了。想在司法问题或其他问题上利用这个制度，成本也太高了。在这个环境中，家族不仅无法发生；即使假定曾经存在（例如因战乱某个大家族流落到了此地），也会逐步消亡。记住，俗话说"远亲不如近邻"。家族是一种制度，建立和利用制度都需要成本。[2] 从经济学的角度来看，对于特定的群体而言，如果建立和利用一个

---

[2] 参见，罗纳德·哈里·科斯：《社会成本问题》，《论生产的制度结构》，陈郁、盛洪等译，上海三联书店，1994年。

制度的成本在边际上大于其收益，那么这个制度就不会发生或存活；即使强行把习惯于或偏好这种制度的民众移居此地，他们也会逐渐放弃作为制度的家族，导致家族的消亡。

四

这只是一个方面。从另一方面来看，由于分散居住，由于人们比较贫穷（可交换的物品少），他们之间交易和发生冲突的可能性也更少。社会学研究表明纠纷和冲突的发生比例与人口总量无关，而与人口密度正相关。[3] 一个思想实验就可以验证这一点。如果世界上只有一男一女两个人，一个在美洲，一个在亚洲，在没有现代交通工具的情况下，他们就不可能发生纠纷；同样一男一女，即使是恩爱伴侣，也一定会发生纠纷。分散居住减少了交往和因交往引发的纠纷，这里的乡民也就相对较少需要诉诸群体来保护自己，而更多可能依赖自身体力，按照"人不犯我我不犯人"的原则，自我保护。这也许还可以解说为什么各地——并不限于土家族——的山民往往比平原居民更为彪悍?!

由于难以诉诸家族关系，甚至，即使偶尔发生了纠纷，通常也更容易解决。因为在这里不容易发生家族之间的大规模冲突，或因为这里没有家族的介入。因此，这里的分析提醒我们，尽管家族群体在很多时候可能是一种纠纷预防和解决的机

---

[3] 可参看，唐纳德·J. 布莱克：《法律的运作行为》，唐越、苏力译，中国政法大学出版社，1994年，第3章。

制，或具有解决纠纷的功能，特别是对家族内部成员之间的冲突[4]；在某些情况下，由于组织内部的交易费用问题，也有可能有助于缓和化解家族之间的冲突。[5] 但组织化的家族在另一些条件下完全可能强化家族之间或对外的冲突，激发冲突。在这个意义上，家族同其他组织一样，组织化程度会加剧人们的冲突和矛盾——在现代民族国家出现之后才发生了空前规模的世界大战。在无法依赖家族的个体或家庭之间，即使发生冲突，即使再激烈，也难以扩大。

由此，反思我在江汉平原上看到的那些村庄，就可以重新理解那里的家族。我猜测，在那里，形成家族的最重要条件之一是当地肥沃土地的价值以及因此带来的聚居。江汉平原是鱼米之乡，土地肥沃，这里同样面积的土地会比鄂西有更多的产出，可以养活更多的人。当人口不论因何原因越来越多的时候，土地就变得稀缺了。为了节约土地，人们势必聚居，一方面节省土地这种宝贵的资源，另一方面也可以通过相互的各种合作来获得一些独居或散居无法获得的收益，例如抵制外来侵犯。但聚居也会带来一些成本，纠纷增加——请回想，纠纷与人口密度的正相关——需要某种形式的公共权力或准公共权力（对于这些聚居的人而言）来协调关系，解决矛盾。当更大的社会（国家）无法提供或无法满足这种制度需求时，就会出现家族，并衍生出一系列功能。从这一逻辑看，家族可以说是一种准公共权力，是国家

---

[4] 对内，这是因为内部成员之间千丝万缕的关系，王朔或姜文就发现，冲突双方会找到同一拨人或同一个人帮忙，而后者为了自我利益也会大力调停；请看，姜文等：《〈阳光灿烂的日子〉完成台本》，《诞生》，华艺出版社，1997年，页358。
[5] 请看，曼瑟尔·奥尔森：《集体行动的逻辑》，陈郁、郭宇峰、李崇新译，上海三联书店、上海人民出版社，1995年。

的正式制度供给不足时代的一种制度替代。

根据这一考察和推论，我的结论是，家族的形成与家族所在地的经济文化发展水平不直接相关，而与一个更广大区域的经济文化（包括了政治法律制度）发展水平可能成 n 型的关系。这就是说，当这一更大区域的经济社会文化水平普遍很低，土地贫瘠，人口稀少，无法聚居时，就不大容易出现家族；当这一地区的农业经济社会文化发展后，人口增多、土地富饶但比较稀缺时，就可能出现家族。只是当这一地区的经济社会文化发展水平更高，出现了国家政权这样的公权力组织并依据抽象的普遍规则比家族更能有效解决纠纷时，家族又会逐步衰落。

这个假说既可以解说鄂西地区家族的缺失，也可以解说江汉平原家族的强大；延伸开来，还可以解说诸如武汉市这样的人口更密集、经济文化更发达地区家族的消失。这是一个有更大解说力、较为精致的理论模型。

五

本文解说了湖北省在家族问题上的多样性。扩展开来，用更多的各地经验来验证，它也许可以解说更普遍的社会现象，例如我经常提及和使用的"熟人社会"和"陌生人社会"；或者可以作为一个假说，用其他地方的经验来质疑、挑战或丰富，使之进一步完善。

本文从地理环境切入，很容易被人理解为，但我并不坚持，地理因素是家族发生的本质原因。抽象看来，本文强调的只是一个制度费用和制度收益问题，尽管地理肯定是影响制度费用的重要变量,但不可能是唯一变量,在某些情况下也不是最重要的变量。例如,在一些有激烈民族、部落或村落冲突的地区,即使是相对贫瘠、交通不便的山区,也还是可能出现聚居,因此出现家族、部落等准公共权力。

按照这一分析的逻辑,尽管熟人社会和陌生人社会往往分别与农业社会和现代工商业社会关联,但不应从两者分享的时间和空间来理解而应当从社会组织结构的角度来理解两者的关系。农业社会并不必然是熟人社会,而工商业社会也不是一切方面都是陌生人社会。关键之一是特定的社会环境是否促使人们之间需要并能够交往密切,至少在某个层面或维度上构成一个利益攸关的共同体。在鄂西的大山区,并可以设想在青藏高原牧区[6],某些天生的亲缘关系甚至都被地理空间扯断,难以构建典型的熟人社会。相反,有研究表明,在现代工商业社会高度离散的空间中,那些受过最高等的现代教育、喜爱特立独行的人,仍然可能因某种共同利益,借助各种现代交流方式,构成另一类型的熟人社会。[7] 事实上,在网络上,我们已经感受到日益增多的这种特殊的新的熟人(和陌生人)社会。

本文还有其他意义。分析表明家族问题其实与作为观念形态的文化无关,尽管人们习惯于这么认为,习惯于用儒家文化来解说家族这类现象。鄂西的经验表明,家族作为制度不是观念、思想的产物,而是对于社会生产生活环境,对于可利用资源(包括政治法律制度资源)多寡的一种回应,是生存实践的产物。我们

---

[6] 参看,苏力:《这里没有不动产——法律移植问题的理论梳理》,《法律适用》,2005 年第 8 期。

[7] 参见,罗伯特·C. 埃里克森:《无需法律的秩序——邻人如何解决纠纷?》,苏力译,中国政法大学出版社,2003 年,第 14 章。

甚至从历史上就可以看到这一点,大家族历来产生在土地比较肥沃、资源比较丰富,因此经济和交通都相对发达的地区,如中原或江南地区。而在土地贫瘠、人烟稀少、经济不发达的地区,从来少有作为制度的大家族出现。

据此,如果要建设现代法治,认为家族就总体来说是一个需要限制的、不利于现代法治的因素[8],那么最重要的就不可能是教育和启蒙的问题。从观念入手是扯淡。也不单单是发展经济的问题。重要的可能是制度意义上的"送法下乡",为乡村的纠纷解决或其他事务处理提供比家族所能提供的更多和更有效率的公正。乡民们不会固守家族文化,不会仅因某种东西是"本土文化"或"民族传统"就固守它,他们会也总是在不断权衡自己借助某个制度的收益成本。送法下乡,也不仅仅是送一般意义上的法,而必须适度考虑到乡民的偏好。尽管现代法治作为一般的制度要满足更广泛地区的其他人的共同需求,但无论如何,在相当程度上也一定要满足更具体的需求;长期来看,一定要比家族更能满足他们的需求。

本文也再次强调了要善于从经验观察中感知那些挑战了我们的思维定式的事实,哪怕是微不足道的、很容易用某个特殊解说糊弄过去的事实,努力以命题方式提出可验证辩驳的理论假说。要不断用今天的和历史的经验来验证假说,使之丰富起来(例如从经济文化发展与家族文化的正相关关系到 n 型关系)。感知有挑战意味的事实也不只是为了推翻已有的习惯命题;也要尽可能尊重已被广泛接受的命题,尽可能把旧命题纳入新的命题中,形

---

8 现代法治更多基于现代的个体主义;强调小社区忠诚的家族以及其他类似的社会组织,一般被认为不利于现代法治。可参看,理查德·A. 波斯纳:《正义/司法的经济学》,苏力译,中国政法大学出版社,2002 年,特别是第二编。

成一个更具包容解释力的理论命题。只有当新旧命题完全无法兼容时，才大胆且果敢地同哪怕是被其他人都当作真理的旧命题决绝。学术的目的不是挑战，也不是反抗，不是提出一个"前不见古人，后不见来者"因此只能"独怆然而涕下"的思想或观点，而在于推进理论的解说力以及这种解说力中蕴涵的（因此是尚未工具化的）更有效率地改造世界的进路、角度、方向和方案。否则，学术也许仅仅是一种"非常姿态"（借用学友赵汀阳漫画集的书名）。

2001 年 7 月 13 日凌晨于北大蓝旗营

法律与科技问题的法理重构*

> 理性地研究法律,当前的主宰者或许还是"白纸黑字"的研究者,但未来属于统计学和经济学研究者。
>
> ——霍姆斯[1]

法理问题的界定

改革开放以来,科学技术迅速发展,"科学技术是第一生产力"的思想已深入人心。随着科技的发展,有关规制科技发展、推广的法律也日益增多。1984年北京大学出版社出版的《法学基础理论》(新编本)教科书第一次将"法律与科学技术"纳入法理学,表明了法理学研究者视野的扩大以及对当代中国现实的关切。此后,在诸多法理学教材中,"法律与科技"问题一直是

---

* 原载于《中国社会科学》1999年第5期。
1 Oliver Wendell Holmes, Jr., "The Path of the Law," 10 *Harvard Law Review* 457 (1897), p. 469.

法理学的构成部分。有关科技的法律也已成为法学的一个分支。

但是，如果考察目前对于法律与科技这一问题的法理学讨论，会发现这种讨论一直没有深入。[2] 法律与科技关系之讨论，和法律与经济、法律与政治、法律与道德之关系的讨论，尽管细节表述略有不同，基本结构大同小异，并且明显受公式化的辩证法的影响。也不是说这种结构体系以及文字表述有什么错误；坦白地说，这不是本文的关切。本文关切的是这种结构和表述是否有法理学要求的理论性？对我们的智识有无挑战？是否促使我们对法律与科技之关系有更为一般和深刻的理解？在这一点上，现有的法理论述有欠缺。

关键在于，尽管将法律与科技引入当代法理学视野是个重大发展，但从一开始，这种引入就或多或少忽视了法理学的根本特点，即法理学是关于法律现象的根本问题的学科。从当时的社会、政治和人文环境看，这种忽视几乎是必然的，甚至是必须的。作为《法学基础理论》——而不是《法理学》——的一章，当时对这一问题的讨论注定比较宽泛，缺乏理论深度。

如今必须改变了。首先，已有学者将有关科技的法律作为一个法学研究分支，先前有关科技与法律的法理讨论已成为，且颇为恰当地成为，科技法教科书的导论。在法律学科的发展变迁中，法律与科技问题必须重新界定自身的法理学性质。其次，先前法律与科技关系的讨论借助了公式化结构：××的发展对法律有影响或需求，而法律又对××有规制或调整作用；这很容易组

---

[2] 例如，高教出版社1994年版的《法理学》教科书有关章节的论述结构大致如下：首先讨论科学技术对法律的作用，包括对立法和司法的作用，随后讨论了法律对科学技术的影响，包括法律对科技发展的规制、组织管理等，最后讨论了当代中国的法律与科技的一般发展。

织一篇文字，但论者未能考察问题本身的特殊性。任何社会生活方面的发展都会产生法律需求，进而对立法和司法产生某种影响。旅游业的发展需要旅游法，旅游中出现"三陪"现象也需要法律规制，但不可能在法理学教科书中增加此类章节。当然，这些问题的重要性在当代社会中无法同科学技术相比。我完全同意。但问题重要并不因此使之自然而然地成为一个法理学问题。改革开放是当今中国国策，要"坚持一百年不动摇"，重要性无可置疑，但它并不自然而然地成了，至少至今尚未成为一个法理学（有别于法学）问题。要将法律与科技真正作为法理学问题讨论，必须重新界定我们的视野。学术研究同样要有分工，有所为有所不为，以便提炼出真正具有法理学意义的问题，予以系统的理论论述。

批评容易，真有建设性却比较困难的是提出可能的替代。这就是本文的企图。本文将法律与科技的法理问题讨论限定为，作为总体的科学技术对作为总体的法律制度的影响。强调总体，为在一般层面讨论科技对作为制度的法律的影响，不讨论法律规制领域扩大或规制科学的某一具体法律。总体不脱离个案，但个案仅为说明科技与法律的一般关系，关注点仍然是理论，不是具体实践。

为便于讨论，还必须界定科学技术。如今人们已习惯将科学与技术联系起来使用，但两者不必然联系；在历史上还曾长期分离。科学一般以系统理解世界为目的，是对人类知识的一种系统整理和思考，在古代往往专属于有闲的贵族哲学家[3]；科学因此并不等同于真理。技术则是人类在制造工具的过程中产生，往往

---

3 参看，"技术观"，《不列颠百科全书》，中国大百科全书出版社，1985年，页233。

以便利为目的。尽管人们获得的技术可能符合科学原理,却未必与科学直接相关。只是到了近代以后,由于商业、制造业的发展,由于信息交流的增进,科学与技术的关系才密切起来,技术逐渐以现代科学实验和科学理论为基础发展起来。到 20 世纪下半叶,科学与技术有了高度发展,两者关系日益密切。今天,人们一般认为科学以实验观察为基础,是以系统发现因果关系为目的的社会实践,侧重于认识世界;技术则是人类改变或控制客观环境的手段或活动,以改造世界为目的。[4] 根据这个初步的界定,我们分别讨论科学和技术这两方面对法律的影响。

本文不讨论法律对科学技术的影响。理由是至少到目前为止,看不出这种影响与法律对其他社会领域或现象的影响有什么根本的或原则的不同。基本进路大致都是通过界定产权、规制行为来促进有利于社会的科学技术发展,尽管在具体细节上、方法上会有所不同。本文无法就此提炼出一个有特殊法理意义的命题。本文也不讨论法律本身的技术问题,例如法律解释技术或立法技术之类的,理由是这更多属于法学学科内的问题。本文也只是法律与科技的法理问题的一种界定和探讨,不认为也不主张法律与科技的法理就是或就应如此。学者完全可能从其他角度切入,深入研究其中的法理。

---

[4] 关于科学技术的界定如同关于法律的界定一样,一直是一个"你不问,我还明白,你一问,我反倒糊涂了"的难题,至今没有一个公认的界定。请参看,宋健主编:《现代科学技术基础知识》,中共中央党校出版社,1994 年,页 1—6。外国学者的一些有影响的讨论,可参看,Thomas S. Kuhn, *The Structure of Scientific Revolutions*, 2nd ed., University of Chicago Press, 1970;波普尔:《科学知识进化论——波普尔科学哲学选集》,纪树立编译,生活·读书·新知三联书店,1987 年。

科学对法律的影响

人类很早就意识到了世界万物之间的普遍联系;然而,这些现象是如何具体联系的,人们不能一眼看穿。因此,尽管人类很早就有了因果关系概念[5],但在种种具体事物现象之间究竟有无因果关系,有什么样的因果关系,人们一直探讨,并将持久探讨下去。人们的法律关系并不完全或自动为自然的因果关系所决定;但确认了自然现象或社会现象之间的因果关系往往会影响法律制度的运作,促使法律制度变革。如果说科学是基于实验观察发现因果关系的系统努力,那么,因科学发展引发的对社会生活某一具体因果关系的认定、理解和把握常常会对法律制度,并通过制度对责任分配产生重大影响。

一个例子可以说明许多问题。中国西周初年有一条不很起眼的文献记载,"奸宄杀人,历人宥"[6],意思是说歹徒杀人,路过的人不承担法律责任。看起来很简单,仔细琢磨起来,这一记录却可能反映了西周初年司法实践的一个重要变化。之所以值得记载,很可能在于:殷商时期,在神秘主义指导下,歹徒杀人,路过的人也会受到处罚。这种做法今天看来当然极其荒谬;但古人无法如同后来的人们那样确认事件的因果关系,很容易误认为过路行人与歹徒杀人之间有某种神秘的因果联系,因此惩罚路人。

---

[5] 但是在中国古代,这种因果关系不是用"因果"这个语词表达的,例如在老子的《道德经》中,因果关系是用"生"("天生地""地生万物")这样的概念来表述的。"因果"作为一个学术的术语,据哲学家考证,是随着佛教进入中国才流传开来的。

[6] 孙星衍:《尚书今古文注疏》(梓材),中华书局,1986年,页385。

这并非当时的人们有意制造冤案，而更多出自他们对因果关系的认识判断错误；两个现象的相继出现容易给人造成一种虚假的，然而在他们的世界中视为正常的因果联系。[7] 人类生活经验的累积逐渐排除了这种虚假的因果关系，基于经验观察和验证逐步确立了我们今天看来真实的因果关系。"奸宄杀人，历人宥"的文字记录是一条重要的政治法律历史文献[8]，它记录了人们对之前共同分享的那种虚假因果关系的否定。尽管今天看来这一否证微不足道，但对于中国法律史意义空前。它的最大意义不是认识论的，而是制度的，它对于当时的刑事法律制度运作以及刑事责任分配有根本意义，对此后中国社会这类刑事案件的责任追究和分配都具有导向性和指导性意义。可以说，这是中华民族历史上因人们对因果关系的探索和理解而引发的法律制度的一个重要转折。

我们由此可以理解科学认识因果关系对于法律发展和制度变迁的重要意义。古代世界各国都有过许多在今天看来荒谬的法律制度和责任分配制度，其之所以发生，最重要因素之一就是当时

---

[7] 休谟早就曾指出，因果关系是一种概然推论，人们获得因果关系之判断的前提是两个被认定为有因果关系的现象的重复发生且相对恒定。参见，休谟：《人性论》上卷，关文运译，商务印书馆，1980年，特别是第3章。

[8] 一个事件是否被人们记录下来，可能有偶然因素，却不可能全属偶然。人们一般不记录那些习以为常的事件，特别是在上古时期，文字刻在甲骨、青铜或竹简上，不可能大量记载当时人们认为的日常琐事。因此文字几乎从一开始就是同政治、法律相联系的。"书写在诞生初期，并不是作为言语的通行表征，而是作为行政司法，被用于保存记载或记录的。"安东尼·吉登斯：《民族-国家与暴力》，胡宗泽、赵力涛译，生活·读书·新知三联书店，1998年，页50以下。又请参看，Richard A. Posner, *The Economics of Justice*, Harvard University Press, 1981, 特别是第6章及其注7。这一点在中国古代最早的文献记录，至少是留存下来的文献记录中表现得相当明显，无论是祭祀、婚姻、战争、天象，都是远古社会中的大事。

人们对事物之间的因果关系缺乏科学的理解，也无法获得科学的理解。在西方古代，如果树木、动物、物品伤害了人或财产，就依据法律惩罚这些树木、动物或物品[9]。在西方中世纪，瘟疫流行时，或出现其他天灾人祸之际，往往会迫害一些离群索居、行为怪异的人，指控他/她们搞巫术，将这些人处死或流放[10]。许多社会还大量使用了神判、决斗方式来分配刑、民事责任。究其原因，很重要的就是缺乏对科学的因果关系的理解。随着经验教训的积累，人们逐渐获得了一些科学的因果关系判断，法律制度也随之发生了重大变革。今天，人们通常已不再惩罚动物、树木或物品，不再虚构骑着扫帚满天飞、散布瘟疫的巫婆，不再将"针扎面人"之类的咒人做法——即使被诅咒者在此期间得病了或死亡了——视同犯罪，不再以神判或决斗之类方式分配法律责任、实施惩罚了。法律规定或法律制度的这类变化并非因为如今人们更仁慈了，而只因人们对这些问题有了科学的或不同的因果认识。

　　引发法律制度变化的不仅仅是自然科学发现的因果关系，也包括社会科学发现或构建的法定因果关系，即从诸多自然的因果关系中，依据种种原则，选择认定某一自然的因果关系为承担法律责任所必须的因果关系。一个重要例子就是法律人首先发现，却由经济学家首先系统明确表述的有关损害的相互性因果关系。[11]在因相邻权而发生的侵权案件中，例如工厂机器噪声影响

---

[9] 参见，Oliver Wendell Holmes, Jr., *The Common Law*, Little, Brown, and Company, 1948, pp. 4 ff.。
[10] 参见，唐纳德·J. 布莱克：《法律的运作行为》，唐越、苏力译，中国政法大学出版社，1994年，页68—72及其引证的文献。
[11] 参见，罗纳德·哈里·科斯：《社会成本问题》，《论生产的制度结构》，陈郁、盛洪等译，上海三联书店，1994年。

了隔壁医生的诊断工作，许多人习惯认为造成伤害的因果关系是厂家伤害了医生，因此厂家应承担法律责任，停止使用机器，应当搬迁，并予以赔偿。但在大量的司法案件中，法官实际发现并确定了，这类伤害具有相互性[12]；如果简单要求厂家搬迁，实际上剥夺了厂家自由使用地产的权利以及由这一权利带来的收益，会给厂家甚至社会带来"伤害"。按照边际原则，这里的伤害——无论对于哪一方来说——都是双方造成的。许多法官因此没有用简单的、人们习惯的因果律分析处理这一问题，而是在司法过程中按照这种伤害相互性因果关系来处理，实际上采取了财富最大化的进路对相互冲突的权利进行了配置。根据这些古老的司法案例，美国经济学家科斯通过他卓越的分析，更加明确系统表述了这一原则，从而使得当代法律家对侵权法制度，特别是环境保护法、知识产权保护制度有了更系统的理解，深刻地影响了与此直接相关或间接相关的法律制度和制度运作。

我这两个例子仅仅说明因果律的探讨和研究对于法律制度变革的深刻影响。这不是全部。人类在社会发展中对因果关系的认识一直在深入，会在不同时刻从不同角度深刻影响既有的法律制度和被认为天经地义的法律原则。社会学和犯罪学的研究使得现代社会的法律制度在处理犯罪问题时已不再仅仅依赖刑事惩罚，开始注重其他社会工作，注重对犯罪的社会原因的防治。对于成人和青少年的心理、行为的研究和矫正，使惩罚制度和/或监狱制度发生了重大变化，青少年法庭也成为一些现代国家的法律组织机构的一部分。这类例子是大量的。如果可以对这些变化

---

[12] 科斯：《社会成本问题》，同前注 11，页 149 以下所引证的诸多案件中法官和法学家的分析。

作一个法理概括的话，那就是对因果关系的重新理解导致了一般的法律制度和原则的变化。

科学因果关系在法律上的限制

强调科学因果关系对法律制度及其运作有深刻影响，但不能简单认为科学研究发现的因果关系必然导致或应该导致法律制度的变迁。科学研究发现的因果关系仅仅是指出了事物现象之间的某种联系，但这种因果关系并不直接，也不应直接决定法律责任的分配。两者有重大区别。

首先，科学研究发现的因果关系，即使完全正确，也往往会形成一个无限的链条。一个人杀人可能是由于父母离婚，由此造成了家境贫寒，从小无人管教，受人歧视，因此误入歧途，最终杀人犯罪。在这里，每个原因都可能是另一或诸多原因的结果；如果不断追寻因果关系，就无法认定法律责任。法律必须在某个地方切断这种因果链，基于社会共识、效率和便利，仅仅考虑或着重考虑其中某一个或几个联系，以此为基础确定法律责任的分配。法律对因果关系的认定总是要受社会其他因素的制约，科学发现的因果关系并不自动转化为法律上的因果关系。

其次，科学研究发现不可能穷尽世界的因果关系，有些通过科学研究发现，并为当时人们普遍接受的因果关系，也完全可能出错。龙勃罗梭曾通过实证研究发现犯罪与人的体型、脑容量、性别等因素之间有某种"因果关系"[13],这一观点一度为不少人分享,已改其当代形态,如社会生物学,如今很有影响。但龙勃罗梭研究确认的因果关系问题很多,如果依据这种因果关系来分配法律责任,设计刑事惩罚制度,就可能问题严重。科学永远没有完结,总是处于不断的发展中,我们无论如何不应当认定今天人们理解的某些现象间的因果关系已是"真理",是法律判决的唯一可靠基础。[14] 科学研究及其发现都可能有局限性;如果科学自身还不非常坚实,建在不坚实基础之上的法律制度就可能坍塌。对此,社会和法律界务必高度清醒,法律代表社会分配责任,具有很强的压迫力量。

最后,法律有效率考量。由于时间、人力、物力的限制,法律的重要特点之一就是通过规则来大大减少判断所需要的大量精确信息[15];而科学的基本要求是求真,具体问题具体分析,实事求是,不排除任何可能的影响因素,拒绝人为设定规则限制对具体事实的探讨。法律与科学的追求不是重合的,两者之间有内在的紧张关系。法院不可能,而且也不应当,等待所有科学因果

---

13 对龙勃罗梭主要研究成果的概述,请看,Gina Lombroso-Ferrero, *Criminal Man, According to the Classification of Cesare Lombroso*, G. P. Putnam's Son, 1911。

14 例如,当年最早在司法中(Muller v. Oregon, 208 U. S. 412)引入科学和社会科学证据的"布兰代兹诉讼摘要"今天就不被接受为社会科学的证据。学者称这一摘要不过是"由随意的观察和看法支撑的价值导向的宽泛断言",不过当时的社会科学也就是这个水平。请看, John Monahan and Laurens Walker, *Social Science in Law: Cases and Materials*, Foundation Press, 1985, pp. 8-9. 在著名的布朗案(Brown v. Board of Education, 347 U. S. 483)中被引作证据表明种族隔离会损害人格自尊的"玩偶偏好与自尊"系列实验报告,之后也被多次重复证明不能成立。

15 参看, Richard A. Posner, *The Problems of Jurisprudence*, Harvard University Press, 1990, p. 45。又请看, Richard A. εpstein, *Simple Rules for a Complex World*, Harvard University Press, 1995。

系都被发现和确证之后再作出判决,它只能依据为当时人们公认的一般的或主要的(甚或可能是错误的)因果关系作出判决。由此而来,法律认定的因果关系与科学发现的因果关系常常不一致,至少不完全一致。在离婚家庭子女违法犯罪的案件中,尽管科学研究发现父母离异可能影响子女成年后的行为[16],但法官通常仍主要考虑违法者的个人责任,会认为父母离异是非常遥远的原因,不予考虑或基本不予考虑;一个人可能因饥寒交迫而偷盗,但法官一般不会因此不惩罚他。[17]

限制科学因果关系对法律之影响并不限于上述因素。我不试图也不可能完全列举所有这类社会的因素[18],而仅仅以枚举来指出科学与法律的差异。这种差异不仅因为法律与科学是不同的社会实践领域,遵循的原则不同,更重要的是,如果认真追究起来,这种差异往往最终可以归结为技术的限制。我们必须转而讨论技术对法律的影响。

---

[16] Cf. E. Mavis Hetherington and Josephine D. Arasteh eds. *Impact of Divorce, Single Parenting, and Stepparenting on Children*, Lawrence Erlbaum Associates, Publishers, 1988.

[17] 当然,如果确实有死亡的威胁,则允许例外。相关的分析,请看,Posner, *Economics of Justice*,同前注8,pp. 63、67。

[18] 包括法律必须兼顾的社会正义(或不正义)的因素。一个典型的例子是,在1946年的一个亲子关系案件中(Berry v. Chaplin, 74 Cal. 2d 652),根据陪审团的判定,法院命令著名演员卓别林向一个自称是其子的儿童支付抚养费,尽管在孩子受孕的那一时期卓别林曾经同其母有过性关系,但多次亲子鉴定一致表明卓别林并非其父亲。分析者就指出,陪审团的判定可能考虑到了卓别林的富裕和原告(该孩子母亲)的贫困这个因素。但此案中起决定作用的是社会因素而不是科学。请看,Sheila Jasanoff, *Science at the Bar: Law, Science, and Technology in America*, Harvard University Press, 1997, p. 11。受政治因素影响将当时法官认为不可靠且后来被实验证明不成立的社会科学证据纳入司法的另一个例证是前面提到的布朗案,尽管有其他大法官反对,首席大法官沃伦坚持将这些社科研究成果作为注11写进了此案判决。Monahan and Walker, *Social Science in Law*,同前注14,pp. 86—87。

技术对法律的影响

技术会制约法律实践认可和采信因果关系,对于这一命题,首先应当有所澄清。人们很容易发现,有时一旦先前认定的因果关系被否证或被抛弃,法律制度即刻发生重大变化,并不需要什么特别技术。例如前面提到的"奸究杀人,历人宥"的例子,又如对巫术的惩罚问题。因此,这一命题不是说,科学因果关系要对法律产生影响,都必须有特别的技术;只是说,科学因果关系在法律上受到限制,常常因为技术无法保证因果关系的确证。"奸究杀人,历人宥"之所以能即刻影响法律制度和实践,是因为人们的自然能力已足以保证因果关系的确认。但诸多社会现象之间的因果联系非常复杂,特别是在具体案件中。如果缺乏专门技术、技术不够可靠甚或效率不够,无法满足社会对其他因素(如确定性和必然性)的考虑,法律制度就不得不限制相关因果关系在法律上的适用。现代科学对法律制度的影响程度取决于与科学相联系的技术发展水平。

如果从这个角度看,我们可以深刻理解传统司法制度的许多弊端甚至悲剧。在古代世界各地,口供在刑事案件中往往被视为最重要的证据,刑讯逼供被大量使用。除其他社会因素外,最重要的因素之一就是当时缺乏可靠、可信且便捷的刑事侦查技术。当重大刑事案件(并非一切刑事案件)发生后,为发现和惩罚违法犯罪者,震慑潜在违法者,社会往往在一定程度内允许刑讯逼供。刑讯逼供被当时社会视为通过司法发现事实真相、证明司法判断正确的一个手段。[19] 尽管统治者对刑讯也有诸多限制，却难免引发错案，甚至会被贪官污吏挪用制造冤案。从这个角度来分析，被许多启蒙思想家归咎于司法官员个人道德品质，或归咎于传统社会司法制度问题的冤错案件，更多是科学技术不发达时代很容易发生的悲剧。[20] 今天刑讯逼供之所以在世界各国普遍减少了，在发达国家以界定的方式完全禁止，在很大程度上（尽管并非全部）是由于现代科学技术的发展，司法制度有更多、更可靠也更有效率的手段获得对案件的正确或基本正确的判断。由于DNA技术的发展，人们如今可以通过一根毛发或其他人体物质来确证或排除嫌疑人是否出现在案发现场。即使如此，从这一角度看，也可以且应当理解，由于技术限制，任何时候司法处理案件的能力都必定有限，认知和判断错误在所难免，司法必须慎之又慎。

在其他方面，我们同样可以看到与现代科学相联系的技术发展推动了法律制度的发展。在合同法中，英国普通法之所以在17世纪后期颁布了《反欺诈条例》，要求某些契约必须形成

---

19 参看，Michel Foucault, *Discipline and Punish, the Birth of the Prison*, trans. by Alan Sheridan, Random House, 1977, pp. 34-35。

20 中国元代著名悲剧《窦娥冤》就是一个典型例子（《元人杂剧选》，顾学颉选注，作家出版社，1956年）。在此案中，真正的罪犯张驴儿本来试图毒死窦娥的婆婆，以便霸占窦娥，但张的父亲喝下了有毒的汤，导致了张父的死亡。在一个没有现代科学技术作为司法支撑的时代，在无法获得其他可靠证人的情况下，即使是最聪明的法官也很难处理这一案件。从不可能了解内情的常理看来，在这个显然是谋杀的案件中，儿子谋杀父亲的可能性几乎等于零——他没有实施这一谋杀的动机；相比之下，窦娥及其婆婆更可能有谋杀张父的动机（为逃避张父的欺负和威胁）。这种依据逻辑和常理的分析，使窦娥有口难辩，有冤难诉；只能以自己的死带来的超自然现象来证明自己的无辜和冤屈：血向上流，三伏天下大雪以及当地大旱三年。这里的悲剧并不仅仅是窦娥本人的冤屈，而且是一种人类探求事实真相的能力上的局限。在其他中国古代戏剧中这种悲剧主题不断显现。

文字方可司法强制执行,正是由于随着商业发展、人员流动,契约关系变得日益普遍重要,司法却无法有效处理陌生人之间的口头契约。[21] 而文字契约之所以流行起来,前提条件之一就是造纸术的传播和造纸业的发展。文字契约流行起来后,由于没有可靠的笔迹鉴定技术,因此在许多国家,指印、印玺等就成了当时辨识契约真伪的主要和基本依据。今天,随着商业交往记录日益齐全,笔迹鉴定和其他证据收集手段日益增多,签字就逐渐取代或补充了指印和印玺。某个具体的契约可以通过商业交往的前因后果来推定,无须签字。[22] 互联网上甚至广泛使用了电子签名。另一个例子是,1996年中国之所以能废除收容审查制度,最重要因素之一是近年来警方的交通通信等技术装备的改善,大大便利和加快了对犯罪嫌疑人以及其他不明身份人员的甄别。

科学技术发展甚至会促使一些全新法律制度的发生。近代以来关于商业秘密或专利的知识产权保护制度就是例证。在古代各国,一方面这类知识产权很少,另一方面由于缺乏保护技术,只能通过"祖传秘方""传媳妇不传女儿"[23] 或师傅带徒弟这类民

---

21 例如,在早期英国依据普通法合同无须形成文字,发生争议时是通过证人出庭作证的方式来证明,由陪审团认定;但是这种作证和决定方式很容易出现欺诈。因此,1677年英国通过的著名的《反欺诈条例》,规定某些销售合同必须形成文字才能由法律强制执行。请看,Rabel, "The Statute of Frauds and Comparative Legal History", 63 *L. Q. Rev.* 174 (1947),转引自,John Edward Murray, Jr., *Cases and Materials on Contracts*, 3d., ed., The Michie Company, 1983, pp. 319-320。

22 例如,《美国商法典》第2-201条如今对商业交往中合同的文字要求标准就比传统的反欺诈条款大为放松了。例如,如果有其他文字材料的证明,合同未必一定需要被告的签字。参见,James J. White and Robert S. Summers, *Uniform Commercial Code*, 2nd ed., West Publishing House, 1980, pp. 54 ff.。

23 郭超人:《成都市手工业生产的情况和问题》,《中国社会科学》1980年第4期,第222页。

间非正式制度来保护,无法诉诸正式法律制度或行政制度。当代社会中不仅知识产权的数量急剧增加,而且市场不断扩大也使从知识产权中获益的可能性急剧增加,知识产权保护逐渐成为现代法律制度的重要组成部分。但即使在当代,不同类型知识产权的保护在一定程度上仍取决于受保护的知识产权本身的特性和实施保护所必需的专门技术。有些产品不泄露相关技术信息并不影响其使用,如可口可乐的配方,或中国宣纸制造技术,这类知识产权就主要通过商业秘密的方式予以保护。有些产品一旦使用必定会泄露相关的有价值信息(例如著作的公开发表),对这类知识产权则以专利法、著作权法予以保护。[24] 由于缺乏恰当、有效的保护技术,如计算机软件,尽管在法律上使用盗版软件违法,但在目前任何国家都难以防止和避免。这里的法律制度发生、变化和分野,不能仅仅用个人偏好、传统的法律分类理论或者法律制度自身的逻辑变化来解释。恰恰相反,正是由于技术的发展,才产生了需要法律保护的知识产权,促使某些知识产权可能直接诉诸法律保护,有了不同的知识产权具体制度的发生和演变,而不同类型知识产权保护有效与否仍有赖于或有待于技术的发展。

另一方面,在某些司法问题上,技术发展程度至今无法保证司法获得理想的结果,这就促使或迫使法律和司法采取各种制度来回应或避免可能的或更大的错误。例如保险制度。在侵权法中,某个伤害事实只可能由一个人的行为造成(例如狩猎中两人

---

[24] 参见,Posner, *The Economics of Justice*,同前注8,特别是第9章中"秘密与创新"一节;又请看,Posner, *Economic Analysis of Law*, 4th ed., Little, Brown, and Company, 1992,特别是第3章第3节"知识产权"。当然,这仅仅是一个因素;另一个因素是实施保护的成本与收益,而这一点也与技术有关。

或多人射了箭，而某路人受了伤)[25]，由于技术无法确证谁是真正的伤害行为人，于是法律区分了"最近原因"（proximate cause）和"法定原因"（legal cause），通过连带责任原则（joint and several liability）来处理这类问题。这种制度没有实现理想化的绝对公正，但避免了不予赔偿或任意判定某人赔偿可能带来的绝对或更大不公正。英美法至今保留（有别于当初采取——两者的缘由是不同的）陪审团的重要原因之一是，即使在现代社会的许多案件中，法官也仍然无法就某些事实问题作出准确判断，陪审团制则可以一定程度上减少了、也转移了可能由法官造成的不公。英美法系采取抗辩制，大陆法系关于举证责任确认和转移的制度和原则，从这一视角看，很大程度上，就因为法官没有决断疑难案件的更为有效且可靠的技术。[26] 一个例子是我国现行刑法规定的重

---

[25] 一个类似的中国当代案件，请看，《马金林、张亚辉诉傅敏杰等人身损害赔偿纠纷案》，中国高级法官培训中心、中国人民大学法学院编：《中国审判案例要览》（1993年综合本），中国人民公安大学出版社，1994年，页606—609。此案是三个孩子从楼上向下扔空酒瓶，一路人被砸死，但司法无法确认这一酒瓶是何人所扔。当然此案之所以作出共同责任之判决可能还考虑了其他社会因素：盲目扔空酒瓶这种行为有社会危险性，应当予以遏制。

[26] 关于陪审团制，最早的陪审团所起的作用常常是作为人格证人（证明当事人人格诚实、不会说谎等），其组成往往是当事人的熟人，而到了近代，随着科技的发展以及其他的社会变化，陪审团的作用"大大衰落"了（参见，Henry J. Abraham, *The Judicial Process: An Introductory Analysis of the Courts of the United States, England and France*, 4th ed., Oxford University Press, 1980, pp. 107-109)，即使保留下来，其作用也发生了变化，在波斯纳看来，主要是为了排除事实确认上的难题。关于举证制度，波斯纳指出，"法律制度常常对它必须解决的法律纠纷的是非曲直没有任何线索；但通过举证责任作为一种对所缺乏的知识的代位者，就避开了这种耻辱"。参看，Posner, *Problems of Jurisprudence*, 同前注15，特别是第6章讨论"事实问题"的一节。

大财产来源不明罪。[27] 刑事诉讼的一般原则是控方承担指控犯罪的举证责任,《刑法》第 395 条似乎违背了这一一般原则, 要求受控一方承担起证明自己无罪（即说明自己财产来源）的举证责任。这种变通就是因为到目前为止缺乏查证这类犯罪的必要技术保障, 然而社会不能固守原则、漠视惩罚受贿之必需。通过举证责任的转移, 可以避免更大的不公。从这个角度看, 也可以理解, 许多实体法和程序法的规定都是特定物质技术条件下追求相对公正的产物, 并非绝对、抽象的正义的命令。

技术甚至会影响一个时代或一个国家的法律"传统"或"文化"。古代世界各地的法律传统似乎都更强调和看重杰出裁判者个人慧眼独具和非凡魅力。[28] 所罗门国王在确认孩子生母问题上表现的非凡智慧载入了《圣经》[29]; 中国民间也广泛流传包拯、况钟等古代裁判者的智慧、才华和勇气。但从另一角度看, 这反映了在缺乏现代科学技术的时代, 人们只能将公正司法结果更多寄托于法官个人。司法断案在古代世界各地都更多是裁判者个人魅力和智慧的展现; 现代司法制度中的一个重要变化就

---

27 《中华人民共和国刑法》(1997) 第 395 条第 1 款规定: "国家工作人员的财产或者支出明显超过合法收入, 差额巨大的, 可以责令说明来源。本人不能说明其来源是合法的, 差额部分以非法所得论, 处五年以下有期徒刑或者拘役, 财产的差额部分予以追缴。"

28 韦伯认为人类法律史上的第一阶段总是"通过法律先知获得有魅力的法律启示", 其后逐渐有了经验性的法律。请看, Max Weber, *On Law in Economy and Society*, ed. by Max Rheinstein, trans. by Edward Shils and Max Rheinstein, Harvard University Press, 1954, p. 303。

29 *The Old Testament*, 1 Kings 3: 16-18.

是法官已日益科层化，司法意见日益形式化。[30] 这些或明显或微妙的时代风格变化，或所谓东西方法律文化差异，不能仅仅用法官个人的偏好、能力或道德来解释，也不能用含混不清的法律"传统"或自我循环的法律"文化"来解释。解释更可能是相反的。至少在一定程度上，由于包括科学技术在内的一系列社会发展，近代以来法官的裁量权缩小了，司法不得不更形式化了。中国古代司法与现代西方司法许多所谓的"文化"差异，很大程度上，是由支撑各自司法制度的社会科技因素构建的（尽管不是唯一的）。

技术发展不仅仅直接影响法律制度和原则，在当代，它还可能直接促进人们对具体因果关系的科学探讨和判断，转而影响法律制度。巫术不会造成被诅咒者患病和死亡，这一信仰的确立不仅仅因为人们提出了或想出了一种新的关于人们得病和死亡的因果关系，取代了先前的"迷信的"因果关系；更重要的是，一系列基于实证的医学卫生检验、确证技术使人们信服了新的因果关系。无法设想，没有现代医学技术的发展，对疾病死亡的因果关系理解能够在法律上很快取代旧的因果关系判断。任何一种话语实践在很大程度上都要依赖于非话语实践。技术往往通过促进科学发展间接地影响了法律。

尽管对法律制度影响重大，技术在法律中的适用程序仍然受法律限制。之所以如此，重要原因之一不是所谓法律的价值理性拒绝技术的工具理性，而往往因为技术发展不完备。前面的例子就曾提到，如今很多人都在社会学层面上承认，离婚容易对孩子

---

[30] 即使是权力很大的美国法官，其司法判决的风格也有一种整体的倾向性上的变化，美国现实主义法学家卢埃林曾评论，美国最高法院的判决在美国工业化之后已经从先前的"宏大风格"转向"形式化的风格"，请看，Karl N. Llewellyn, *The Common Law Tradition: Deciding Appeals*, Little, Brown, and Company, 1960, pp. 35-39.

产生不良社会影响，甚至促成孩子违法。但至今为止，我们没有一种能获得人们一致认可的可靠技术来确认和测度这种影响，因此无法在法律中明确和确定地考虑这一因素。即使有了某种技术或仪器测度，但只要该技术还不完善，或成本（包括财力、人力和时间）过高，该技术——例如 DNA 鉴定技术——至少一段时间内就无法在法律上全面推广。要在司法中普遍使用，任何一种技术的费用都必须较低，便于使用；这就意味着只有那些更便捷、更廉价的技术才会对法律制度产生影响。

　　本文更多强调了与自然科学相联系的技术和技术装备，但是，法律变革和变迁同样离不开与社会科学紧密相关的一些专门技术。经济学的发展，特别是数量经济学模型的提出，使人们有可能对宏观和微观经济立法提出基本设想，有可能通过一个或几个重要参数的改变来对经济实行宏观调控和规制，或针对具体问题选择更为公正、有效、便利的立法、司法进路，因此对现代的立法和司法都产生重要影响。在环境保护问题上，传统的防治污染方式是征税；随着新制度经济学的发展，至少在一些问题上，就提出了拍卖污染权的方式或将法律问题转化为技术问题的方式来有效控制、减少污染的进路。而有些看来正确或有意义的人文社会科学研究成果之所以无法或难以在立法和司法中产生实际影响，根本原因就是其无法形成专门的技术或技术上无法保证。[31]

---

[31] 最典型的一个例子就是哲学阐释学的研究，尽管其理论思路至少到目前为止被人们认为是正确的，但是由于它讨论的只是"真理"而不是"方法"，讨论的是人们理解、解释的条件和状态，而不是保证人们正确理解的实用方法，因此它至今为止还是远离司法实践的。同样的情况还有法律与文学运动、法社会学、法人类学的许多研究。这些研究成果的特点之一都是思路性的，而不是技术性的，无法转化为技术，或尚未转化为技术。关于哲学阐释学和法律解释理论在司法中的影响，有关的分析可参看，苏力：《解释的难题——对几种法律文本解（转下页）

结　语

在《理想国》中，柏拉图曾探求并在原则上赞美了基于无所不知的"哲学王"的统治，许多中外读者将之理解为其主张"人治"；事实上，他只是赞美一种完美理想状态下的科学知识的统治。这是一种推至极端的理论探讨，一种思想实验。当柏拉图进入实践世界，在《政治家篇》和《法律篇》中，他只能承认法治是现实中"第二等最好的"治理方式。近代以来，实证科学和相应技术的发展已经大大影响和改变了法律制度。因此，在19世纪末20世纪初，美国法学家霍姆斯就说过，法律研究的未来会属于经济学家和统计学工作者，而不属于只研究"白纸黑字"的律师。大约与霍姆斯同时，韦伯也曾预言同时又担心，未来的法官会以自动售货机的方式处理案件。[32] 一个世纪过去了，尽管各种科学技术在现代社会中对法律制度的影响日益增大，然而，至少到目前为止，我们还无法全盘依赖科学技术来解决现代社会的问题，甚至无法乐观地看到这种前景。

这是由于我们对于自然、社会的了解注定不可能穷尽。如果科学技术发展没有终结，那么，我们可以肯定地说，科学技术以及经此获得的信息就总是不完全和不可靠的。不可能有那么一

（接上页）释方法的追问》，《中国社会科学》，1997年第3期。关于法律与文学，可参看，Richard A. Posner, *Law and Literature: A Misunderstood Relation*, Harvard University Press, 1988。

32　Weber, *On Law in Economy and Society*, 同前注28, p. 354。

天，科技的发展可以完全替代法律在社会中起决定作用。此外，科学技术更多是一种工具理性，是达到某一目的所应用的手段；它无法证明目的的正当性，无法证明什么是应当的，什么是不应当的。人类社会活动不只是对自然律的服从，人类总是试图超越并在一定程度上确实超越了自身的限度，追求实现自己的理想和目的。至少到目前为止，在许多问题上，道德选择仍然是我们无法逃脱或回避的。即使我们有了比较可靠的技术，能够确定地发现某个人或某些人智力低下、有滥杀无辜的很大可能性，今天的社会道德共识或个人的道德直觉也不允许采取某些事先预防的措施，例如剥夺他或他们的自由或生命；尽管我们可能允许采取其他一些不那么激烈的预防措施。又比如，如今安乐死在技术上甚至在某种伦理程度上已为社会接受，但作为制度的法律目前还无法真正接受安乐死。原因之一也许就是社会道德伦理对我们的选择作出了限制。也许有一天，人们会变得更为务实，有关技术已更为可靠，我们最终不得不服从科学技术的指示，安乐死也许会成为普遍接受的正式法律制度的一部分。但即使解决了这个问题，仍然会出现其他类似的领域和问题，需要人们作出道德选择，这些问题是科学技术无法回答或目前无法回答的。也许当年霍姆斯对于科技影响法律的预言过于理想了，韦伯的预言则过于悲观了。事实上，近代以来，反对或抵制极端工具理性的倾向一直存在，包括在法律领域。"二战"后新自然法学派的复兴就是明证之一。在这个意义上，法律与科技之间有永恒的张力。

然而，指出科技的局限，强调法律的道德维度，也不应导致另一个极端：法学和法律都放弃对科技发展的关注，拒绝吸纳自然科学和社会科学成果，仅仅考虑所谓法律的"价值理性"，把法律问题道德化，以为只要回归道德哲学的某些基本命题，似乎只要关注法律问题的道德维度就可以完美解决许多具体的法律问题。这种倾向在当代中国法理学界是存在的；随着对所谓"人文精神"的强调，对"人权""价值判断""正义"等大词的关注，这种倾向在法学人那里变得格外显著。其实目前有许多法律问题之所以始终局限于无结果的思辨性论证，常常并主要与缺乏可靠的经验性科学研究成果相关。一些所谓"价值理性"与"技术理性"的分歧恰恰因科技不足而发生（请回想前面提到的关于刑讯逼供的例子，关于收容审查的例子）。

波斯纳曾就美国关于人工流产的道德和法律争论尖锐指出："如果我们知识足够，许多法律上的道德两难就会消失。如果确知上帝存在，确知上帝强烈谴责人工流产，那么关于人工流产的辩论就会结束。如果知道人工流产的数量与人工流产合法与否没有共变关系，或很大程度上没有共变关系，这一辩论同样会结束；辩论的激烈程度则肯定降低……在一种不了解事实的情况下，道德辩论会最激烈；因为当人们缺乏可客观复制的知识时，他们就会退守，依赖扎根于个人心理和教养的直觉以及个人经验。但这对法律没多少抚慰，这种辩论对事实了解很少并且抵制科学精神。"[33] 我们当然不能忘记法律价值理性；但作为一个事实判断，中国目前法律中的科技成分不是太多，而是远远不够。法律中的科学精神，法律对实证科学的关注以及对实证研究成果的采纳都太缺乏了。如果不改变这一点，我们的法学就会永远停留于原则争论，无法推进我们对法律的了解，无助于实际问题的解决。这一点，在缺乏科学技术传统并因此历来容易将社会的政治法律问题道德化、不关注法律操作性的中国，应当引起我们格

---

[33] Posner, *Problems of Jurisprudence*, 同前注 15, pp. 351-352。

外警惕。我们甚至应当自省：作为一个职业集团，法学界、法律界是否会因为自己知识的比较优势和缺陷（相对擅长道德哲学、政治哲学的术语，缺乏对科技知识甚至科技常识的了解和关心），有意无意地为维护我们的职业利益，抬高我们熟悉的那些道德概念或将自己熟悉的国内外某些现行法律制度原则永恒化，以一种鸵鸟政策对待科学和技术，对待大量的经验性实证研究?！

1998年11月22—28日初稿
12月二稿于北大蔚秀园

透视中国农村的司法需求*

——金桂兰法官经验的另一种解读

> 骑白马的不一定是王子,他可能是唐僧。
> 长翅膀的不一定是天使,妈妈说,那是鸟人!
>
> ——网络新语

目前的相关报道和介绍基本集中在作为一个模范、一个好人的金桂兰法官。[1] 因此,她的意义,在当下中国社会背景下,一方面对外(公众),是改善司法系统的社会公共形象;而对内

---

* 本文原提交"金桂兰精神暨人民法庭审判方法研讨会",《人民法院报》报社与黑龙江省高级人民法院联合举办,哈尔滨,2006年2月26日;后以《中国农村对法治的需求与司法制度的回应》,载于《人民法院报》,2006年3月27日,版B1-2。文中分析使用的相关材料和数据均来自该研讨会的文件,不再一一注明。

1 金桂兰,女,朝鲜族,大专文化。1957年5月出生于黑龙江省宁安县镜泊乡五丰村,1973年10月参加工作,1976年7月加入中国共产党,曾任宁安县镜泊乡五丰村妇女主任、镜泊乡妇联主任、东京城镇团委干事、东京城镇纪检委员等职务。1990年9月由东京城镇政府借调到宁安人民法院东京法庭工作,后转为法院正式干警,历任书记员、助理审判员、审判员、副科级审判员、正科级审判员等职务。2005年4月被最高人民法院授予"全国人民法庭优秀法官"称号。关于金桂兰法官的基本情况,可分别参看,新华网的人物简介(http://news.xinhuanet.com/misc/2005-11/02/content_3716747.htm),以及《基层法官的好榜样——法官金桂兰》,《人民日报》,2005年11月2日,版4。

（法院系统），则是宣传"司法为民"，重新强调调解，缓解中国法院系统当下普遍的人力缺乏。这也不是不重要，但缺少一种法学理论的关注。从我多年来研究中国司法，特别是基层司法的角度来看，更重要的是，金桂兰法官对于中国农村法治建设和司法改革的学理意义。在阅读近年来有关农村基层司法的相关论文、文章和报道的基础上，结合自己的研究，我想从金桂兰法官来透视当代中国农村的司法需求。

当前中国农村对司法的一般需求

金桂兰法官的经验以及其他相关资料表明中国农村的法治需求已经相当大。

以金桂兰法官所在的宁安市东京城人民法庭为例。该法庭位于农村地区，是"一个比较典型的基层人民法庭"；辖区内有17万农业人口，法庭近年来年均结案500件。案件数量与人口之比是，每年每340人就会发生一起要求法庭审理且为法庭接受审理的纠纷。就全国情况来看，根据2003年和2004年的人口总数和一审结案数，全国平均大约是285~300人一件民事案件。[2] 若东京城人民法庭有代表性，由小见大，可以判断，由于中国社会的发展，工商业的发展，人口的流动，当代中国农村对民事司法的需求并不小，中国农民"和为贵""忍让"的传统形象已经有了很大改变。

---

[2] 参看，《中国法律年鉴》(2004)，中国法律年鉴出版社，2004年，页1055、1065；《中国法律年鉴》(2005)，中国法律年鉴出版社，2005年，页1065—1081。

但即使如此，中国农村对司法的需求，还有相当一部分是潜在的。一部分纠纷可能已向法庭提出，但基于种种制度、法律和政策的原因，法庭未予或不能受理；更有一部分纠纷由于法律服务的价格相对于农民的收入太高，阻碍了农民使用司法。这些都构成潜在的司法需求。但随着中国农村的经济发展，这种潜在需求有可能逐步转化为现实的需求——尽管自 1999 年以来全国的民事诉讼案件数量在逐渐下降。[3] 鉴于当今中国的农村人口数量大约占全国人口将近 60%（不是以户口计的农业人口，后者的统计数为 70%），因此，即使从量上看，中国司法的需求至少有一半来自农村。

还必须有一个质的把握，因此必须考察农村司法案件的类型。当代许多中国法学家，即使关心"三农"（农民、农业、农村）问题，但只要不深入调查，也很容易把当代中国农村简单等同于相对传统的或毛泽东时代的中国农村，认为中国农村的司法需求只是比较传统的纠纷解决。这是个错觉。先前就有研究表明，随着中国现代化，中国农村的最常见的纠纷已经不再仅仅是家长里短、婆媳纠纷。一个有关西部农村法律援助的研究发现，绝大多数农村法律援助案件是因交通肇事、产品责任引发的侵权诉讼。[4] 金桂兰法官的材料进一步印证了这一点；材料中共提及了金桂兰法官处理的 5 个案件，全都有比较浓郁的现代性因素。

（1）6000 元人民币借贷案，其中原告在纠纷期间还离了婚，这透露了农村借贷关系的发展和家庭关系的变化；

3　请参看，《中国法律年鉴》（1999—2005），中国法律年鉴出版社，1999—2005 年。

4　Cf. Fu Hualing, "Structuring the *Weiquan* Movement: Legal Aid and the Rule of Law in China," unpublished paper, Hongkong University Law School.

(2) 居民楼上楼下因自来水跑水引发的纠纷，意味着农村房屋建筑的改变，带来民法上相邻关系的改变，引发了新型的相邻关系纠纷；

(3) 租用打稻机引发火灾，表明机械化在农村生活中的增加，由此引发了新型侵权赔偿案，这还没有考虑打稻机是否有产品责任的问题；

(4) 某农村老大娘诉儿子、儿媳欠钱的案件，以及

(5) 公公与儿媳之间因种地方式产生的争议，这两起案件都表明，伴随中国社会经济的转型，农村人际关系、家庭关系的转变，反映了现代市场经济正重新塑造着传统的家庭关系。

所有这些变化也都在改变着中国农村社会的纠纷类型。

据此，我们可以大致结论说，中国农村，即使是市场化还不像东部沿海省市那么发达的黑龙江省城郊农村，也已随着中国整体的社会转型对法治和司法提出了更多的要求。这种需求是向正在改革和转型的中国司法提出来的，而目前的中国司法改革和制度设计就总体而言较少关注这类问题。[5] 金桂兰法官的司法环境以及她处理的典型案件，要求我们对社会转型中中国农村的司法需求，无论是数量还是质量，都必须有一个清醒的理解和认识，并且在制度上要有相应的回应和调整。

值得一提的是，尽管中国的现代化发展很快，但是中国的"三农"问题仍会是一个长期的问题。过去20多年来，中国的农业人口在总人口中所占比例已从80%降到了58%；一些研究预计，目前中国城市人口的比例大约是每年增加1%。如果按照这

---

[5] 可参看，《人民法院五年改革纲要（1999—2003）》，《中华人民共和国最高人民法院公报》，1999年第6期；以及《人民法院第二个五年改革纲要（2004—2008）》，最高人民法院，法发［2005］18号。有关的学术研究则更少。

个速度,城市人口超过总人口的半数还需要10年左右;比较完全的城市化(城市人口增长到60%以上)则可能需要20年左右。中国农村对司法的需求不但巨大,而且会持续较长。

中国农村对特殊的司法知识和技术的需求

上面的分析其实隐含了一个判断:尽管都是司法,但中国农村的司法有特殊的需求。这是许多中国职业法律人或法学人往往看不到,甚或不愿承认的,因为这似乎违反了法律教科书上关于普世法治和司法职业化等一系列齐整命题和干净理念。但你可以说它不对,不合适,这却是当代中国司法无法回避的现实。它决不会因为我们一遍遍坚定重申教科书上的命题而自动消失。

金桂兰法官的办案方法在这方面就是一个典型例证。她特别注重调解,据报道,她审理的案件中最终以调解结案的比例高达90%,她所在法庭的调解结案率近年也一直保持在80%上下。更重要的是,如此高的调解结案率,纠纷当事人却普遍满意。证据是,13年来,金桂兰审理调解的案件没有一起上诉或申诉的。而在城市地区或是更高层级的法院,调解结案率都很低。在北京,除少数法官外[6],我了解到诸多人民法庭的调解结案率一般只有20%左右;在广州法院(包括中级法院和广州地区的各基

---

[6] 例如宋鱼水法官,据报道,她的调解结案率高达70%;请看,《公正的力量——记模范法官宋鱼水(上)》,《人民日报》,2005年1月13日,版1;《和谐的分量——记模范法官宋鱼水(下)》,《人民日报》,2005年1月14日,版2。另一位2005中国法官十杰北京市朝阳区人民法院民二庭(审理商事案件)副庭长钟蔚莉法官审理的案件调解撤诉率也达到70%以上。有关她的事迹,请看,《2005"中国法官十杰"先进事迹》,《法制日报》,2006年2月27日,版6。

层法院），1997—2004年间，民事调解撤诉率已经从35%逐年降至不到25%。[7] 我并不偏好，因此并不一般化地倡导，某种特定的纠纷解决方式；因为我关心的只是如何能有效解决纠纷，就此而言，"不管黄猫黑猫，逮住老鼠的就是好猫"。但如果假定，并且我相信如此，所有这些法院——无论是东京城人民法庭还是广州法院——的案件审理方式以及法官的选择都是对于环境的理性选择，那么金桂兰法官给我的第二个启示就是，尽管中国农村社会有了重大的发展和转型，对司法有新的需求，但中国农村的纠纷与城市地区的纠纷仍然有诸多差别，中国农村对司法的需求与城市地区对司法的需求有性质上的不同。这意味着中国农村社会对中国司法确实有一些特别的制度、技术和知识的需求。

之所以调解在农村基层社会是纠纷解决的主要手段，并成为农民更为欢迎的司法服务产品，最主要的原因是，当代中国农村的基本结构还是熟人社会，人际关系比较紧密，互惠性关系普遍存在，并且往往相互牵扯，在纠纷解决中仍然有缓和人际关系的必要，同时也有这样的余地；社会同质性比较高，社会舆论构成了司法执行之外的一个比较强有力的社会制裁机构；农村的许多纠纷解决可以甚至必须借助一些民间习惯和风俗，以补足各类相对抽象的法律条文的不足；尽管有了诸多现代化因素，但农村的纠纷相对来说仍然不像现代城市社会中的纠纷那样复杂多样；由于种种原因，农村缺乏有效的现代司法认可的证据保留和重现的技术和制度条件；由于财政的原因，农村缺乏律师这样的支持现

---

[7] 广州市中级人民法院民事调解课题组：《关于广州中院民事调解工作的调研报告》，《广州审判》，2006年第2期，页13。由于近年来法院系统再次强调调解，2005年的调解结案率又上升到了31%以上。类似情况在全国各法院均出现了，这种因政策引导的调解结案率上升不一定反映了各地对司法和调解的真实需求，对司法的发展未必有利。

代司法运作的专业人员；以及由于工作环境的艰苦，基层法院和人民法庭缺乏法学家倡导的高度专业化和职业化的法官；等等。[8] 正是在目前这些限制条件下，调解作为纠纷解决的手段的比较优势才得以在农村凸现，具有重大实践意义和理论意义。

由于上一节提到中国农业人口比例的增减，从实践意义上看，调解对于中国农村基层司法不但目前具有根本意义，而且在长达数十年的未来都具有战略意义。中国农村对调解以及其他更贴近农民的司法制度、技术和知识的需求不是暂时的。如何制度化地向中国农民提供他们喜欢并有能力消费的司法，具有重大社会实践意义。

金桂兰办案经验因此也就隐含了中国司法制度的另一种或进一步改革和完善之必要。就整体的司法制度而言，我们必须理解司法的纠纷解决与司法的规则之治的区分，并据此来设计、改革和完善中国的司法制度。但与此同时，我们还必须注意划分并严格尊重不同级别的法院的功能，促使各级司法的分工，确认不同层级的法官标准，反对一刀切，反对司法体制的官僚化，注意各级法院相互之间保持独立和法官独立，这种独立的意义不在于它符合什么审判独立的政治理念，而是因为其中的认识论和知识发现的意义。[9]

就基层人民法院，特别是农村地区的人民法庭而言，其工作重点应更多偏重纠纷解决，在诉讼程序等相应制度上也要予以适

---

[8] 这类分析研究，可参看，苏力：《送法下乡——中国基层司法制度研究》，中国政法大学出版社，2000年；罗伯特·C. 埃里克森：《无需法律的秩序——邻人如何解决纠纷》，苏力译，中国政法大学出版社，2003年。

[9] 关于这一点，可参看，理查德·A. 波斯纳：《法理学问题》，苏力译，中国政法大学出版社，2002年，页101；"社会并不相信高层法官就有高等智慧，因此社会也就不希望下层法官放弃一切独立的判断。"

度调整，要努力降低诉讼费用，提高纠纷解决的效率。这一着眼点的改变，不仅将强化人民法庭的有效性，还势必影响到中高级人民法院，迫使中高级人民法院把工作重点转向真正的"上诉审"，转向规则之治。因此，看起来好像只是基层人民法院或人民法庭的改革，实际上，却也是中国司法制度的整体格局和功能的变革。

金桂兰办案方法还强调和凸显了农村人民法庭对基层人民司法的特殊知识和技术需求。现代司法体制对当事人有特别素质要求以及制度要求（例如律师、鉴定、取证制度），这些要求在当代中国农村社会还很难满足，因此，基层司法要求人民法庭的司法必须调整。例如，人民法庭的法官使用的语言必须简单、明了、生动活泼，有时甚至必须使用方言，而不是普通话；法言法语不仅妨碍有效的司法交流，更可能造成误解、隔阂和反感[10]；在熟人社会，当事人对实体公正的需求会更高，程序主义有时会妨碍这种需求的满足；解决纠纷要注重釜底抽薪，案结事了，因此可能要有适度的职权主义倾向，换言之，司法要有更大的裁量权和灵活性；由于证据和信息难以以常规方式获得，司法因此也许必须更多深入实地，必须更多、直接接触当事人；因此送法下乡，炕上开庭有时就不可避免。[11]

---

[10] 苏力：《送法下乡》，同前注8，页166；类似的例子，又请看，谢平：《浅谈法官在庭审中的语言》，《广州审判》，2006年第2期，页29。

[11] 苏力：《送法下乡》，同前注8，第2编。

中国农村司法对法官的特别需求

农村对司法制度、技术和知识的这些特别需求，除了制度设置，在很大程度上会转化为对农村基层法官的特殊需求。任何司法的制度、知识和技术都不可能只写在纸上，它们的运作和有效性都必须并且也只能通过基层人民法院法官和他/她们的工作来承载和传达。只要想一想，在送法下乡、炕上开庭这样的近距离司法实践中，对法官一定有不同于对中高级人民法院法官的特别要求，包括年龄、性别、装束和举止，也包括个人魅力和人格。因此，金桂兰法官的经历也隐含了中国农村对法官的特别需求。

金桂兰的经历表明，在中国基层人民法院，法官的个人人格和品性可能更为重要。首先，在乡村基层司法中，法官的人格化权威已不大可能仅借助现代司法制度的一些设置，例如法袍、法槌、法警、法庭等，而必定要尽可能利用乡土的诸多本土资源，同法庭和法官的本土性、地方性密切联系。乡土性可能使法官更能为他所服务的本地民众信任，其方言更可能为民众所理解，乡土性还会使法官更理解因此更关注本地民众的特殊利益以及特殊利益的具体表达。甚至，尽管基层法官的工作特点使他/她们很难受正式制度的有效监督，但作为替代，本土性和熟人社会的工作环境却使基层法官的公正性能以另一种方式直接受民众监督。

金桂兰法官的经历还表明，至少一部分农村纠纷解决所需要的知识并非法学院内传授的那种法律知识，需要的一些技能不是在法学院内可以培养和获得的。她的妇女主任、妇联主任和纪检委员等非法律科班的经历，许多学院派法律人会认为不利于作为整体的现代司法和法官职业化的形成[12]，却是任何法学院经历无法替代的。最重要的是，从这些经历中获得的知识对于当代转型时期的中国农村的有效司法和纠纷解决具有无可替代的重要实践意义。因此，或具有潜在的理论意义。

放眼看来，金桂兰法官甚至提出了一个尚未发生但已近在眼前的具有战略意义的问题：我们还有多少金桂兰这样的法官，以及我们该如何培养或发现金桂兰这样的法官，来满足转型中国农村基层司法未来数十年的需要？近年来，由于基层人民法院和人民法庭工作和生活条件艰苦[13]，由于司法越来越强调程序，法官越来越强调学历[14]，旨在提高初任法官之门槛的统一司法考试导致法官向律师行业、向东部发达和城市地区流动[15]，因此许多地方，特别是中西部地区基层法院和人民法庭的法官极为缺乏[16]，许多地方的法庭不得不收缩合并，全国的人民法庭数量逐

---

[12] 例如，贺卫方：《复转军人进法院》，《南方周末》，1998年1月2日。
[13] "大部分人民法庭工作条件艰苦，经济不发达和欠发达地区人民法庭经费保障不足，许多法庭法官的工资不能按时发放，因此人员流失严重"。（《地方人民法庭出现人员断层》，《海南日报》，2005年4月11日）。
[14] 可对比1995年7月1日施行的《法官法》与2001年6月30日修改后的《法官法》第9条第1款第6项中有关法官学历要求的规定。
[15] 《大学生不愿当法官，律师不愿考最高院》，《中国青年报》，2005年3月11日。
[16] 例如，云南的情况，请看，新华网云南频道8月20日雷晴的报道；湖北的情况，请看，张文显、信春鹰、孙谦主编：《司法改革报告：法律职业共同体研究》，法律出版社，2003年，页129；河北的情况，请看，景汉朝：《"冷遇"未必是件坏事儿》，《法制日报》，2000年6月19日；广东的情况，请看，曾庆春、梁锐：《法官门槛提高，断层现象日甚》，《南方周末》，2003年7月25日，版b6。

年减少，人员更是急剧减少。[17] 这种状况都使或会使农村司法需求更难以得到满足。如今，我们还有一些因当年的"法治不健全"和"法官素质不高"而保存下来的金桂兰这样的法官，还能大致满足最基层的司法需要。但他们大多是司法改革之前进入法院系统的。他们大多年龄已经四五十岁，也许还能、愿意，甚至只能在基层人民法庭服务 10 年左右；但再过 10 年，中国是否还有足够的"金桂兰"在农村基层为民众服务？

这个问题要求中国的司法制度必须，在坚持司法制度改革和司法职业化的同时，作出一些谨慎细致的政策调整。主要手段可能有两个，一是加大对人民法庭的财政支持，适度提高特别是人民法庭法官的收入，废除正式的和隐含的法官等级制，从而吸引一些有理想有信念的法学院毕业生到人民法庭工作，至少数年。[18] 但这只是一个辅助性手段，可能作用不很大。更重要的是，在制度层面上，在人民法庭和基层法院这一级，还是可以考虑一些包括"转业军人进法院"在内的替代。[19] 法学教育对此也可以有所努力，对在最基层的农村法庭工作的法官提供某些适用对路的专业培训。

---

[17] "记者从最高人民法院获悉，1998 年［全国］人民法庭工作人员达 75 553 人，2004 年只有 41 109 人，下降幅度超过 40%。除法庭撤并等因素外，人员流失也是其中一个重要原因"（《京华时报》，2005 年 4 月 11 日，版 A02）。在广东省，"在加强人民法庭建设中，尽管人民法庭审理的案件数量大大增加了，但从 2001—2005 年五年来，该省人民法庭数量由 1014 个精简到 392 个"（《广东人民法庭司法能力日益增强》，《人民法院报》，2005 年 4 月 8 日）。

[18] 相关的分析，可参看，苏力：《道路通向城市——转型中国的法治》，法律出版社，2004 年，特别是第 7 章。

[19] 更详细的分析和讨论，请看，苏力：《送法下乡》，同前注 8，特别是第 10 章。

透视中国农村的司法需求

意义的限定

金桂兰法官的最重要学理意义其实不是让我们重视农村司法；而是迫使我们中国法学人再一次面对：中国是一个各地政治经济文化发展不平衡的，同时又正在发展和转型中的大国。必须针对中国的这些特点、问题和需求来设计、改革、调整司法制度，而不是教条主义地按照某种法治或司法制度的理念来设计、改造司法制度和法官体制。

这个命题有两方面的意味。要关注中国农村和基层司法，以及必须在考虑中国整体背景下关注农村司法。因此，尽管金桂兰法官擅长调解，且同时保证了公正和效率，这丝毫不意味调解应当成为中国司法的主导。我也不相信调解，即使是金桂兰法官，在其他任何地方会取得同样的效果。中国法治建设需要多方面的，有时抽象看来甚至相互冲突的努力。强调研究金桂兰法官代表的中国农村基层司法的需求，不应妨碍对当代中国法治形成和司法改革同样急需的法律职业化、专业化的关注，特别是在中高级人民法院。

我们只是必须更全面和具体一些；必须认真研究中国各级法官的特别知识和技术需求，理解和研究中国农村社会对法治和司法的特别需求，以及什么因素构成了这些需求。必须认真总结中国各级法院法官的不同经验，要尊重和理解包括基层人民法院特别是人民法庭法官的工作方法，善于发现其中隐含的理论逻辑，善于用学术的话语、一般性的理论语言予以表达，使之成为一种可以为更多法律人和法学人分享的系统知识甚至共同的知识。这种工作非常艰难，因为这是创造性的，却是中国法治建设和发展必需的。

无论如何，中国的法治都不应只是关注和满足中国的城市人口的司法需求。如果占了中国全部人口大约60%的农村人口不能获得有效的司法服务，就不可能真正建成中国的法治；而这一代中国法律人和法学人也会因此留下一个缺憾，甚或是污点。

2006年2月26日夜草
27日改定于黑龙江省高级人民法院法官学院

阅读中国市场经济中的秩序[*]

一

假如我能写一手不错的中文,但不了解中文语法;又假如我完全不懂英文,甚至没听说过;现在有人拿来一本据说是文笔不错的英文著作让我看,我会怎样?我会发现这些叫作字母的东西乱七八糟,不仅个头高低不一,组合也有长有短,零零落落,不像咱们的中国字,一个是一个,整整齐齐(但是,果真如此吗?请比较一下"一""卜"和"鬱"等字——尽管中文被称为"方块字"。因此维特根斯坦说,"不要想,只是看")。我很难相信这些字母也有一种和中文相似的功能,其中也有秩序。也许反复观察之后,我渐渐发现这些字母拼写数量不一的词确有规律。英文中会不断出现"is"这样的组合,却从来也没有出现过——例如——"iz"的组合。我开始

---

[*] 原载于刘军宁、王焱、贺卫方编:《公共论丛:市场社会与公共秩序》,生活·读书·新知三联书店,1996年。

相信其中是有序的。这之后，在他人的指教下，我学会一些英文词的含义，开始背单词，懂得了简单的句子。我发现这些句子也可以有效表达我的感受，甚至表达了一些以前我用中文无法表述的特殊感受。这完全可能，按照语言哲学和语言人类学的研究，我们的感受在很多时候与我们的语言相联系，我们往往因为学习了一种新语言或多或少获得了某些新的感受。请想一想维特根斯坦的关于一种语言就是一种生活形式的论述。此后，我又学习了英语语法和文法，我发现英文中有非常严格的结构、规则，非常有序。不仅如此，由于学习了英文语法，我还发现中文也有类似的语法，尽管不能完全重合；我甚至发现某些中文没有严格的语法，或不合"语法"。但更进一步的学习使我理解了，中文语法或许就不可能与英文完全一致，"中文没有语法"的结论只是我由于试图把西文的文法套在中文上，而这是《马氏文通》以来的一个毛病。

  以上大致是我学习英文以后对中文的感受。大约许多人学习英文也走过这样的历程，或仅仅走了前一部分历程。对英文的从无序到有序的感受转变，是一种切身的经验。然而严格说来，这种经验的改变完全不是由于那个所谓"客观的"研究对象——中英文书籍——本身发生了什么变化，而是我们自身经历了一种蜕变。在一定意义上，可以说，我们经历了两个世界，但这两个经验世界都有（而并非"是"）我们的主观创造。

二

  在今天中国社会从计划经济向市场经济发展的转型时

期，我同样时常感到并抱怨中国社会中的"无序"，渴求建立一种有序。但我又时常怀疑，我今天感到的中国市场经济进程中的社会无序是否也是，或至少有一部分是，那种学英文经验的另一种表现？是在以心目中的某种秩序规则衡量着另一种秩序。

大致说来，当代中国人头脑中至少已经有两种关于什么是社会秩序的"语法规则"。一种是先前的中国社会给予我们的，是长期的计划经济下的社会生活留给我们的；另一套则可能是我们从阅读西方学者合理化、正当化西方社会秩序的著作，或通过其他途径（包括媒体、留学和出访等）而留在我们脑海中的关于市场经济社会秩序的语法规则。当然，更可能是这样两种印象混合产生的一种"理想的"语法规则。作为知识分子，我们也更可能用后一种关于秩序的规则来衡量中国。因此，我们有了如同当初遭遇英文时的感觉，这也不好，那也犯规，在我们的心目中是乱七八糟。

也许，我们感到的混乱仅仅是由于我们没有读懂中国市场经济发展中的有序一面。也许，随着我们对中国市场经济研究的深入，对中国社会理解的深入，我们会发现中国社会的今天其实也是有序的，至少不是那么无序。

我们曾批评过一些看不惯中国市场经济发展的人保守，批判他们没有"换脑筋"；我们今天也可能犯同样的错误。上帝并没有因为我们曾指出过他人的错误，或者因为我们在理论上懂得主观对客观秩序的塑造力，而豁免我们犯类似的错误。

三

如果不只是以我自己的感受为标准，如果说中国目前的市场经济发展并不如同我们想象的那样无序，如果说它还是一本有语法规则的读本，那什么是衡量它有无规则的标准呢？社会的接受无疑是最基本的标准。这就和语言文字一样，它不以符合某个先验的语法、章法或文法规则作为其有序或无序的标准，而是以其读者能否理解并接受为标准。在这个意义上，我想，也许我们不应当坚持认为市场经济社会有一种先验的、绝对的有序；只要人们接受它，懂得其含义，一个文本就具有了内在的秩序。

说实话，当我写上面这些文字的时候，我并不很自信。细心的读者可能已经从我用"也许""可能"这样的助动词察觉我惶惑的心迹。的确，在其他地方，我也曾写道，西方社会中与其市场经济相适应的法律制度和社会秩序是"自然"生成的，而当代中国，社会主义市场经济在很大程度上是由政府推动的。在这个意义上，并且也仅仅在这个意义上，中国社会发展不符合"规律"，是不自然的。

但这种说法，仔细推敲起来，仅仅是因为我们假定或接受了一个假定：社会发展是严格规律的，社会总是按照某种模式发展，必定向着某个特定目标前进。这些理论假定可以说是超越对错的，因为它们完全无法重复验证，甚至无法令人绝对信服地加以论证。但也正因此，我们也就不能把那些被我们冠为"规律"的命题过于当真。在我看来，中国的发展道路仅仅是不符合到目前为止的"常规"，而不是不符合"规律"。常规是对观察到的现象的简单归纳，固然可能反映规律，但不必定等于规律。甚或根本就没有规律，规律也许只是人们对经验的一种概括、总结和抽象，因此是人的创造。而真正伟大的创造往往创造的是范本。一个伟大的作家往往为一个民族创造文法规则，而不是按照既成的文法规则来创造伟大的作品。请想一想路德用德文翻译《圣经》对德国文学的影响，请想一想普希金的作品对后代俄国文学的影响。在这个意义上，政府推动的中国市场经济同样可以说是自然发展起来的。值得我们做的因此也许首先（但不是全部）是细细研读其中的秩序，而不是，至少不仅仅是用先前的规则来评判它的秩序。

四

应当说，今日中国社会的有序并非仅仅如同前面所论述的是一个主观理解或解释的问题。我们有理由相信今日中国社会是基本有序的：中国的经济连年高速发展，人民的生活水平就总体来看普遍提高，国力明显增强。尽管许多经济学家对中国的经济问题提出了种种批评和建议，然而他们的自信心，无论是对中国经济发展还是中国经济学发展的自信心，都溢于言表。我很难想象一个经济无序的社会中，或是整个社会无序的国度中，会出现近十几年来的（随手借用林毅夫教授等人所著书名）"中国的奇迹"。

至少从经济学和社会学原理上看，在一个没有规则秩序的社会中，人们无法有效地合作生产；在一个缺乏有效规则秩序的社会中，人们也很难长期有效合作，从而创造出巨大的财富，即使短期可能。十多年来中国经济的高速发展绝不可能仅仅是由于允许人们追求财富就自动发生了。韦伯关于资本主义发展所需要的伦理和法律的具体论证也许可以质疑，但他的关于经济发展依赖于规则秩序的洞见是值得保留的；制度经济学对生产的制度结构特别是非正式规则的强调同样应当给我们以启发。

我们也许应当暂缓断言今日中国无序，而应当假定其有序；这是科学研究理解的必要前提，否则我们就会放弃任何理解的努力。我们应当在此基础上发现或解读那些对中国经济社会发展起了作用的语法规则，暂且把我们个人的关于什么才是我所希望的偏好放一边（当然，从理论上说，完全放在一边也不可能）。也许我们会发现一些西方社会没有提供的，或尚未形成理论的经验，进而获得自身观念的转变，改变关于中国社会有序或无序的看法。

我总是认为，西方学者关于秩序的界定不可能已经穷尽了关于一切社会秩序的知识和理论，因为秩序总是具体的秩序。从这个意义上说，我们中国学者有可能发现新东西，并作出自己的贡献。当然，这仅仅是一个假定，但这是个事关紧要的假定，它关系到我们的研究有无存在意义，因此在某种层面上，也就是事关中国学者生命意义的假定。如果西方人已经发现了一切，那么还要我和你干什么呢？因此，这个假定，对有志气的中国学者来说，也许应当成为牛顿理论中的那个"上帝"。

五

说今日中国可能是一种独特的有序，是一种昔日或外国经验及其抽象也无法涵盖的有序,不是说它就是绝对的有序,将之固化、僵化并神话。无序和有序是相对的。可以说,处于社会转型期的中国社会秩序还只是一篇草稿,段落与段落之间无论在气脉上、文字上都有不衔接的地方,有病句,有修辞不当,有重复,还有误植的字和标点,甚至某些段落、句子含混不清,错误百出,令人完全无法理解和把握。感受到这种无序因此不是没有理由的,不是没有意义的,不必要的。但也正因为如此,我们才需要和可能修改文章。即使大名家的文字初稿,也未必不会出这种毛病。倚马可待、七步成诗,恰恰是因为其罕见,非常例或通例,才得以成为美谈。中国今日的无序至少有一部分可能就是这种无序。

一个真正的学者,由于他的敏感和社会责任感,他对无序的感受往往更为强烈。这极其重要,他是一个认真、诚实但有时也许有点认死理的读者,他要改正病句,要删掉那些至少在他看来是多余的话,他追求一种完美。今天需要这种人。需要并不是因为,由于市场经济的冲击,这种人少了(我从来认为,能够被市场经济卷走的也许从来不是这种人;请注意,这句话也绝没有抬高或贬低某类人的意思,仅仅是一种类型划分),而是因为社会需要这样一些人来保持一种必要的平衡,或能及早提醒众人一些问题,因此可以扮演一个他可能扮演的社会角色。

我愿意成为这样的人。但我必须首先是在理解中国社会发展这本书自身的内在语法之后才可能真正做好,否则我们就可能会犯诸如"这里应当用'is'而不能用'是'"之类的错误。除非我真相信有所谓"放之四海而皆准"的语法、章法和文法,我无法这样做。

六

　　知识分子想修改文章,他们也正在以自身的言行进行着这种修改。但认真说来,并不仅仅是,甚至主要不是知识分子在修改这篇文章;每一个中国人都在以他的活动在某种程度上修改着这篇文章。知识分子在很大程度上——不那么自信地说——更可能只是在解读这篇文章,发现文章的章法结构。这一过程实际就是一个中国社会变革的理性化、正当化的过程,不仅为了他人、世界,也是为了自己。

　　之所以这样说,是因为对知识分子以其理性构建社会秩序的力量,我从来抱有一种温和的怀疑态度。知识分子的事业无疑是重要的,但又有谁能令人信服地说哪个行当(而不是个别人的行为)不重要?在民主、平等成为一种信仰甚至意识形态的时代谁又敢说哪个行当的事业不重要?!而且说又有多大的用处?中国凤阳县的十几户农民的行动,以及此后几年间亿万中国农民的活动引起了当代中国农村的一场深刻革命,改变了土地的产权制度,改变了农村的组织制度,且不说对当代中国其他方面的影响和冲击。请注意,他们改变的是一种制度,突破了一种秩序、一种游戏规则,建立了一种新的制度、新的秩序和游戏规则。而当初人民公社制度的设计者、决策者和论证者也都是一些知识分子,其中还有一些大学问家。当然会有人争议知识分子的界定。但如果不是将知识分子的名号当作一种专利或营业执照,只发给你我认可的一部分人,或发给狭义的知识界人士的话,那么在任何意义上都应当承认许多政治家也是广义上的知识分子。

阅读中国市场经济中的秩序

我这样说，并不贬低自己所从事的职业，也不敢或准备忘记"先天下之忧而忧，后天下之乐而乐"的传统，仅仅是想切合实际地为自己生命和职业的意义定个位。弗格森说："国家的建立是偶然的，它……是人类行动的结果，而不是人类设计的结果。"[1] 在我看来，这里的"国家"可以被置换为制度、秩序、法律、市场等。所有这一切都是人们行动的结果，学者活动的结果只是关于它们的理论。尽管在学术逻辑上可能后者是前者的原因，但在社会生活中却不是，一般不是，或不必定是（在严格意义上，我甚至不接受相反的因果关系）。在这一点上，秩序的发生也许和语言文字的发生和发展也很相似，是一种不根据前提的推理（Non Sequitur），不存在事先的严格逻辑。

当然，理论的产生不是没有理由的。在这个意义上，我们可以说，社会现实是原因，理论是其结果。但也仅限于此。如果超出这个范围，就有可能把理论视为社会现实的对应或图画，进而把理论的逻辑视为社会的逻辑，理论上的关联视为社会的关联，从而落入为后期维特根斯坦批判的语言图像说。在我看来，任何理论，至少在社会科学领域，都仅仅是一种正当化的过程。作者也许力求再现，并自以为已经真实再现社会，其实他或她的理论是独立的存在。理论有时对实践起作用，但这并不是因为理论真实再现了社会或其他研究对象实体[2]，而只是它有这种效用。就过去的经验看来，具有这种效用的理论，也不必须是对社会或其他研究对象的真实再现（想一想已被哥白尼"推翻"

---

[1] 转引自，弗里德里希·奥古斯特·冯·哈耶克：《个人主义和经济秩序》，贾湛、文跃然等译，北京经济学院出版社，1989年，页7。

[2] 只要简单看看、想想，就会明白，一旦是再现的就不可能是完全真实的，在这个意义上谁也不可能再现"真实"；"再现真实"只是一种修辞手法或一种理想而已。

的托勒密天文学对航海者的效用，想一想维特根斯坦关于语言文字的论述）。我的这种观点似乎过分贬低了理论的作用，但结果可能相反。这种观点恰恰提出理论自身存在的意义，它的意义并不在于其再现现实——否则，至少未来学或神学对许多学者或许多人都没有意义了——而在于其自身，在于其解释力、预测力或其他效用。从这一维度上看，社会科学理论和艺术也可以归为一个类型，都超越对错。此外，这种对理论自身的怀疑主义观点也为学术上"毋必、毋固、毋我"提供了一个基点，至少我们不会因为诸如"经济理性人"的假定不"真实"而试图彻底废弃基于这一假定之上的某些学科的理论。

七

我给自己定下一个也许保守，然而未必是缺乏雄心大志的任务：阅读当代中国市场经济发展过程中的秩序，理解那些已经发生的或即将发生的实际的制度变化。

因为，秩序是在社会生活中形成的，是人们在自身行为方式变化后相互之间的预期和行为方式的磨合；这不是个别人的才智或洞察力所能完成的，而需要时间的鬼斧神工。这并非推卸作为中国当代知识分子一员对社会的责任，而是因为有些工作（例如必要的磨合时间）实在是超越任何个体能力的。此外，真正负责任的履行都必须以了解任务为前提，不了解情况下的"履行"是对己、对他人的不负责任；即使没试图从中渔利的话，那也是头脑过于简单。

其实能读懂就很不简单了。许多年前，我曾听说过一个传闻，说是某个日本人评论说近代以来只有两个半中国人读懂了中国，一个是鲁迅，一个是毛泽东，还有半个是蒋介石[3]；我当时心里一惊，有康德所说的那种仰望星空之感觉。如今，对这种评价已知道如何反诘，诸如"一家之言"，还可以施用庄周和惠施论辩的战术。然而当年的那种感觉难以磨灭：要读懂一个社会，谈何容易；即使读懂一个侧面，也不容易。但是，作为一个中国的知识分子，我们不来读，还能靠谁吗？如果这个也不读，那么我们又还能读些什么？

1995 年 11 月 26 日于北大蔚秀园

---

[3] 近日读黄仁宇《资本主义与二十一世纪》（生活·读书·新知三联书店，1997年，页456）提到蒋廷黻曾说："近代中国人物对西方外在的事物了解得明白，而对本国内地的倾向反倒瞠目茫然。"意思是一样的。

"法"的故事

"法"的故事[*]

> 我努力使人们看见那些仅因其一目了然而不为所见的东西。
>
> ——福柯[1]

一

翻开当代中国的几乎任何一本法理学教科书——无论其名为《法理学》还是《法学基础理论》——或法律辞书[2],甚至台湾地区学者的法律教科书[3],我们都可以看到类似下面的文字:

中文的"法"字古体写作"灋"。根据东汉许慎著《说

---

[*] 原载于《读书》1998年第7期。
[1] Michel Foucault, "The Archeology of Knowledge," in *Foucault Live*, trans. John Johnson, Semiotext (e) Foreign Agent Series, 1989, p. 46.
[2] 例如,"法",《中国大百科全书》法学卷,中国大百科全书出版社,1984年,页76;"法",《法学辞典》,上海辞书出版社,1982年,页453—454;沈宗灵、张文显编:《法理学》,高等教育出版社,1994年,页24—25。
[3] 例如,韩忠谟:《法学绪论》,韩忠谟教授法学基金会1994年再版,页11—12。

文解字》一书的解释："灋，刑也，平之如水，从水；廌，所以触不直者去之，从去。"之所以偏旁为"水"，是因为法律如水那样公平；而之所以有"廌"，因为"廌"是传说中古代的一种独角兽，生性正直，古代用它进行"神明裁判"，见到不公平的人，廌就会用角去顶，因此也就有了"去"。

这段存在于几乎所有中国法理学教科书、辞书的文字，究竟有什么意义和功能，何以可能？这就是本文所要探讨的。

二

我不通古文字学，不想与古文字学家争饭吃，因此也不敢对"法"字的这种考证表示太多的怀疑。"法"字的起源也许就是如此；但是，对这种论证，我总有些许怀疑。

许慎生卒于公元1—2世纪年间，这时，距"法"字已经流行的春秋年间少说也已有六、七百年了；想当然，这个字的出现一定更早。其次，这个"灋"字并非一个单字，而是由"水""廌"和"去"三个单字构成的。即使有可信的材料分别记载了这三个单字的发生，而要将这三个至少在当初几乎毫无联系的古字组合起来，并用来指涉法律这种社会实践和社会规范，也一定需要一个漫长且必定不是那么井井有条的历史过程。即使当年有人有心记录，也可以肯定，他或他们不可能完整记录这一演化史。换言之，许慎完全没有可能看到这个字如何发生和演化，不可能拥有任何他人对这一发生演化史的比较完整可信的记录。许

"法"的故事

慎也确实没有引用任何其他令人可信的文字或实物材料来印证自己的解说。注意，我只是说他没有引证而已，没说他有意作弊（因此，今天许慎的后代无法就此在法院提起侵权诉讼而请求精神损害赔偿）。许慎也许曾掌握了某些第一手的文献或实物材料；仅仅由于当时没有今天的学术规范，或者编写《说文解字》仅仅是他的一种私人爱好，不像今天的我们这类人更多为了出版，他未予引证。对这一点，可以理解，因此不能断然拒绝其所言是一种可能性。

但是，承认一种可能不等于它已是事实，更不等于排除了其他的可能，相反倒是支持了相反的或其他的可能性：许慎在解释"灋"字时没有、只有很少或不充分的资料。也许，有人会说许慎比我们离古代更近，有可能比我们更多占有材料。确有这种可能，但仍然只是可能。其实，时间的距离不能令人信服地表明他一定占有比我们更充分的材料。在一定条件下，他完全可能比我们占有的更少。例如他就没有20世纪才开始的甲骨文研究；由于交通联络和出版发行上的局限，他也没有可能像今天的学者那样可以全国性地甚至跨国地使用相关资料。在没有其他旁证的情况下，我可以接受许慎的解说是一种权威解释，但不能接受其为本真的解释。

而且，仔细琢磨起来，许慎的解释在词源学上就值得怀疑。的确，法有水的偏旁，但是为什么水字旁在这里就一定意味着公平？不错，水在静止状态下，特征之一是"平"，但这并不是水的全部特征或"本质"特征，甚至未必是其最突出显著的特征。水也是流动的，水是由高处向低处流淌的，水是柔和的，水是清的，水又是容易浑浊的，等等。在所有这些更直观、更明显可见的特征中，为什么单单抽象出"平"的特征，组成了这个法字,并且一定是代表、象征或指涉了法律要求公平的社会特征和维度。这两种"平"是完全不同的。这之间的关系实在太复杂了,太遥远了,很难让一个不轻信的普通人相信这种解释是有根据的。

据我极其有限的中国古典阅读经验,在先秦的文献中,我没有看到强调水"平"这一特征的文字,相反强调水流动,自高向下的文字倒是见到不少。[4] 如果中国古人当年首先或更多注意到的是水"平"的特征,那么,从逻辑上看,如果不是留下更多这方面的痕迹,似乎也应当在当时的文字上留下某些痕迹。当然我孤陋寡闻,还得请方家指教。更进一步,从认知心理学上看,一般说来,最容易引起人们注意力的往往是物体的活动特征,而不可能是其静止稳定的特征(水"平"的前提条件是静止)。当然,这些都是旁证或推论。最重要的例证实际上是"巛"这个象形古汉字本身。从其线条指涉的波纹以及波纹的方向都足以表明:首先抓住古人视觉感官的是水自上而下的流动,而不是其水平。因此,我不敢说许慎在这里对水旁的解释是错误的,但至少是可疑的。由于才疏学浅,我无法以这种方式质疑有关"廌"和"去"的解说;但是我对水之性质之抽象及其在古"法"字中所代表的意义的质疑方式同样可以用来质疑许慎对"廌"和"去"的解释。

有人可能说,许慎的解释是如此圆满、自洽,因此,在没有人提出更有力的假说之前,遵循波普尔的证伪主义,我们可以暂

---

[4] 例如,"水流则不盈"(《周易》);"上善若水"(《老子》);"知者乐水,……知者动"(《论语》);"人性之善,犹水之就下也""民归之由水之就下""水无有不下"(《孟子》)。此外,据我查阅《十三经索引》,以水字开头的语句中,没有一句强调过水"平"的特征。当然,这只具有参考意义而不具有结论性的意义。

"法"的故事

时接受许慎的这种解释为真。这是虚假的波普尔式反驳,同样不能接受。对每个现象都可以提出许多圆满但肯定不可能同时为真的解释,思想上的实验和精密科学上的实验并不相同。维特根斯坦就曾指出,图画上是一个冒着热气的茶壶,我们的解释是壶里有热水;这种解释非常自恰、圆满,但并不等于壶里真有热水。[5] 波普尔也说过:"我们绝不可因为一个一般解释符合所有的记载,就认为它已经被证实了。"[6] 解释的圆满与解释的真实并不同一,尽管可能同一。

为强调并例证上述这一点,我可以对"灋"字作一个或许比许慎的解释更符合今天已知史料的解释。法字,水旁,意味着古人强调法乃自上而下颁布的。关于水自上而下的性质,可以见前面所引文字和对古水字字形的分析。关于古代的法,"法者,宪令著于官府,刑罚必于民心"[7];"法者,编著之图籍,设之于官府,而布之于百姓者也"[8];"法者,上之所以一民使下也"[9];"法者,所以齐天下之动,至公大定之制也"[10]。为了节省刊物的宝贵篇幅和读者的宝贵时间,我就不再引用本来可以大量引证的此类古代文献。所有这些关于法的界定都强调了法是自上而下发布的命令。考虑到"法"字的流行是在大量出现成文法的战国时代[11],我的这种关于"法"的解释可能比许慎的解释更

---

5 维特根斯坦:《哲学研究》,汤潮、范光棣译,生活·读书·新知三联书店,1992年,297节。
6 波普尔:《开放的社会及其敌人》,集于洪谦主编:《现代西方哲学论著选辑》上册,商务印书馆,1993年,页952—953。
7 《韩非子·定法》。
8 《韩非子·难三》。
9 《管子·任法》。
10 《慎子·佚文》。
11 参见,李力:《刑·法·律——先秦法观念探微》,《中外法学》,1989年第5期。

具解释力,尽管并不更有说服力。至于"廌",我可以接受许慎的解释,认定为一种野兽;但当它与去字结合时,我则可以解释为要"去"除"兽"性,意味着"明分使群" "化性起伪"[12],要启蒙,使人民得到法律文明的熏陶,接受法律的教育("以法为教""以吏为师")。[13] 依据这同一个"灋"字,我可以得出一种完全不同于许慎的解释。这种解释至少就古法字以及古代某些文献来看我不觉得有什么不合道理之处,既能够自洽,也颇为圆融。

这种解释似乎也更符合现当代中国诸多法理学家对法律的理解,符合我们今天关于法治的诸多理念。例如,立法至上;法律由最高立法机关颁布;法律代表了文明;要进行普法教育,对广大人民启蒙,消除愚昧、无知和兽性等。我甚至可以从水字旁得出法律应当稳定、应当公平、应当具有无所不入的渗透力、应当具有灵活性、应当保持透明(公开性)防止腐败的含义。呵,这哪里还只是一个"法"字,这简直就是一套20世纪末中国的法治或法制理论!这简直可以写几本专著,例如《从"灋"字看中国古代的法律理论和实践》《"灋"的文化诠释》之类的。只需要这一个字,就足以充分展示我们祖先的法律思想之深邃、文明之灿烂!

三

不会有谁以为我当真在作一番古文字的考察,把我上面这段

---

12 《荀子》。
13 《韩非子·五蠹》。

类似傅斯年考证钱玄同之名的文字当成一种更真确的解释。[14] 还是那句话，我不想，也没能力同古文字学家争饭碗；只是以一番调侃的文字显示一个并非调侃的事实：解释本身具有的创造性，一种解释者并不总能意识到的、有时是荒唐的但似乎言之成理的创造性。[15]

也不全是调侃，我的这番"考证"文字也意在显示：解释者自身所处的时代或自身境况何以可能影响他的解释。我的解释之所以强调法律消灭兽性、愚昧和无知，以及这里所隐含的"启蒙"和"普法"，显然与我所处的时代背景以及同代法学家对法的理解有联系。如果不是事先设计了上述这番文字，身处这个时代的我就很可能不会自觉我的解释中留下的时代和当代学术传统的印记。由此，可以想象，距离"法"字最早出现也许已近千年的许慎何以不会为他的时代或那个时代的人的"偏见"所影响？如果他没有极其充分且确实可靠的资料（他几乎没有，尽管不敢断言），这种影响不仅完全可能，甚至不可避免。比如说，当时的法律相当不公正，人们希望法律公正；或是许慎本人受过法律的不公正待遇，他希望法律公正。他个人的或社会的理想在他不自觉的情况下很可能泄露在他的解释之中。历史往往会在作者完全无心时留下时代的痕迹；甲骨文当年是用来占卜国家大事的，可留给今天学者的往往是关于天文、气候、战争、社会、文字发展等一系列当年的占卜者完全无法想象的信息。

---

[14] 傅斯年：《戏论》，《中国文化》，1995年第2期，页250—251。
[15] 中南政法学院李汉昌教授还给我提供了一个当代的、非常世俗、非常生动然而也非常自洽的关于"法"字的解释：一位香港朋友对现代法字的解释是，"有水就有法，无水去他妈"（注：粤语中"水"指钱）；这种解释显然只可能产生于现代发达的工商社会环境中。在此致谢。

说到古文字考察，我们当然不能不重视许慎以及其他古人的解释，但是，在没有坚实有力的旁证的情况下，我们又绝不能仅仅因为是古人的释义就将之视为定论。相反，在有其他资料的情况下，我们倒是可能从《说文解字》这样一本从不被人当作思想史研究材料的文字学著作中看到文化思想变迁的某些痕迹，看到许慎本人以及他那个时代的人们的某些思想、情感、直觉、概念和分类体系等。在这个意义上，许慎的《说文解字》完全有可能成为一种知识考古学的研究材料，或者成为一种研究的切入口。我又说远了，似乎总是想指导思想史专业的学生，为他们的博士论文选题。我的再三申明及自我暗示都不能压抑弗洛伊德所说的那个不安分的、总想从古文字学那儿讨碗饭吃的本我。但也正是基于这样的理由，我才坚信许慎的下意识会超越他的主观意图而显露出来。

有关许慎的讨论只能算是"项庄舞剑"，我所意在的"沛公"是这样一个问题，为什么当代的中国法理学家会如此轻信许慎的显然不慎的解释？当然，我们可以说当年接受许慎解释的中国近代法理学创始人太迷信古代学者了，因此有了智识上的盲点。可是，为什么中国近代以来的法理学作者会迷信古代学者呢？而且，他们真的迷信了吗？他们并没有，他们不是早已将更为古代的作为整体的中国"法律文化"都放弃了吗？为什么单单在这一点上如此迷信？我们也可以说其后的中国法理学作者在这一点上你抄我，我抄你，造成了"谬种流传"。这种偶然性也确实可能，甚至我也可以（因此，并非一定）接受。但是这种回答还是不令人信服，更不能说明为什么这个错误会长期保留下来。

我们不能就这样轻松将一个也许是也许不是问题的问题放过去，以这类似乎言之成理的回答来糊弄我们自己。我们也许可以将法学人引用的许慎的解说放在当代中国法学发展的历史中，看一看许慎的解说对于近代以来中国法学的确立、形成和发展起了什么作用，扮演了一个什么角色。当然，我并不是说，近代中国法理学学者当初有意用许慎的解说来达到某些目的；我也不是说，我有能力重构现代中国法理学作者使用许慎之解说的意图；我更不是说，下面的分析和解释重现了一个真实的历史。我只是试图作一种可能的远距离透视，试图从中看到点什么。在这个意义上，它更像是一种福柯所说的那种"虚构"，是一种可能的历史。而且，我也不可能在此全面展开，最多只是几根粗线条。

四

复述了许慎的关于"法"字产生的故事（这是我对许慎"法"之解说的初步定性）后，现代法理学人往往说，大意是：由此可见，法在中国自古以来都是同"公平、正义"相联系的。随后，这些作者还会考察英文词 jurisprudence（法学或法理学）的拉丁文词根 *Ius* 以及其他文字中据说是与"法"相对应的词，例如法文中的 droit，德文中的 Recht，以及俄文中的право。据说，这些外文中的"法"字都有公平、正义的含义。不少学者还进一步引申说，法学从一开始就是同研究公平正义相联系的，因为，一位著名的古罗马法学家乌尔比安曾将法学定义为研究"正义与非正义之学"。[16]

这些文字实在有些奇怪和刺眼，特别是在法理学这门强调哲

---

16 同前注2；但沈宗灵、张文显所编《法理学》一书没有引证俄文。

学思考、逻辑思辨的学科语境中。它们究竟想说明和例证什么？实际上又表明或泄露了些什么？乍看起来，这些文字似乎是在进行归纳，但是这种归纳显然有毛病。首先，这里先是分别考察古汉文"法"和英文"法学"的构成部分，尽管这两个语词的指涉完全不同。接着，作者转而考察法文、德文和俄文中"法"这一语词的含义，而不再是这些词的词根的含义了。这些分析概括至少涉及了三个层面的含义，中文"法"字的"词根"的含义，拉丁文、英文"法学"的词根的含义，以及法、德、俄文中"法"这个词的含义。这样归纳并非完全不可以；但一个令人信服的归纳必须穷尽这三个层面的含义，而不能选择性地提取其中某些或许有关联的语词或词根的含义，作一个虚假的归纳。显然，这里的归纳是在某种目的或前设的诱惑下制作出来的，完全不符合逻辑的要求。

还必须明白，弄清一个词的起源并不能或很难帮助我们弄清一个概念。[17] 即使是中西文中所有的"法"这个字词中都有正义与公平的词根或词素或含义，这也不等于所有中西古代的法以及此后的法就是正义或公平，也不能证明后来的法就一定与正义或公平有关，最多也只表明古代的"法"或是法律发展的某个阶段曾涉及这个因素。中文中许多字都有水旁，不能说它们就都是水，最多只是它们的演变、发生或/和发展的某个阶段可能与水有关；更不能表明这些有水旁的字都与公平正义有关。所有这些中西词根或词素或语词最多只能证明这些国家的"法"或法学都曾涉及正义与非正义的问题。从曾经涉及什么得不出它是什

---

17 参见，博尔赫斯：《论古典》，《博尔赫斯文集》（文论自述卷），王永年、陈众议等译，海南国际新闻出版中心，1996年，页6。

么，也不预定它后来是什么。语词的发生、发展和演变是一个自然的过程，而不是一个逻辑的过程。每个语词一旦产生之后就有了自己的生命，其含义是在其得以使用的社会中不断获得并演变的，语词的含义或指涉都不为其词根、词素、初始含义甚或是语词学研究总结出来的"一般规律"所决定。甚至其字形也可能因为我们书写的便利而变化，否则怎么会从当年的"灋"变成了今天的"法"呢？而且，即使中西"法"字中都有与正义与公平相关的词根，也归纳不出：作为社会实践活动的中西的法就是一样的。在这个意义上，我们可以说，一个语词的起源与一个学科的现状在某些情况下可能没有什么内在的逻辑关系。一个词根或词素最多只是历史之冰川在一个语词或学科留下的一点擦痕。想一想，如果近代中国最早的法学学者将 jurisprudence 译作了"礼学"或"律学"，或是将 law 译作了"礼"或"律"[18]，而"礼""律"二字中都不见水的痕迹，它们就与公平或正义无关了吗？或应当无关吗？

上面分析指出的归纳问题，近代中国法学作者应当懂得。因此，我们不能原谅这种逻辑上的混乱，特别是这种持续了近乎一个世纪的混乱。另外一些问题，例如语词含义演化的非逻辑性，他们也许（但不必定）不知，因为当时还没有今天我们可以便利使用的相关知识；对此，我们可以原谅。但是，我们首先要问的是，是什么因素造成了这些学者在分析中西"法"的问题上如此逻辑混乱，如此"不留心"（如果可以用不留心来解释的话），非但忘记了而且长期忘记了，甚或有意忽略了，这里的归纳谬误。其次，即使我们原谅这些学者在某些方面的知识缺陷

---

18 这是完全可能的，可参看后注 23 及相关正文。

之际，我们又绝不能重犯现代启蒙思想家在评断历史之际往往会犯的错误，即简单地认为早期法理学人未能看到我们今天看到的东西只是因为他们没有知识或没有我们的知识。

在近代以前，其实并没有多少人将许慎关于法的故事当真。近代以来，一些重要的古文字学者也对古汉字"法"作了重要考证。[19] 正是在此基础上，法学家蔡枢衡就曾公开谴责许慎的"平之如水"为"后世浅人所妄增"，并利用有关材料试图从人类学角度重新解说"灋"字。[20] 尽管蔡枢衡的解说同样缺乏足够的资料支持，难以作为一个坚实的结论予以接受；但他的解释之存在就表明，如果仅仅就学术源流而言，对法字的解释完全可以走上另一条不归路，至少这两条路可以并存。因此，当近现代诸多法理学人均采纳许慎关于"法"的故事而无人采纳（就我的阅读范围之内）蔡枢衡的故事之际，首先，就不可能仅仅因他们阅读有限，未能获得我们的知识。其次，他们如此选择，以及他们努力发掘中国"法"中所谓公平正义之因素并将之同西方的"法"中的公平正义相联系，则更可能是为某种知识（他们已有的某种关于世界之图景、社会之发展、事物之分类等基本范畴、概念、命题和理论乃至某种欲求和信念）牵引。对这些学人来说，这些知识乃是他们赖以组织他们的生活世界、使生活世界对他们有意义、使他们感受到的意义得以交流的支架。这些知识是他们无法抛弃，甚至是无法自觉的存在方式。他们深深地嵌在他们的语词、想象和情感世界之中，就像今天我们都深深嵌在我们的世界之中。也许，他们的那些知识在今天看来不值一提，是虚

19　例如，唐兰：《西周铜器铭文分代史征》，中华书局，1986年，页174；高明：《中国古文字学通论》，文物出版社，1987年，页448。

20　蔡枢衡：《中国刑法史》，广西人民出版社，1983年，页170。

假和错误的,应当抛弃;但恰恰因为有了这种知识,他们才可能接受许慎的解释。

仅仅指出近现代法理学人有他们自己的知识,这还不够。我们要问的是,是什么样的知识,什么样的关于世界的图画,什么样的范畴、概念和命题使他们最终选择接受了许慎的故事,而不是其他的,如蔡枢衡的故事。在这里,作一番分析,我们有可能从中国近现代法理学人对"法"字的考察分析中看到这个故事得以被接受并天经地义的那个更广阔的知识背景和脉络,就如同我们可能从一些矿苗来构想地矿之分布一样,就像一个甲骨文专家能从那些曾被作为中药材买卖的甲骨中局部重构中国古代文明一样。

这种充满智力挑战的工作注定痛苦,得出的结论将注定是不确定的。因为,这种工作近乎从结果倒推起因,而且是结构性起因,无论对谁,都是个难以应对学术批评的任务。因此,我重申,我不是在书写历史,而更多是一种"考古",尽管是对近现代的考古。强调考古的意义,就在于考古学不可能复现历史,而只是依据某些资料建构一种可能的真实。判断这种构建的标准不是臆想中的真实历史,而是其是否有道理,能否引起某种程度的认可。

五

如果以这种知识考古的眼光来考察,我们首先看到的似乎是近代中国学者对于古典的某种程度迷信。这种迷信不仅是对《说文解字》这部中国保留最完整的、最早的、最系统的文字学著作的迷信，还有（包括许慎本人）对中文造字六法的迷信。这种知识传统的特点早为孔夫子的言行所概括：信而好古。信而好古，特别是对经典是有理由的。《说文解字》的确是一部至今公认的杰出著作，对中国的文字学、语言学、语源学都具有重大的意义，是人们有理由信任的著作。人们尊重古典作品。用博尔赫斯的话来说："古典作品是一个民族……长期以来决心阅读的书籍，仿佛它的全部内容像宇宙一般深邃、不可避免、经过深思熟虑，并且可以做出无穷无尽的解释。"[21] 但在这段文字之后，博尔赫斯又说，"古典作品并不是一部必须具有某种优点的书籍；而是一部世世代代的人出于不同理由，以先期的热情和神秘的忠诚阅读的书"[22]。这里重要的是"出于不同的理由"的阅读，以及对经典可以作"无穷无尽的解释"。我们必须发现近代法理学人虔信许慎之说的某些特殊理由，在可行之际，发掘出他们的先期热情和神秘忠诚。否则，我们就无法理解，许慎的故事为什么只是在 20 世纪的法理学中，而不是在此前或在 20 世纪的其他——比方说古文字学——学科中被普遍接受。

这里的理由，在我看来，是近代以来中国法理学家试图强调中西法律的共通性。对于中国近现代法理学人来说，对"法"字作语源学考察的意义不在于这个字或法这种社会现象究竟是如何产生的，而是急于证明古今中外法律的一致性，乃至法学的一致性。至于这种证明是词源学的，或语义学的，甚或其他什么学的，实际上不重要。只有在这种强烈的先期热情影响下，才会无视我前面指出的那些逻辑弱点，将一些支离凌乱的材料堆在

21　博尔赫斯：《论古典》，同前注16，页7。
22　同上书，页9。

一起，构成一个考证、论证和解释上的盲点；还得以长期延续。

在此，我不想细细辨析中西之法是否一致[23]，只想指出当年严复在翻译《法意》（今译作《论法的精神》）之际，就已指出"西文'法'字，于中文有理、礼、法、制四者之异义"；"西文所谓法者，实兼中国之礼典"。严复还特意告诫中国学者要"审之"。[24] 但很少有中国学者愿意审慎地辨析中西法律之异同。原因可能有能力（例如不通西文），也可能有便利与否（某些差异在某些时候在某些方面可能不重要）。但的确有其他因素。例如，从上面引用的严复的话来看，严复似乎私心认为西文之"法"更类乎于中国的"礼"。这一点，当代中国许多熟悉西方法律的学者也都有这个感触。但严复这位自称"一名之立，旬月踟蹰"[25] 的翻译家，最终选择了"法"而拒绝了"礼"。这固然可能因在严复之前，已经有一些法典译作已经将西方之法译作"法"，约定俗成，成为严复必须依赖的路径。但这不会是唯一的理由，甚至未必是一个重要原因。因为，严复在翻译西学时，曾不惜劳力运用了许多几乎被人遗忘了的古词[26]。以求翻译之"信达雅"。为什么在"法"的翻译问题上迁就了，并损害了其第一要求的"信"。更重要的原因可能是，首先，严复面临的是一个已不得不进行变革的时代。在这个时代里可以提"变法"（因为中国古代毕竟还有此一说），却无法提"变礼"（康梁当年

---

23 参见，梁治平：《法辨》，《法律的文化解释》，生活·读书·新知三联书店，1994年。
24 参见，严复：《法意》，商务印书馆，1981年，页3、7。
25 严复：《〈天演论〉译例言》，《天演论》，商务印书馆，1981年，页xii。
26 "严复的翻译……几乎穷尽了中国古典的语汇，其中相当一部分如果不是由于这些西方典籍的翻译，几乎已经死亡。这是一个创造性的过程；西方的思想激活了汉语的古老语汇，而汉语的丰富内含（原文如此——引者注）改造了西方的概念。"汪晖：《严复的三个世界》，《学人》，江苏人民出版社，1998年，第12辑。

也只敢托古改"制"或"变法维新")。其次,由于礼所涉及的面太广,无法想变就变。最后,我揣测,可能严复寄希望于清代中央政府推行变革。因为法在中国传统中如前引文所示,通常同官府相联系,是官府制定颁布的命令。如果这些揣测还有几分道理,那么,我们就看到,"法"之翻译是同中国当时正在或将要进行的由政府组织的以法律移植为特征的变法相联系的。如果这一点成立,那么,我们还看到,即使在严复这样严谨的学者那里,一个词的翻译都已带上了强烈的时代印记和译者的先期热情。

这里的时代印记和先期热情并不仅仅是中国有变法的传统或当时的思想家有变法或法律移植之意欲。在变法的意欲背后,还有因面对中国一天天衰落,西方列强以及日本步步紧逼,而产生的一种近乎变态的民族自豪感。当时的诸多思想家面对现实,一方面不能不承认西方的技艺制度先进,另一方面又总是有鲁迅先生曾入木三分地刻画过的"我们先前也富过"的阿Q心理,试图从古代中国寻找某种与现代西方的制度技术有某些相似的东西。中国的往昔因此被"当作装满了让人〔可以〕不顾传统而随心所欲地选取好东西的仓库"[27]。辜鸿铭搜寻中国古籍以比附演绎现代西方的光电声化是自然科学上的一个例子。在社会人文学科中,这种做法不仅更为普遍,甚至更为容易。就是在这种情感氛围和心态中,试图比附沟通中西之法,寻求中西之法的共通性就不难理解了。在这里,几乎注定了,蔡枢衡的那种故事将被遗忘、被忽略。不是因为蔡的故事不精彩,而是许慎的故事

---

[27] 本杰明·史华兹:《寻求富强:严复与西方》,叶凤美译,江苏人民出版社,1996年,页18。

在这一刻更符合中国学者对中国社会的判断,也更适合他们当时的那种复杂情感。在这里起重要作用甚或决定作用的已经不是而且也不可能是纯粹的知识本身,而是福柯所说的那种追求知识的意志,征服知识的意志,是博尔赫斯所说的那种"先期热情"和"神秘忠诚"。

就在这种打通中西的努力之中,当然,我们还可以察觉到隐含的、中国近代法理学学者关于世界历史发展和人类知识体系的一般判断:中西法律在起源上都是为了追求公平正义,中西法学都是研究正义的学说。在他们看来,也许我们的法学是比西方落后,但既然在知识根源上具有一致性,那么就有可比性;更重要的是,我们也就可能借助西方现有法学研究成果来解决中国的问题。或者用更通俗的话来讲,在他们看来,中西之法的差别最多只是大苹果与小苹果或"红富士"与"青香蕉"之别,而不是苹果与橘子之别;因此可比。如果两者无法相比,一切深藏心底的文化认同以及"奋起直追"的可能性都会受到重创。也正是在这种高度情感化的知识追求中,我们才可能理解为什么《天演论》这样的进化论著作曾激动了整整一代中国学人和青年的心海。《天演论》的影响,并不在于它是一种科学,而在于它提供了一个关于世界变化之可能的新画图。我们因此才能理解,为什么《天演论》揭示的"物竞天择",一种自然无为的过程,在羞辱交加的中国学人读来,竟读出了"有志者事竟成"和"天行健,君子以自强不息"的奋斗精神。进而,我们才能理解为什么中国近现代法理学人要努力论证中西法律的一致性和共通性。这一切,仅仅用通常意义上的客观知识本身无法解释。在这里,一种最深厚、强烈的"民族"主义反倒是以一种最强烈的普世主义而展现,一种表层的自豪感反映了一种深层的不自信甚或是自卑感。

六

还绝不能将"法"的解释看成与个体或群体物质利益无关,仅仅是情感的、精神的或意志的活动,从而无法自拔地陷入唯心主义。知识话语的确立不仅仅涉及知识的重新布局,而且势必涉及社会利益格局的某种程度改变,涉及利益的社会再分配。在考察"法"的解释中,我们还必须从社会变迁的层面考察这种解释的社会接受,以及这种接受对中国社会变迁可能具有的影响和可能扮演的角色。当然,还是必须强调,这还只是一种"可能",而不是重构历史。

首先,"法"的解释与19世纪末法学开始作为现代知识制度的一部分得以确立相关。1898年,第一所公立大学"京师大学堂"(即后来的北京大学)建立,四年后,大学堂正式开张时,法学作为政治科的一目列为当时所列八科之一,1905年,政治科改为法政科并成为率先设置的四科(其他为文学、格致[相当于今天的自然科学]、工科)之一。[28] 法科作为一个"专学"进入学院,意味着在中国传统上被视为刀笔不为人看重的一个行当要成为同文史哲并列的一个学科。仅仅一个变法兴学的法令不能改变传统律学在整个社会中的学科地位。在新建的知识制度之内,法科既无文史哲那种传统的"显学"地位,似乎又不如格致和工科那样有赫然的西学地位。要使法科真正确立并

---

[28] 参见,汤能松等:《探索的轨迹——中国法学教育发展史略》,法律出版社,1995年,页126。

"法"的故事

为当时人们接受，不仅要使之进入大学，更重要的是要使这一学科获得正当化。需要寻求一切可能的正当化资源。法字的解释以及由此成为可能的对传统律学的重构，不仅显示了法学悠远的国学渊源，同时还与西学相通暗合；这种双重的高贵出身将大大有利于法学作为一种"专学"的存在和确立。它不再是刀笔之吏的刑名之术，而是一种研究正义与非正义之"学"。这也许是为什么，尽管法学——就其知识的性质来看——更多是实践的、职业的，而在现代中国却一直被当作一种学术来传授，法学界内外人士都强调它具有或应当具有学术品位而不是它的职业教育特征。[29] 在"信而好古"的中国，在"西学东渐"的中国，对"法"字的这种解释，这种事后追认或创造先驱的活动[30]几乎绝对必要。这并不是说，近代法学家当时一定有这样的清醒追求，有这样一种"阴谋"，有这样一种理性设计。但是，对"法"字的这种在今天或在我看来毫无学术价值的考证，其意义和功能也许这样才能得到一个比较自洽的解释。

与"法"的解释相联系的不仅仅是一些试图确立法学之学科地位的最早的法学家的利益，还有一大批因社会变革和转型而

---

[29] 1980年代法学界以外的一位著名学者评价当时的中国法学"幼稚"，就是基于这种学术标准。

[30] "这种事后追认先驱的事例，仿佛野孩子认父母，暴发户造家谱，或封建皇朝的大官僚诰赠三代祖宗，在文学史上数见不鲜。他会影响创作，使新作品从自发的天真转而为自觉的有教养、有师法；它也改造传统，使旧作品产生新意，沾上新气息，增添新价值。"钱钟书：《中国诗与中国画》，《七缀集》修订本，上海古籍出版社，1994年，页3；又请看，"欠债是相互的；一个伟大的作家创造了他的先驱。他创造了先驱，并且用某种方式证明了他们的正确"；"事实是每一位作家创造了他自己的先驱者。作家的劳动改变了我们对过去的概念，也必将改变将来"。博尔赫斯：《博尔赫斯文集》，同前注16，页53、80。法律和法学上的先驱追认，可参看，苏力：《制度是如何形成的？——关于马伯利诉麦迪逊案的故事》，《比较法研究》，1998年第1期。

受到触动的清王朝官吏以及准备入仕的新旧知识分子。如果西方的法不同于中国之法，那么这些司掌刑名之术的官吏就制度逻辑而言将"下岗待业"；而一旦西方之法与中国之法相通，那么这些人自然而然就在新制度中找到了与旧制度大致相应的位置——尽管今天看来，传统的刀笔吏与现代的法律人从事的工作很难说有多少相似之处。因此，从 20 世纪初开始，尽管中国受过现代法学教育的教员数量很少，但当时中国法学教育之普遍，与其他学科相比，竟令人吃惊。据清政府学部总务司的教育统计表显示，到 1909 年，法政学堂的数量已经占了全部学堂总数的 37%，而法政专业的学生总数已经占了学生总数的 52%。[31] 如此大量的法律教育或是对"已仕"官吏进行的成人教育，"期收速效"；或是为了方便那些因废除科举后在其他学科上难于成就的举贡生员求学就业。[32] 在毫无法学专业教育和职业传统的情况下，这种突如其来的法学教育繁荣，不是因为市场经济发展、社会分工细化而产生的，而仅因"进仕"之路的变更。正是由于这种巨大的社会利益集团的需求，"法"的解释就有了一种巨大的、具有反讽意味的"融汇中西古今"的作用。它不仅有维护社会集团既得利益的功能，也是一些人获取潜在利益的工具。它已不再仅仅是社会转型期某些知识分子的一种情感的需求，而且是这一时期社会中人们权力和利益再分配的需求。它所扮演的角色已远远超出了身在庐山的历史过客之意图或想象。以至于，当历史蜕出之后，这一曾经起过转换作用的壳仍然保留下来了，令人奇怪地、突兀地暴露在今天的法理学教科书中，显得很不协调。

---

[31] 转引自，汤能松等：《探索的轨迹》，同前注 27，页 135。
[32] 汤能松等：《探索的轨迹》，同前注 27，页 142。

七

但是，我们还不能仅仅将对"法"的这一解释视为一种社会转型的制作，一个历史变迁的玩偶，一个枝头飘零的蝉蜕。所有这些比喻都仅仅强调了一个方面；尽管重要，但不是全部的方面。正如我在前面所提到的，一个语词一旦在社会生活中获得了其特定含义，就获得了自己的生命，就将开始自己的历程。用"文革"中的流行语言来说，就是"家庭出身并不决定一切，个人前途是自己决定的"。在这个意义上看，每个词在人类历史上都可能成为一条曲径分叉的小路，每个结局都可能成为一个新分叉的始点。从这条路上将走出新的道路，产生新的知识体系。我们决不能将"法"之解释仅仅视为一种对西方法学的依附，而忘记了在这种依附中它重新形成或获得的巨大繁殖力和可能的自主性。

如前所说，在对共同性或相通性的求知意志指导下，尽管以承认中国法不如西方法、中国法学不如西方法学为前提，但在逻辑上已经要求且势必要求中国有一套有关法和法学的知识体系。就在这种隐含的逻辑必然的框架中，"中国法制史""中国法律思想史""中国民法史""中国刑法史""中国经济法史""中国行政法史"都至少有了逻辑上的可能；西方法律和法学的既成体系也就成为重新组织这些史料的便利框架。事实上，在过去的一个世纪中，这类著作已经出版了相当不少。我们不仅挖掘出了从周公到孙中山的法律思想，我们还发现了先秦的"经济法制度"，"唐六典"因此也就变成了行政法典。就在这样一种求真意志的引导下，在一个虚构的现代西方法律的知识体系参照下，一个新的关于中国古代的法学知识体制呈现在后辈面前。这个新的知识体系显然带着西方法或法学体系的胎记，但又不仅如此。甚至，我们正在用这种知识体制来构建其他国家和地区的关于法律的知识体系；这种知识也开始借助各种渠道逐渐对外出口。

然而，正如莎士比亚戏剧中那位因女巫预言的诱惑而渴望成为国王的麦克白一样：最终他成了国王，但也获得了死亡。[33] 当中国近代法学家在重新构建了这一套套中国的法史之际，中国古代社会秩序在这些书中已经"逐渐死去"——书中展现的是一个100年前甚或是50年前的中国法律史家都已无法辨认的中国古代社会的法[34]；当然，许慎的这个关于"法"的故事也许除外，只是它如今是孤零零地站在那里，一片惘然，过往的学人已几乎遗忘了它当年曾有过的青春华年，以及它繁衍出来的、已遍及大地的后裔，包括我们自己。

这是一个惊心动魄的知识演变史，这又是一个"平之如水"的知识演变史。"法"这个古汉字在这里扮演的是一个核心的角色。它既是被操纵和玩弄的，同时又玩弄和操纵着那些玩弄和操纵它的人。它不仅起到了一个近乎 paradigm 的整合、确立学科知识的作用，它又是一条曲径交叉的小路。从这条小路上走过来许多法学学者，演绎出诸多的法学著作，它不但改变了作为一种社会实践和学科的自身，而且改变了赋予它在现代中国的历史使命

---

33 参见，《莎士比亚全集》卷8，朱生豪译，人民文学出版社，1978年。
34 这一点，只要将清末沈家本先生的著作《历代刑法考》，民国时期杨鸿烈先生的《中国法律发达史》与近年的任何一本《中国法制史》或《中国法律思想史》之类的著作略加比较，就很明显了。

的这个世界。当然,它也创造了无数的养家糊口的饭碗。

八

于是,当我们打开现代中国法学院第一门基础课的教科书之际,我们就看到了本文一开始引述的那段许慎的关于"法"的故事。

1997 年 11 月 24 日夜初稿
1997 年 12 月 1 日二稿于北大蔚秀园

反思法学的特点

> 国家不幸诗家幸,
> 赋到沧桑句便工。
>
> ——赵翼:《题元遗山集》

现代人几乎无法不借助抽象概念活动,学者尤其如此。使用概念的一大优点在于它使信息的使用和交流更为经济,而弱点是容易使人忘记和忽视事物在某些时候不重要而在另一些时候相当重要的差别。当许许多多的不同学科都被归在"科学"或"学科"的概念之下时,人们就往往只关心并抽象出"科学"或"学科"发展的一般的社会条件,而很少认真对每个具体学科的知识及其知识体制何以发展起来做一番福柯曾对犯罪学、精神病学、临床医学所做过的那种细致的谱系学和考古学分析。我们已经一般地接受了,经济发展,社会安定,"科学"和学术才能得以发展这样一个普遍"规律"。然而,我想起中国的一句老话,"国家不幸诗家幸"。这句话,当年第一次看到时,曾给我

---

* 原载于《读书》1998 年第 1 期。

反思法学的特点

以某种震撼。现在回想起来，也许，首先是，它指出了文学繁荣与社会安定之间，至少在某些时候和在一定限度内，成一种反比关系。由于钱钟书先生指出的"诗可以怨"的特点，文学作品往往以倾诉不幸为特征，甚至会"为赋新词强说愁"。[1] 这是文学与其他自然科学、社会科学和人文学科的一个重要不同。如果引申并概括起来，可以说是不同学科发展、繁荣所需要的社会条件是不同的。因此，这句诗，对于我的意味，就是提醒和要求我重新审视法学（广义的，包括所谓理论法学和部门法学）的一些特点及其发展所需要的某些独特社会条件。

这个问题太大，在微观层面，需要细致考察；而且即使考察和想清楚了，也不可能在这里短短几千字中说清楚。这里只能简单地谈几点想法。

首要的一点，与某些文学类型相反，而与许多学科相同，必须首先国家幸，法学才有可能幸和兴。理由不是外在的，而是法学的自身特点。在我这个文学的外行看来，文学关注的是人的命运，无论社会幸或不幸，兴或不兴，人都要活下去，因此，文学也就有了素材，有了对象。社会的动荡，往往带来命运的无常，因此有了《奥德赛》《双城记》的故事；而社会的不幸，往往更容易触动人们感情之弦，因此才有了"今夜鄜州月，闺中只独看"的感叹。社会动荡会影响其他学科的研究，但一般说来对其研究对象几乎没有影响，例如哲学、数学、历史，或可以调整对象，例如局部地区的社会学研究。法学则不同。法学关注的可以说是一个国度内整个社会的相对长期的稳定秩序，是这种稳定秩序中体现出来的人类合作活动的规则。如果国家不幸处于动荡

---

[1] 钱钟书：《诗可以怨》，《七缀集》（修订本），上海古籍出版社，1994年。

之中，人们之间的合作就难以进行，甚至来不及进行，因此秩序无法形成，人们的活动就无法显现出规则，也就很难形成作为制度的稳定的法律。因此可以说，就法学总体而言，一旦动乱，社会就没有真正的法学研究对象。这时，即使有很认真、很有能力的学者，也只能作一些实际更类似于思想或历史的研究，如注释一些法条，发掘一些史实，演绎建构一个法律的逻辑体系，提出某些很有洞见的思想，而不可能有活生生的对于现实社会法律状况的研究，更难以验证这些思想。著名的清末法学家沈家本先生的最重要著作是《历代刑法考》[2]，其他著作也以法律史为主，恐怕不是偶然。当代著名法学家瞿同祖先生的两本重要著作也都是法律史的著作[3]。已故的吴恩裕教授在"文革"期间研究《红楼梦》、曹雪芹[4]，固然与他个人"业余"兴趣有关，但如果放在特定的历史背景下看，这则可能是在动荡历史时期一个学者的无奈。

但是国家兴，法学也不必定兴，而仅仅是可能兴。这固然有其他学科同样存在的学术传统、学者智识和努力等问题，与本文讨论的问题无关，是各学科的普遍问题。我还是必须从前面所述的法学自身的特点来考察这一命题。休谟早就指出，研究对象的相对恒定和多次重复，是人们能够获得有关因果关系的概然推论的前提条件[5]；这实际也是学科知识得以形成的前提。而在一个社会急剧繁荣、迅速发展乃至"计划没有变化快"的社会

---

2 （清）沈家本：《历代刑法考》，中华书局，1985年。

3 参见，瞿同祖：《中国法律与中国社会》，中华书局，1981年；T'ung-Tsu Chu, *Local Government in China Under the Ch'ing*, Harvard University Press, 1962。

4 参见，吴恩裕：《曹雪芹佚著浅探》，天津人民出版社，1979年；《曹雪芹丛考》，上海古籍出版社，1980年。

5 参见，休谟：《人性论》上卷，关文运译，商务印书馆，1980年，页74、105。

中，现象之间的关系无法或很少重复，不存在法学人可以"凝视"（福柯语）的对象，法学人也很难从社会生活中辨识并进而理解哈耶克说的那种"自发性秩序"，很难发现和提出社会生活实际需要和长期有效的法律（而不是仅仅形成文字的"法律"）。对于法律来说，一个社会的急剧发展可能与"国家不幸"同样不利于统一秩序规则的形成和确立。涂尔干在《论自杀》中就指出，经济高速发展同样会使人们惴惴不安，感到社会"无序"，缺少规则指导。[6] 这时的法学，更可能是"靠脑袋立法"，或对法律条文的注释。一般说来，这当然也算法学研究，但是这种法学由于或多或少脱离了对社会生活现实的考察，很难具有真正的社会的和学术的生命力。

由于总体上的法学研究对象法学家无法建构，几乎完全依赖社会稳定来建构，这就意味着，法学在某种意义上是更"娇嫩"的学科；虽然不至于是"豌豆公主"（垫了20床褥子，她也能感受到褥子下硌人的豌豆），但它对社会条件的要求的确比其他学科更苛刻。同为社会科学，同样以社会现象为研究对象，经济学可以研究"过渡经济学"或"厂商经济学"，社会学可以只研究一个村落，例如费孝通的《江村经济》，一种现象，例如涂尔干的《论自杀》；而法学就很难想象有什么"过渡法学""厂商法学"，或者是"江村的法律"。至少到目前还没有这样的法学，以后也难说会有；即使有，其法学的血统也成问题。

但是，即使弱者也有其"长项"。一旦社会进入比较稳定的时期，特别是社会分工发展了，社会的交往、交易增多了，社会

---

[6] Emile Durkheim, *Suicide, A Study in Sociology*, trans. by John A. Spaulding and George Simpson, Free Press, 1951, pp. 252 ff.

对规则的需求和依赖就多了，法律也就有了大有作为的广阔天地。正如贵族公子落难乡间可能洋相百出，一旦进入上层社会，他则可能风流倜傥，挥洒自如。法学似乎就有这一特点，似乎还是一种普遍现象。这不仅见诸西方各国历史（例如，如今挤也难挤进的哈佛法学院当初有一年只招到一名学生），在当代中国，也曾有此经历。分数最高的文科考生，20年前大多报考文学、哲学、外语，今天则大致报考法律、经济、管理；尽管就学术传统的扎实和久远来说，后者至今未必是前者的对手。经济学今天在中国很热，但这种情况也未必会持久。至少在美国，经济系已远远不如法学院、商学院兴旺。似乎是盛洪告诉我的，科斯说过，美国的法学家比经济学家更有能耐，因为前者可以不断为自己创造市场需求和就业。当然，创造市场只是一方面，另一方面，这是稳定社会中分工日益细致、交易日益频繁、规则日益增多的必然结果。

别以为我是洋洋自得，以一种未成现实，在中国未必会，且未必应当成为现实的畅想来满足因被学界评价为"幼稚"而受伤的法学职业虚荣心。我只想指出法学自身的特点。只有发现其特点，我们也许多少可以理解法律行当为什么如今开始发达了，法治口号会流行起来，法学教育会膨胀起来，尽管法学的发展似乎又不尽如人意（乃至曾被戴逸先生耻笑为"幼稚"），以及为什么法学家目前总是急于参与立法或注释法条，似乎缺少学人应有的开阔视野、博学和社会人文关怀。

由于法学的上述特点，这也就意味着，总体而言，法学是一个比较保守的学科。法律的基本社会功能是保持社会秩序和行为规则不变，使之制度化，因此才有所谓法治或规则的统治，人们才可能根据昨天预测今天和明天他人的行为，才有可能根据此地的情况判断彼地的情况，也才有可能做到法律面前（在时间维度上的）人人平等，才有可能最终形成一种进行合作、解决纠纷的"定式"（借用围棋上的一个术语）。即使有变化，法律也是力求在保持现状的基础上有节制的，因此是人们可以预期的发展。法学从来就不是以其新颖、玄妙、想象力而获得人们的青睐，而是以它的熟悉、便利和重复性而与人们相伴随。的确，古罗马时代的契约法与今天市场经济的合同法在许多基本方面没什么重大区别。一部《拿破仑法典》颁布近200年了，至今仍为法国人通用，仅仅作了些许补充。而英美法中最重要的原则就是"遵循先例"。比起其他学科中的这一"转向"、那一"转向"，各种"主义"以及主义前现有中文似乎都难以应付的种种前缀（new，neo，post），法学实在是太缺乏新意了。

但所有这一切，并不因为法学家缺少创意，而在于他的研究对象决定了他必须在传统建立的秩序中"戴着脚镣跳舞"。即使法律有时发生了实质性、根本性的变革，也往往是（但并非总是）悄悄发生的，"旧瓶装新酒"，尽可能保持其旧有形式，或诉诸旧有理由，其目的就在于不到万不得已，不要打破人们对于既成规则的依赖（法学上称之为不溯及既往的原则，实际上也是另一种形式的、更普遍化的尊重"产权"）。这种变化的路径常常导致人们无法用通常的"理性"、逻辑或因果律来解释法律规则、制度和制度变迁。[7] 最典型的例子就是如今海商法中的"对物诉讼"。当年，西方社会中产生对物诉讼的前提预设是万物有灵论。一棵树倒下砸伤了人，一只狗咬伤了行人，就会对树或狗

---

[7] 美国最著名的法学家霍姆斯因此称，"法律的生命从来不是逻辑，而是经验"。Oliver Wendell Holmes, Jr., *The Common Law*, Little, Brown, and Company, 1948, p. 1.

提出诉讼。这种如今看来荒唐的事，后来转化为海损案件的扣船扣货，这样既省去了传唤船主的不便和耗费，还保证了至少得到相当数量的赔偿。[8] 类似的例子还有陪审团，其早先不过是当事人找来的一些证明自己人格的证人，一般是乡里乡亲[9]，如今已成为由彻底的陌生人构成的、听取证据并认定指控是否成立的一个制度。

这并不意味着，法学不能在某些时候作为一种工具来积极推动社会变革。的确有这种情况，时而也有成功的例子。但总体而言，即使成功也不是法学本身造就了这种成功，而是社会已经发生了变化，需要这种法学或法律；或是以法律名义的国家强力起了作用。然而，即使是后者，法律能否真正成功，能否真正为人们接受，仍然不是利用法律推进改革的政治家或法学家能保证的，必须经过长期的公共选择。例如人民公社制就曾进入共和国的宪法和法律，但终究被实践否弃了。法律，在这一点上，如同社会中的语言，是天下之公器；它不是某个或某几个天才的创造，而是公众以他们的实际行动集体塑造并在行动中体现的。即使是一些表面看来重大的法律规定的变革，就其对社会生活的实际规范作用来看，意义也未必那么重大（其意义往往是成为一种符号或标志，典型如最早实行包产到户的小岗村）。因此，尽管《拿破仑法典》被公认为是法律史上的一大变革，但是法典起草委员会主席说的话大意是，"既然现在人们都喜欢新，那么我们就给他们一些新理由来喜欢旧法律"（所谓旧，只是指当时社会

---

[8] 请看，Holmes: *The Common Law*, 同前注 7, pp. 24 ff.。
[9] 参见，哈罗德·J. 伯尔曼：《法律与革命》，贺卫方等译，中国大百科全书出版社，1993 年。

已通行的而已)。[10] 现代法治的一项最重要原则就是，法律不能规定人们做不到的事[11]；其中的寓意就是任何法律规定都不能太脱离实际的"新颖"。

  由于法律和法学的这种保守性，因此，生活在特定时代的一些"精英"或"先知先觉者"往往会感到社会中法律的发展似乎总是与他们感受的时代潮流"慢半拍"，甚至感到法律制度本身就是压制性的（例如，福柯的许多研究中都显现了对现代法律制度的激烈批判）。的确如此。首先，就总体而言，只有在社会秩序基本形成之后，才会逐步形成一些社会普遍遵循的规则，也才有必要将这种秩序以法律固定起来，也只有在这样的基础上法学的研究才发展起来。在革命时期，在高速变革时期，法律和法学的发展往往会无所适从，就会出现停顿，甚至萎缩。即使人为努力制定法律来保持秩序，也未必能够成功；反倒可能出现老子所说的"法令滋彰，盗贼多有"的悖论。其次，即使在和平稳定时期，由于法律要求的对人对事的普遍性，它也势必不能"朝三暮四"或"朝令夕改"，它不是以其"先锋性"满足社会的革新者（这种人一般说来总是少数）对于未来的畅想，而是以它的"老规矩""萧规曹随"来满足社会多数人对可预期生活的需求。一般说来，只有当社会多数人的行为方式以及相应的社会生活的实际规则都发生变化时，法律的变化才"千呼万唤始出来"。也正是这个原因，马克思才说出了那多少令我们这些法学人有些迷惑不解、不快甚至羞于引用的话："法……是没有自

---

10 转引自，傅静坤：《〈法国民法典〉改变了什么》，《外国法译评》，1996 年第 1 期，页 46。

11 Lon Fuller, The Morality of Law, Rev. ed. Yale University Press, 1969, pp. 70-78; John Rawls, A Theory of Justice, Haruard University Press, 1970, pp. 236-237.

己的历史的"[12]。

因此，法学的另一个重要特点就是务实和世俗。世俗并不具有贬义，而只是说它的基础是社会现实，它必须始终关注现实，回答现实生活中普通人关心的常规问题。在这个意义上，法学是一种非常功利的学问。它是一种社会化的实践，一种职业性的知识，在很大程度上排斥独出心裁和异想天开。它有时甚至不要求理论，而只要求人们懂得如何做。这与文学和纯粹的思辨理性也有较大差异。对文学艺术作品甚至就要求其在"似与不似之间"（齐白石语），甚至别人都看不懂也行；一个理论也可以天花乱坠，只要其足以自洽就可以成立。对于社会的其他人来说，没太大关系，最多是小说和著作无法出版，或读者很少，出版商赔本而已。而且，读者的一时多寡也未必就能决定小说或理论本身的价值（马克·吐温对"经典"的幽默界定是，经典就是人人都说应当看却都不看的著作），因为这些都是高度个人化的创造性的事业。法律人的事业有很大不同，他干的事不仅关系自己的个人收入，其一言一行更可能决定别人官司的输赢，别人的身家性命，别人财产的归属，一句话，他直接决定着别人的命运。相比之下，法学院教授比他们的法律职业同人有更大的活动余地，容许更多的智识性创造。但是，法学的研究也仍然不可能完全脱离这个知识体系和知识制度乃至社会制约的约束。这就是为什么，各个法律院校中，修法哲学、法律史课程的学生一般总比修民法、刑法的学生少，也更不情愿。也许，这就是为什么，诸如马克思、韦伯这样的天才创造性的思想家，尽管毕业于法学院，还都有家学渊源（马克思父亲是律师，韦伯父亲曾是法

---

[12] 《德意志意识形态》，《马克思恩格斯选集》卷1，人民出版社，1972年，页70。

官），最终却走上了社会思想家这条不归路的原因之一。这也就是为什么尽管后现代主义在其他某些学科可以甚嚣尘上，在法学界，偶尔也有理论法学人"蹦跶"几下，但是对法律实践的影响甚小。这就是学科知识制度的制约。

法学的现实性还表现在，就总体来，法律人和法学家无法按自我的偏好来进行选择，尽管律师是"自由职业者"。一个小说家，一般说来，可以不写他不喜欢或写不了的题材。一个经济学家也可以不研究他没把握的问题。而一位法官不能说，"这个案件太难了（或我不喜欢），你撤诉吧"，或者说，"法律没有明确的规定，现在我也拿不定主意，你们等一等，等我想清楚了，再作决断"。一个律师，也不能因为仅仅被告罪恶累累或欺诈成性而拒绝为被告辩护。《法国民法典》第4条明确规定法官不得以没有法律规定而拒绝审判，否则将以拒绝审判罪论处。美国的律师职业伦理（实际上就是法律，尽管名为"伦理"）也对律师拒绝辩护作出非常严格的限制。

这就意味着，至少在某些时候，法学家并非有了充分理性准备来接受社会界定为"法律"的那些任务，而是被社会"强加"的。强加给他/她只因为现代社会已经通过各种方式将他/她标记为法官、律师或法学人，即以一种制度化的方式推定和认定他/她有这种能力，而不论他/她是否真的在这个或那个问题上具有能力。因此，法学其实不像常人想象的那样，是一门仅仅熟悉法条加秉公执法就能完成的精确的或形式化的"科学"（未来是否能够精确起来，我也很怀疑），而必须以一种让人觉得很精确的方式来处理一些实际上无法精确的问题。"清官难断家务事"可以说是中国古人对这一点的最深刻的理解和概括。我在此说这些话，固然是渴求社会的理解，却没想推卸法律人的责任。相反，正是因为没有一个绝对的"真理"或对应的"法条"在那里可供套用，可以作为退守的堡垒，法学家才必须更注意社会实际，注重吸收各个学科的知识，包括人情世故和常识，才可能大致地但必定不会令所有人满意地履行他们的使命。法学实际上是一个很难形式化、条文化的学科，尽管人们想象中的法学面目可能相反。

这只是我近二十年的学习和研究法学的几点感受，它既不是对法学的"本质"特征的概括，也不是对法学的全部特性的涵盖（例如，我就没有讨论可以从前面几点引申出来的，但我在其他地方已提过的法学知识的地方性问题）；而且法学内部各专业也各不相同。但我想，这几点感受也许有助于法学圈外的人们理解法学，而不至于对法学或法律在社会中的可能作用有不切实际的期望；也有助于法学人理解自身的局限和长处，不至于在"依法治国"的口号中突然自我膨胀起来，真以为自己或那几本书中有什么创造秩序的能力。此外，或许，也有助于提醒其他学科的朋友思考一下自己学科的研究对象是如何历史地和社会地构成的。

1997 年 9 月 22 日于北大蔚秀园

法学知识的分类*

一

亚里士多德曾经将人类的知识分作三大类：纯粹理性、实践理性和技艺。所谓纯粹理性，在亚里士多德时代，大致是几何、代数、逻辑之类可以精密演绎推论的学科，如今似乎还应当包括某些（例如，传统的物理、化学）但不是所有的自然科学（例如，宇宙起源理论或生物进化理论）。实践理性则是人们在实际活动中作出选择的方法，用来确定命题之真假、对错和行为善良与否，如伦理学、政治学，此外还包括了其他一些技术性学科。技艺则是指那些无法或几乎无法用言辞传达的，似乎只有通过实践才可能把握的知识，有时甚至是只有某些具有"天赋"的人才能获得的。例如木匠的好手艺就无法通过教学来传授，又如医生对疾病的诊断能力。这些技艺几乎毫无例外必须通过实践来把握，而且仅仅靠努力实践也并不总是能有所成就。事实上，在历

---

* 原载于《读书》1998 年第 3 期，原题《知识的分类》。

史上，这些行当几乎都是以带徒弟方式来传承的。因此，"世代名医""祖传秘方"才为人们所重视。也因此，也有人会以此来行骗，当然也就有许多人会上当。

这种分类如同任何分类一样，当然有其不完美之处，却是一个有用因此有影响的分类。当初划归为某类的一些学科如今也可能有了重大变化。例如，由于其他科学技术的发展，医学已经在很大程度上成为或接近于成为科学，尽管是《最年轻的科学》（刘易斯·托马斯）；现代的机器生产至少在某些方面也早已令能工巧匠自叹不如。但在我看来，这一切变化并没有，而且也不可能取消这种知识分类。

必须注意的是，不能将知识的分类和学科的分类混同起来。在亚里士多德时代，乃至康德时代（他的著名的三大批判可以说是承续了亚里士多德的知识分类），知识的分类也许更多同学科的分类相联系，似乎某个学科的知识就只有某一类知识（甚至20世纪的罗素在《西方哲学史》中对知识的分类也仍是这个传统，所谓科学、神学和哲学的知识）。但严格说来，即使在历史上，任何学科都或多或少地同时具有这三类知识。这一特点在当今时代也许尤为显著，知识的分类与学科的分类已经交叉了。例如在哲学这个传统的纯粹理性领域，由于马克思、尼采、后期维特根斯坦、海德格尔、杜威等人，早已不那么"纯粹"了。即使是早期的（逻辑实证主义的，因此也是比较"纯粹理性"的）维特根斯坦在其名著《逻辑哲学论》的篇末就已经承认哲学中"有不可言说的"，因此要"保持沉默"。在工程技术中，一个重要的知识领域就是 know-how。人们在各个学科中都似乎不约而同地开始重视《个人知识》（波兰尼），强调知识的弥散性（哈耶克），强调"无意识的知识"（波普尔），强调"无法言说的知识",强调"身体记忆的知识",强调"习得的知识",强调那种无法交流或交流起来不经济的知识。[1] 而在另一些场合,这种难以清楚地以言词或文字交流的知识则被用"传统"这个极为含混的概念替代了。在国外法学界,19世纪的使法学成为科学的梦也已基本结束,今天人们已日益承认法学更多是或主要是"实践理性"[2],尽管法学家所用的"实践理性"一词很大程度上也涵盖了亚里士多德的"技艺"领域。

我的兴趣当然不在于如何使法学在现有知识体制中有一个更为恰当的分类,尽管我曾在一次会议上同一位前辈学者就宪法学(研究)是否是宪法"科学"叫过板。我更关心的是,假如法学不是一种纯粹理性的知识,那么我们目前的法治建设、法学教育的总体思路和方法是否恰当有效,并因此是否应有所调整?

二

近代中国在科学与民主的旗帜下,引进了西学,进行了空前的社会改造,对中国产生了巨大的影响。然而,绝大多数引进的西学是在"科学"的旗帜下进行的。法学就是其中之一。在这种引进中,法学不仅是作为一种具有真理性的普适命题引进的,而且法学往往成为对这些命题的研究、解说和论证,成为一套具有强烈规范意味的原则或规则体系。这使得法学在很大程

---

[1] 参见,汪丁丁:《知识社会与知识分子》,《读书》,1995年第11期;汪丁丁:《知识的经济学性质》,《读书》,1995年第12期。
[2] 参见,理查德·A. 波斯纳:《法理学问题》,苏力译,中国政法大学出版社,1994年。

度上成为一种"纯粹理性"的学说，强调其系统性、逻辑性。似乎掌握了这一套逻辑上、系统上"正确的"原理，颁布了一套又一套系统的规则，最多再训练一批廉洁、循法的官员，法治的建立就指日可待。在法学教育上，同样呈现出这种强烈的科学主义的、实际是唯理主义的倾向，特别注重对法律原则的分析，然后是对法条和法律语词的解释。所谓普法教育，其基本假设也是人们之所以违法，之所以不懂得利用法律来维护自己的权利，就是因为人们不了解法律，或者说是"没有法律的概念""法律意识不强"。法律教育和普法教育的目的就是要使人们认识法律，提高他们的法律意识。也正是在这种背景下，我们才可以理解，为什么近代以来我们总是首先强调立法，强调"有法可依"。我们也可以理解为什么"法理学"或"法哲学"一直是国家的重点学科，在我国各法律院校几乎都是名列第一的法学专业课。为什么即使是许多更实用的部门法课程也以讲授专业原理为主，例如刑法概论、民法总论以及经济法概论；许多更强调操作性的课程，例如法律文书、模拟法庭在各法学院都重视不够，甚至根本不开设。改革开放以来，由于社会对律师的要求，这种状况有所改变，但是法学教育的状况还没有根本改观。翻开近年来任何一本法学杂志，开篇的文章都是诸如"论市场经济就是法治经济""论社会主义法治""法治与精神文明"之类的文章（下一步估计会大量出现的是"社会主义初级阶段与法治"之类的文字）。部门法研究的重头文章，似乎也是"论罪刑法定""论诚信原则"等大题目。

　　我不反对立法是法治建设的重要方面；也不笼统地反对这种类型的、注重原理的法学研究（当然首先它们必须足以构成"法学"并且要有所"研究"）。这些都重要，不可缺少。但是，从前面谈及的知识分类来看,法学绝不仅仅是一种纯粹理性的、思辨的学科。它绝不是只要从理论上讲通了,实践上就可以做并可以做好的学科。作为一种社会实践,而不仅仅是法学家或法律人的实践,法学的构成必定同时需要这三种知识:纯粹理性、实践理性和技艺。法学是一门具有高度实践性的学科,它并不只是一些普遍正确的命题,它需要大量的"实践理性",需要许多难以言说难以交流的知识。如果,我们将法治的形成仅仅寄托于法学,将法学的发展仅仅寄托于那种可以言说、表述的法律理论或原则的发展,那么法治必定难以形成,法治和法学的发展也必定畸形——一方面大量的法律得到颁布,号称法学的著作大量出版,而另一方面,社会的秩序却不会有多少改观,在没有国家强制的条件下,人们以实际行动体现出来的法治"观念"没有什么变化。

三

这种从思想入手,从观念入手,从纯粹理性入手的法治建设进路至少是不完整的。就知识本身来说,不应当分等级(分类并不意味分级,尽管容易为分级铺路);纯粹理性并不能,至少不可能总是领导实践理性,同样也不可能总是领导技艺。这三者可能关联,但区别也非常大,其所针对的问题,其有效领域都是不同的,尽管可能有所交叉。一个毕生因研究法律之定义而蜚声学界的法理学家的研究成果可能完全不能解决任何实际纠纷,而一个纠纷的解决也可以完全与抽象的法治概念无关。学科内知识的三六九等,如果不是一种对知识的误解的话,我很怀疑,是不是一种知识霸权的产物。事实上,我感到,一方面,我国法律界和法学界确实相当轻视司法界的一些具体知识，认为司法者没有理论，认为他们只是凭经验办事、思想落后甚至僵化，他们的实践理性和技能性知识在我们现有的以欧陆法为基本模式的法律知识体制中几乎没有任何位置（在西方国家中，只有英美，由于其司法主导的法律体制凸显了法官和律师的知识[3]）。另一方面，太多法学院毕业生进入司法界或当律师之后，常常抱怨学校学的东西"没什么用"。这种抱怨不能过分当真。但至少应当引起我们警惕，不要将法学或法律的知识仅仅归结为可以形成文字、成为原则、成为命题的知识。

这种过分强调思辨的、纯粹的、可言说的法律知识有时甚至荒唐。比如说，普法教育的一个前提就是，许多违法者之所以违法尤其是犯罪是由于缺乏法律知识。这种情况，肯定有，是真的，但不会普遍，而法律针对的更多是普遍性的问题。因此，从极其偶然有个别人因不知法而将作恶多端的儿子处死"为民除害"的例子中得不出一个普遍概括，这种事会很常见。进而从"人的行动受思想指导"这一哲学命题推出结论，普法是加强公民法治"意识"的有效措施。只要我们睁开眼睛看一看，就会发现，社会中许多人违法犯罪并不是因为不了解法律或一般社会规范，而是因为有其他种种利益驱动。他们犯罪后之所以逃跑、隐藏，也表明他们知道自己的行为违法。国外有相当严格的实证研究发现，普通人与监狱中的罪犯对法律的了解（或不了解）程度基本相同，其差别不具有统计学上的意义；有时甚至是后者对法律了解更多。在社会生活中，如今甚至有不少人是事先了解法律之后再去违法，试图钻法律的空子，可谓"依法违

---

[3] 参看，苏力：《什么是法理学》，《中国书评》，1995年第5期。

法"。我们之所以不杀人放火，不是因为知道那会受法律之惩罚，而是因为习惯、一种身体记忆的知识。相反，如果我对别人说，我半夜没有抢某个摆摊的老头是因为怕受到惩罚，别人一定会认为我"有病"。将法治建设视为一种纯粹理性的事业，一种传统意义上、狭义上的"知识"的事业必定是不够的。

四

福柯的许多著作都提到了现代社会的法治在很大程度上是一种管教/规训（discipline），尽管他对此持强烈的批判态度。[4] 暂且不论福柯的态度如何，仅就他使用的这个英文词来看，的确很有意味。Discipline 既有学科的含义，也有纪律、管教、训练的含义。如果不是我妄加猜测的话，福柯就是力图传达这种双重的含义：任何一个学科都不仅仅是一种可以言说的知识，一套自恰、不矛盾的命题，一套可以自行演绎成篇的逻辑，而是一种话语的实践，一种对参与者的训练，这种话语实践不完全是逻辑的，这种话语实践要在人的灵魂上打下其印记，要"融化到血液里，落实在行动上"。它的真正力量不在于说服人，让人们听起来很有道理，而在于，你可能在逻辑上、文字上反对它，但在话语实践上却可能是它的合作者和支持者。最极端的例子，福柯指出的是，即使是一个被判死刑但并不想死的人也并不都是被"拖下去斩了"，他或多或少地得自己走几步（象征性地或实际

---

[4] 例如，Michel Foucault, *Discipline and Punish, the Birth of the Prison*, trans. by Alan Sheridan, Vintage Books, 1978。

地）才能走上绞架或走进煤气室。[5] 这个例子，当然有点太严酷了，太刺激人了，似乎不是在谈法治的理想。但这里的道理却是真实的，不能不面对。举个不那么刺激人的例子，如果我事实上借了某某人1000元钱，赖账不还；他到法院起诉，但没有借条或其他证据；法院会以没有证据为由判他败诉。这在现代民事诉讼法法理上"天经地义"。但如果他不是在灵魂上而只是在理论上接受了这一天经地义，那么他就总会耿耿于怀，甚至会事后找帮子人来教训我一顿——于是，理想的法治还是没有落实。

如果承认法治作为一种社会的实践性事业，承认支持其运作的知识包括了本文大致指出的三种知识，那么，从这种知识的分类层面上看，我们也就可以看出目前法学界笼统讨论的"法律移植"或"与国际接轨"在什么层面上可能，在什么层面上不可能，而不是泛泛地讨论那些容易的问题：应当不应当或主张不主张移植的问题，或是从概念上探讨"移植"的"本质含义"是什么。如果仅仅想表示一种态度，坦白地说，无论是赞同还是反对都太容易了。翻译一些外国学者的理论著作、法典，这很容易。考察和模仿一下外国有关司法机构的设置和运作，也并不太难。但如果要有整整一批真正在灵魂上而不只是在言说和文字上接受现代法治的法官和其他执法官员，在我看来，就不大可能通过移植来实现。至于要让全国人民都知道并接受，使法治的话语实践真正得以畅通，则与移植或接轨几乎没有任何直接关系。如果中国的法治要想建立并成熟起来，中国的法学要摆脱"幼稚"之标签，那么我们作为法学家就不仅应当重视纯粹理性，更应重

5　Michel Foucault, "About the Concept of the 'Dangerous Individual' in 19th-Century Legal Psychiatry," trans. by Alain Baudot and Jane Couchman, 1 *International Journal of Law and Psychiatry* 1 (1978), p. 2.

视实践理性,重视法律技艺;并在可能情况下,将后两种知识以恰当的方式转化为可言说、可交流且交流起来经济的知识。

我想特别强调的是,这种知识品格之转化并非不可能,不可能的只是这类知识的完全转化。前面说到的医学的变迁以及能工巧匠的衰落就是两个明证。转化的条件则是社会的变化,其他相关学科的发展,相关技术的发展。在法学上,这种例子也有。英美法官对法学(而不是法治)的一个最大贡献就是将法官审判这个先前人们认为"几乎无太多话可说"[6]的领域内生产的知识变成了在某种程度上可以交流、对话因此可供分享的知识,即所谓"实践理性",尽管新的不可或难以言说的个人性知识还将从人们的日常生活中不断产生。只要人类在延续,这类知识的领域就永远不会荒芜。

1997 年 11 月 17 日于北大蔚秀园

---

[6] Benjamin N. Cardozo, *The Nature of Judicial Process*, Yale University Press, 1921, p. 9.

法学教育随想*

学友从西北来京,自然免不了问及其他多年未见的老同学。说到Z君现在西北某省城当律师,收入颇佳,一年下来,也有个头20万收入;但Z君正打算转移战场,到京城来。理由是,要"赚大钱"还得到京城或沿海城市来。

学友走后,Z君的消息却引起我一些思考;不,是一些关于法学教育问题的反思。

法学教育一直是我的关注之一。在一些相关的文章和一些有关的法学教育会议上,我都大力主张改革法学教育,而我所借助的材料和参照系主要是发达国家的经验。尽管我一直提醒自己法治的"本土资源",强调对中国当代社会变革的关注;但是,这种理论上的关注由于种种原因并没有能贯穿自己思考的始终。在法学教育问题上,我主要考虑的是作为整体的中国正在形成的市场经济,考虑的是北大、人大这样的位于中国经济、政治、文化中心的精英法学院,考虑的是这样的学校培养的人才是否能适应中国迅速发展的工商经济和全球化的需要。

---

* 原载于宫本欣主编:《法学家茶座》第1辑,山东人民出版社,2002年。

我不认为这些考量和追求错了，但在 Z 君的战略转移面前，我发现，我还是忘记了"中国是一个政治经济社会发展不平衡的大国"这个基本命题，也忘记了任何知识都具有的"地方性"特点，即一种知识的有用与否以及能否真正运作，都会受到该知识运作的社会语境的限制。

同样都是学法律，也同样从事律师行当，自然禀赋也不会差距太大，然而在不同地方从业，在排除其他因素之后，我们会发现，律师的收入有相当大的差别。难怪 Z 君会考虑作一个人生事业的战略转移了。再理一理当年的同学，无论他们当年来自城市或乡村，除出国外，如今所有的（而不是几乎所有的）都在城里工作，而且大多集中在北京、上海、深圳，其他少数也都在一些省会城市工作。

近来，我到湖北省调查。在经济相对发达的江汉平原上的某县法院，我得知它只有两个正牌的法学院本科毕业生；该县共有四十余名律师，大多不是法律院校毕业的。在该县的乡一级，约 20 个乡镇的司法所只有一名非法律专业毕业的专科生，通过自学考试，刚获得律师资格。但据说，也准备离开乡，到县城发展，理由同样是收入。在经济相对落后的鄂西某县，全县只有 8 名律师，在乡一级的司法所则没有一名律师。

这种状况是否由于法学教育不发达造成的呢？未必。自 1980 年代以来中国的法学教育一直以高速发展着。作为法律教师的我也得知，每年都有一些法律院系的本科和硕士毕业生面临着找工作难。但所谓难，仅仅是难在大城市和中国东部找一个收入比较像样的职业。我就知道每年都有法律院系毕业生进了各种企业和机关，从事的工作并不直接同法律甚至未必同法律相关。

从这种状况也许可以提出几个有待于证伪但大体可以成立的

经验性命题：现代的法学教育培养的人才基本上是为工商社会和都市生活培养的；现代法学教育是附着于工商经济和市民生活的；现代法学教育所传授的知识和技能也基本是这一经济制度和社会生活的产物。

我不是说中国广大农村生活或中国西部不需要现代法学教育所传播和生产的知识（尽管这有部分恰当，我将在后面谈及）。我的调查发现，由于中国作为一个整体的社会，城市和农村的差别并非截然不同，即使在偏远的农村也需要现代法学教育的某些知识。例如，基层法院的法官就明确告诉我，有律师或法律工作者参与的诉讼审判会更容易，更少麻烦。我也看到农民跋涉几十里山路到基层人民法庭来讨说法，甚至是咨询法律。

问题在于，获得这种法律服务是要付费的，不是免费的午餐。中国广大农村以及经济发展相对滞后的中西部，即使是省城的民众，也难以支付这种服务的费用。因此，在乡一级，律师和他的知识就无法扎根；Z君的战略转移意图也就可以理解了。在这些地方，不仅经济交往的频率和速率相对于中国东部和大都市都要低，对法律，特别是对律师所拥有的知识，需求就相对低；与此同时，这些地方也无法以更优厚的收入吸引律师到来并逗留。

我不希望读者从中国人习惯的道德视角来评价这一分析结论，认为现在的人都太看重钱了；我更不希望政府出于好心或为证明自己的政绩由此再设计一个强制性的或带有强制色彩的人才分配制度（比方说，搞一个"法律援助"工程）以强力改变这种状况。从长远来看，我还是更相信，"发展才是硬道理"；只有工商经济发展了，交易频繁了，劳动分工更细致了，社会也更富裕了，人们才可能需要更多的现代的法律知识，也才可能消费得起现代的法律服务。简单地将社会问题作道德解释，不仅反映了思维的简单和粗暴，而且会带来一些糟糕的"改革"。

另一方面，如果仔细考察一下现代法学院教授和生产的知识，我们也可以得出一个也许看起来有点"反动"然而不过是反普适主义的结论，这类知识对目前中国的广大农村或——更准确地说——工商经济还不发达的地区，并不对路。我曾在其他地方说过，在一个熟人社会中，如果一律强调依据合同和合同法来办事，可能给交易双方带来的不是便利而是负担，因为合同法是陌生人交易的法律。在现代商业都市才可能有用的关于金融、票据、期货、公司、知识产权、反不正当竞争的法律，在那些偏远的农村的确是没用的或没有太多用处的。尽管这种状况会改变并且也许正在改变，但这仍将会有一个比较长的时间。我就曾遇到一位在人民法庭任庭长的西南政法学院的本科毕业生，他坦然地说，当年在学校学的知识都忘光了，90%没有用。这种"忘光"，并不仅仅是心灵记忆的问题，而更多是因为行为的记忆，因为在农村中，无法实践，因此会遗忘。在这个意义上，现代法学院生产的毕业生和知识在"农村"完全可能是扬短避长，大材小用。而从当地法律需求者和消费者来看，这些法律知识和人才则可能是欺骗他们的"水货"。

这个结论完全不意味着，我们应当废除这些法律和这类法学，也不意味着，应放弃现代工商社会急需的法律人才培养；而仅仅意味着，我们不能因为"依法治国"就将总体的法律知识视作一种可以普遍适用的知识。这种将特定法律知识普适化的状况的确存在，而且相当普遍。不仅存在于政府部门（例如，我们发现某省司法局编写的一本农村村民普法材料中，排名第一的是宪法，第二是反不正当竞争法），也存在于我们法学研究界和法律教育界。例如，我在 1995 年给当时国家教委提交的一个关于法学院专业课程、教学内容的研究报告中，列举了法学院应设立的核心课程，就完全忘记了"农村"。尽管我也作了在当时看来还算细致扎实的社会调查，然而我调查的对象完全是法学院的毕业生或在校研究生，这些调查对象都是以他们目前在都市的工作以及未来在都市的职业取向作了回答。这些回答是真实的，然而未必反映了当代转型中国的真实需要。

说了这些似乎很不学术而且似乎与法学教育无关的话，似乎离题太远了。然而，我并不认为这是无稽之谈。我有几个基本信念，一是法律与社会生产方式和社会生活无法分离；因此，作为总体的法律来说，我不承认有什么单一的、普适的法律。二是，法律是世俗的，是要回答和解决社会的实际问题的，而不是一套说着好听、看着不错的逻辑或话语；中国的法学教育必须回答中国社会的需要，要生产中国社会需要和对路的产品。三是，中国正处于社会转型时期，市场经济正在迅速发展，中国无疑需要大量与市场经济和都市生活相适应的法律；但中国还有一个广阔的"农村"，大量的熟人社会，因此，这个转型不大可能在短期内完全改变这种现实，如果考虑到现代化可能带来的某些弱点，似乎也未必应当完全改变；转型期的中国法律教育必须考虑这个因素。如果不是从概念世界来看，而是从生活世界来看，21 世纪与 20 世纪有一秒钟差异。我不把 21 世纪看作某种理想的实现，它只是今天的一种时间延伸。我没有如今甚为流行的那种对于未来的憧憬。

基于此，我认为，中国当代的法学教育必须重新考察并重视中国"农村"对法律知识和法律人才的需要以及它的支付能力。我们不能忘记中国是一个大国，一个政治经济发展仍然不平衡的大国；我们不能忘记法治的建立是一个比较长期的过程，而不是一个决心的结果。我们不应让我们对理想的关注遮蔽了现实的需要，以一种知识压迫、压制甚至扼杀另一种知识。相反，我们应当重新研究中国农村对于法律规则、法律知识的需要，并在可能情况下，让这些知识进入法律学术和教育界的视野，进入法律实务界的实践。

这些结论还要有所限制。我也不是说所有的法学院或法律教授都应同样关注这些不同的知识，并同样地在法律教育中贯彻。我主张有社会分工，即不同的法学院系可以各自依据自己的资源来追求自己在法学教育上的比较优势。这样，也可能会对法学教育的进一步发展和繁荣产生深远的影响。

1998 年 4 月 30 日于北大蔚秀园

知识的互惠与征服 *

今天，生活在地球村的人们日益感到跨文化交流的重要性；也许知识分子对这一点感受尤深。在这个意义上，知识的交流就是一种知识的互惠、互补。对于发展中国家来说，这种对于外国知识的汲取无疑是重要的，是现代化的必须。发达国家，在这种知识的交流中，也能获取新的意义，扩大自己的视野，可以看到一种在自己现有知识框架中难以想象的生活和知识，理解一种不可能的可能，或多或少改变老子天下第一的观点。

但在有些方面，我在法律社会学调查中发现，这种知识的交流对于有些群体来说只是一种不得已，一种被迫。就其现有的生活而言，他们本来未必需要这种知识；他们需要这种知识仅仅因为他们需要同一些陌生人打交道，他们需要了解对方，以便利用这种对对方之了解来保护自己，或获取某种利益（包括对方的认同）。这种情况比比皆是。但为避免过分专业化，我仅仅从日常生活切入这个问题，其中的意味则不应限于日常生活。

---

* 本文原为赵汀阳先生组织的在北大举行的一个研讨会（约2001年2月）发言稿；后载于张士宝主编：《法学家茶座》第14辑，山东人民出版社，2007年。

知识的互惠与征服

每年，北大校园里都有这样一些孩子，他们一身乡土气走进校园，但或多或少地会受到某种歧视。他们不懂莫扎特、贝多芬，不懂梵高、莫奈，不懂卡夫卡、博尔赫斯，不懂福柯、德里达；因此，尽管他们可能学业不错，但是在大学校园的"精英"文化环境中，这些人感觉自己总是缺少某些东西，缺少某些"知识"，显得土老帽。为了让自己适应环境，抛弃这些土气，他们努力了解城市人的习惯，按照城市知识人的方式行为。总有不少学子会花费相当的时间、精力来学习这类"知识"，装点自己。他们会把一些自己其实并不真正喜欢，也不真正需要，甚至未必是知识的东西当成一种获得这个大学社区承认的执照。他们会学着喝咖啡，学着跳舞，学着吼摇滚，学着（如果还有一点零钱的话）在情人节买一枝红玫瑰而不是其他什么花送给自己喜爱的姑娘。学习这些"知识"时，他们会很认真、很执著，甚至比对学业更为执著。作为生活的一个部分，就这样，他们度过了校园的四年或七年或十年的生活，他们当中确有一些人变了，变得温文尔雅、绅士风度，变得妩媚靓丽、风姿绰约。他们也能同其他人一块谈论先前他们不熟悉的人和事了。他们成了白领。他们不说"给我一张纸"，而说"请给我一张 paper"。

有些人也许就这样永远变了。但也有不少人，其实骨子里没有变多少。在他们的内心深处也许仍然喜爱故乡的秦腔、花鼓戏或者是那种有头有尾的、讲故事的电影，而不是《费加罗的婚礼》或《胡桃夹子》；也许喜爱的是陕北的"酸曲"，而不是迈克尔·杰克逊或麦当娜；也许是民间的剪纸甚或是近代从西方引进但已经构成当代中国现实一部分的写实主义油画，而不是莫奈或毕加索；喜欢金庸的小说，而不是《第二十二条军规》，不是《审判》，不是《卡拉马佐夫兄弟》。而且，说不定哪一天，他被压抑的偏好都会重新显现出来，如果环境允许的话。当他因无法获得认同而心灰意懒因此不再追逐周围的承认时，或者相反，当他已功成名就而人们追求他的认同接受时，他就不再谈论这些了。如果他追求的女孩子已经成为他的妻子，他就不会再买一束玫瑰花，也忘记了情人节。他的"劣根性"暴露无遗了。注意这里的引号。

这种现象在近代以及当代中国都不少见，可能在许多发展中国家都不少见。我也不想简单地对此说好说坏。也许中国在过去的一个世纪中，就是在这种"假白领"的摇摆中发展起来，变得日益现代化或"西化"了。也许今天许多外资企业、许多国家机关和单位也都需要这样的人。但是，对于一个人来说，对于一个民族来说，真的有这种必要吗？这种模仿和学习，注意，仅仅是这种生活方式的模仿和学习，这种谈资话题上的模仿和学习，这种举止做派上的模仿和学习，到底有什么效用？对人类社会有什么福利的增进？以及，如果确实有，又是对谁的效用？

我不反对西方的文明，我也不反对一个人文明起来，谦和礼貌，博闻强记；特别是如果这一切都是他自己的选择。但如果这一切不是为了自己的需求，不是为了自己的福利，同时也没有或未必增进社会的福利，相反仅仅是为了遗忘现在的自己，为了疏远社会，为了脱离日常生活，仅仅是为了一种风尚，那么我觉得这种表面看来很个人性的、实际加总起来是社会化的大规模投资，从长远看来，是没有多少效用的，没有多少福利改善的。它甚至是压迫性的。它不仅压迫自己，甚至也压迫他人。我曾经见到自己的一些同代人，为了圆自己的梦，逼着自己的孩子学习钢琴、小提琴；仅仅是为了圆自己年轻时代的梦。孩子成了父母自我心理补偿的工具。

知识的互惠与征服

　　这是一种弱势文化的畸变，一种对自己的不自信。这种表面的知识的交流和互惠中实际隐含了一种文化的自我殖民、自我压迫和消灭。我不想过多地讨论这个问题。这样的事情在一定程度上都与个人选择有关，我不想干预这种个人的选择。如果硬要说这是悲剧，那么到处都有这种悲剧，因此，没有太多的大惊小怪的必要。

　　我关心的是这种也算是知识交流之现象的背后，关心的是——在我看来——理想的知识交流和互惠必须具备的前提条件，而不是一般地、非语境化地谈论知识的互惠。这个条件就是知识生产和输出的更大的权力关系。这种权力关系还不是个人之间的，而是国家之间的，文明之间的，这种权力关系并不真正基于知识的"真"和社会效用。没有经济实力的大致平等，哪怕同属于生活习惯和便利的知识，也还是会有些人的这类"知识"更有市场价值，而另一些人的则没有很多市场价值；由此而来，也就没有对自己的自信以及对他人和自己的适度尊重，也就不可能有真正的知识互惠，有的只是看似互惠背后的单向度强加和自我强加，有的只是认同的自我改变，有的只是文化的自我消灭。40年前，在日本和亚洲四小龙崛起之前，韦伯的学说几乎是亚洲学者头上抹不去的一片阴影；而1970年代以后，韦伯关于儒家学说的观点至少受到了某种挑战或调整。人们至少不再一般化地认为儒家学说与市场经济不兼容了。

　　也许邓小平说得对，"发展才是硬道理"——知识的真正平等交流和互惠只有在人们富裕起来，有了自信心，有了自主性之后，才有可能进行。中国人的习惯说法叫作"财大气粗"。尽管这种说法有贬义，应当予以警惕。但在抽象层面它还是提示了：知识的流动和流向是随着财富权力关系变化的。这也就是说，仅仅从理想层面上构建一个知识互惠的理想模式不可能解决现实生活中知识交流和互惠的问题。说不定知识互惠的话题本身就是一个知识强加的新战略，就如同关于人权的对话很少是为了对话，而仅仅是为了征服一样。

我的这番话很容易被理解为一种抵抗，或是要做出一种抵抗的姿态，有什么民族主义情绪之类的东西；人们会很容易这样理解。我其实不是抵抗，也不想发出什么抵抗的宣言。不仅是到了这个年龄，到拿了洋博士回来之后，再搞那一套，且不追究你是否沽名钓誉、故作姿态，也不会有多少人信的。更重要的是，如同我在一开始就说的，我还是相信有些知识确实是互惠的、互补的，甚至是目前中国必须努力学习的，而且——如果提醒能起作用——即使有一天中国发达起来了，也还是应当不断努力学习其他人的（一切人的）对于人类生存有利的知识。我上面说的仅仅是指出在知识交流中还有另一方面的现实，无法用知识话语本身改变的现实，我和你都处在这种宿命之中的现实。在这个意义上，我们都是尼采意义上的人，一种不断斗争着的人，是"超善恶"的；或者用老子的话来说"天地不仁，以万物为刍狗"。我的这些言说不是一种道德话语（尽管可能被理解为道德话语），不隐含什么规范的追求；我只是看穿而已。我是绝望者，绝望者无所谓抵抗。

更重要的是，我的例子也表明，这种知识强加现象不仅在跨文化交流中存在，而且就存在于我们的身边，存在于我们同他人（包括同学生）的交流中，这个强加者和被强加者同时就是你、是我。仅仅你我"自觉"也无法改变。

如果理解了这一点，我们就会发现，所谓重构知识互惠的理想模式也许从一开始就是一种没有意义的努力——你如何要求人们在行动上而不是在言辞上采纳这种模式?! 也许只是学者有了一套政治正确以及隐含在其后的社会利益分配而已？有意义的也许只是生存的斗争,只是实力?!

2001年2月15日星期四草于北大法学院

曾经的司法洞识*

> 一个巴掌拍不响。　　　　　——俗语
>
> 莫寻仇，莫负气，莫听教唆到此地，费心费力费钱，就胜人，终累己。
>
> 要酌理，要揆情，要度时事做这官，不勤不清不慎，易造孽，难欺天。

这是位于山西省平遥县，极少数目前仍保留完整的中国古代县衙署门前的第一副楹联。与遍布中国各地名胜古迹的诸多楹联相比，它既没有抒发情怀，也没有感叹历史；它文字朴素，直白得甚至令人别扭（例如"做这官"）；它仅仅与传统社会中的打官司直接相关，大致相当于今天的司法。但2003年盛夏，面对这副楹联，想象着它背后的传统中国"司法"，对照着正热火朝天的司法改革，我发现，这不也是一种曾经的司法理论？

---

* 原载于《读书》2007年第4期。

曾经的司法洞识

一

　　社会生活纠纷难免，解决也有多种办法。由政府提供司法救济，作为选项之一，无论对于纠纷当事人还是国家来说都是必需的。但一个社会未必有能力提供令人满意的——无论是数量还是质量——司法服务。首先，任何政府的财政汲取能力都有限，小农经济的传统中国就更是如此。没有财力供养一支相对完整的司法专业队伍，司法解决纠纷的能力自然有限。其次，即使国家有税收财力支持，但由于使用司法的人总是具体的，只要诉讼的个人收益大于个人的成本，诉讼人就会过度并因此是没有效率地使用由公共财政支持的司法。最后，从规范层面上看，即使国家有能力垄断纠纷解决，这种垄断也会导致社会中其他纠纷解决机制的衰落和萎缩，不仅会丧失各种纠纷解决机制之间的竞争以及可能的创新，减少诉讼人的选项，增加其诉讼费用，而且从理论上看还更可能引发司法腐败的增加。

　　因此，对于传统中国的治理者，一个重要问题就是如何量入为出，将有限的司法资源尽可能提供给那些最需要司法服务的人，以争取司法活动的最大绩效，实现在当时财政、技术制约下的最大公正。这意味着司法必须适度筛选诉讼人。

　　上联的主旨针对了这一问题。楹联位于诉讼人进入诉讼之门前，不仅明确告知了诉讼人必定支付的成本——"费心费力费钱"，还告知了因诉讼结果不确定（就胜人）而发生的另一种成本——风险成本；因为至少某些诉讼人——例如寻仇者——往往容易低估后一种成本。尽管告知的实际效果难以确定，但只要信息会影响决策，那么就一定对边际的（主观上认为自己的官司可打可不打）诉讼人会产生某些影响。因此，上联不但是一个有关诉讼的粗略经济学分析；而且，由于其所处的特定政治司法空间位置，从功能或后果上看，它也是有针对性的普法教育，是一种与当时的政治治理相一致的追求效率的微观制度和制度实践。

上联提及了三类人，寻仇者、负气者和听人教唆者，也很有针对性。一般而言，这类诉讼者所能提供的客观上强有力的证据会比其他类型的诉讼者所能提供的更少；因此，他们更有可能，尽管不必定，因这一告知而重新评估自己诉诸司法的决定。至少某些寻仇者会反思自己能否胜出，因为他们一般更关心胜诉的概率。即使只有一个人因此放弃了诉讼，鉴于这一告知几乎不花什么钱，也还是节省了社会的诉讼资源和其他社会费用。这客观上会促成更有效率的社会资源配置。

提及这三类人还揭示了常常为今天的主流法治意识形态话语遮蔽，但在日常生活中并不罕见的两个社会事实。第一，尽管制度设计者如此追求，但司法并不一定只是被人用来维护合法权利，它也常常被人挪用来侵犯他人的合法权利，追求不法利益——社会中自古以来都有"恶人先告状"的现象。正如尼采和福柯说过的，任何制度都不会坚定不移地指向其设定的目标，保持着其诞生时的纯真（如果确实曾有过这样的纯真的话）。[1] 打着

---

[1] "一件事的起因和它的最终的用途、它的实际应用，以及它的目的顺序的排列都全然不是一回事；……在［］重新解释与正名的过程中，以往的'意义'和'目的'就会不可避免地被掩盖，甚至被全部抹掉"（尼采：《论道德的谱系》，周红译，生活·读书·新知三联书店，1992年，页56）。对这一观点的进一步阐述，请看，Michel Foucault, "Nietzsche, Genealogy, History," in *The Foucault Reader*, ed. by Paul Rabinow, Pantheon Books, 1984。

公正的幌子追求不公，以维权之名谋求私利，永远都存在。第二，有些诉讼可能因"听人教唆"而发生，而诉讼人与教唆者的利益往往是存在分歧的。尽管司法没有能力甄别楹联中提及的这些诉讼者，因此不可能完全排除这类诉讼，但中国古代审判者对这一点世道人心看得很清楚。

二

下联针对了审判者。仔细推敲起来，也颇有意味。

首先，下联着重强调了审判者的道德和职业伦理，并非一般的道德。勤勉—清楚[2]—审慎，不仅是递进的要求，尤其是后两项，更凸显了司法决策的特点。"酌理""揆情"和"度时事"，则告诫了司法决策中，除法条外，应当甚或必须考量的其他重要因素。若是同当代中国流行的司法道德话语相比，我们发现这里完全省略了诸如"廉洁公正""不徇私情""执法如山""刚正不阿"这类似乎是更为根本和基本的道德。[3]

---

2 为什么将楹联中的"清"作"清楚"解，而不是作"清廉"解？读者会有疑问；因为后一句话"易造孽"。不清廉肯定会造孽，两者的关系几乎是肯定的；案件事实不清楚才有易造孽一说，两者的关系是概然的。

3 可参看，《法官行为规范（试行）》，2005 年 11 月 4 日，法发〔2005〕19 号。又可参看，沈忠俊、刘同华编著：《司法职业道德》（修订本），中国政法大学出版社，2003 年。该书第四章详细讨论了司法职业道德基本原则有：（1）忠实于人民国家、全心全意为人民服务；（2）忠实于社会主义宪法和法律；以及（3）忠实于事实。第五章详细讨论了司法职业道德的主要规范有：（1）立场坚定、爱憎分明；（2）秉公执法、刚直不阿；（3）求实求真、有错必纠；（4）清正廉明、不谋私利；（5）谦虚谨慎、团结协作；（6）忠于职守、文明进取。

显然不能用中国传统司法不关心审判者的基本道德来解说这种省略。其意义在于，或更好的解说在于，诸如"公正廉洁"之类是一种基本人格要求。将之放逐于司法道德之外，因为这类问题本应由选拔官员的政治过程和部门来解决。如果对一位出掌地方大权的官员还不放心他能否保持起码的公正和廉洁，还需要告诫他别贪污受贿，那为什么还要让他出任地方长官？而诸如"刚正不阿"之类，听起来很好，分寸却难把握，不仅司法本身有层级，而且缺乏开放和宽容的刚正不阿不无可能流变为偏执。这一省略的更深意味因此是：尽管相关，司法的道德既不等于政治道德或一般道德，也不是圣人或完人的道德。据此可以判断，中国传统社会对何为审判者的职业道德伦理已经有了比较确定的理解，已经产生了一种有别于政治道德和完人道德的司法职业道德要求。

"酌理""揆情"和"度时事"则明确要求法官不能太法条主义。"理"在传统中国不仅包括了我们今天所说的广义的法[4]，"天理"甚至具有自然法的性质。揆情则告诫法官断案要善于设身处地揣摸人情事理。度时事则可谓要求司法要有今天所说的社会公共政策考量。

不必多言，这种要求有可能不利于依法办事，其中隐含的裁量权甚至可能为贪污腐败留下了空间。但是，我们要看到严格依法的好处，却也必须考虑到仅仅依法办事的弊端。特别是在中国这样的大国，中央政府不可能制定涵盖一切现实可能的法典，风土人情、社会变化都要求法律具有适度灵活性。这就必须依赖具体决策者的智慧，必须鼓励和激发他们的积极性。更何况传统中

4　参看，严复：《法意》，商务印书馆，1981年，页3、7。

国兼理司法的地方官员还并非纯粹的法官。大量的法学研究都表明，法治并不等于仅仅依法办事，完全依法未必得出好的结果。在一些难办的案件上，作为原则，给予法官一种受制约的裁量权，适度综合考虑法理、人情、社会以及可能的后果，是一种更为务实也更为现实的做法。在现代司法实践上，这种裁量权一般被归入了"司法独立"的范畴。其实，中国传统社会对审判者的这些要求甚至更符合美国司法中理想法官的标准——法律人/政治家[5]，能够适度地"超越法律"[6]。

值得注意的还有，为了保证制度的有效运作，还借助了民间意识形态。"易造孽"不仅指出了司法判断容易出错且后果往往无法补救的特点，因此，勤勉、清楚和审慎这些个人操守变成了一种必须履行的政治责任和义务。但这种转化还不足以保证审判者履职，除非有某种强制执行的机制。"难欺天"因此有了特别的意义。天可以理解为皇权和中央政府，甚或是社会舆论，因此对审判者构成一种外在制约。但鉴于传统中国关于"孽"和"报应"的民间信仰，更可以将"天"理解为老天的报应，其中还可能包括审判者的内心自责和愧疚，因此从功能上看是一种内在制约，一种实在的制度；即便这种制度的基础在今天看来是一种虚幻的信念。[7]

---

5 关于美国司法职业中的理想法律人的分析和讨论，可参看，Anthony Kronman, *The Lost Lawyer: Failing Ideals of the Legal Profession*, Harvard University Press, 1995。
6 Richard A. Posner, *Problems of Jurisprudence*, Harvard University Press, 1990, pp. 451-452.
7 相关的理论分析，可参看，吴元元：《神灵信仰、信息甄别与古代清官断案》，《中国社会科学》，2006年第6期，页133以下。

三

今天的主流司法理论总是集中关注审判者一方。有关司法制度的著作以及中国司法改革方案总是围绕着审判者（法官和法院）展开，例如司法体制、司法审级、司法程序、司法独立、司法审查、法官选任、法官学历和专业素质、职业道德等；有时甚至连检察官也很少关注和讨论。这与楹联作者将诉讼人和审判者并重的思路构成了鲜明的反差。这种并重还不大可能只是偶然。从阐释学原理上看，这一楹联的结构一定反映了作者，并且——由于其政治空间位置——也反映了中国传统政治，对司法的一种理解和思路。因此，剩下的问题是，曾经的这种司法理解对今天我们深入理解研究司法和司法制度有什么样的启示？

它提供了另一种考察和改善司法的视角。如果有效的个案司法，以及一个社会中总体有效率的司法制度运作，是值得追求的，那么，无论是诉讼者还是审判者就都是这个生动的司法制度的构成一方，他们都无法独自有效地改善司法，无论是就个案还是就整个制度而言。可以用安全驾驶作为一个例证。交通安全无疑是值得追求的目标，它涉及驾车人和行人双方。一般人们会认为，交通安全的问题是要避免汽车伤人，因此只要驾车人小心驾驶，遵守交通规则，就可以保证交通安全。但这种看似无可置疑的命题错了，因为它暗中假定所有行人都遵守交通规则。在现实中，交通安全仅仅靠任何一方的努力都很难实现。如果行人不遵守交通规则，那么除非禁止驾车，驾车人再小心也难免交通事故，因为驾车人完全无法根据规则预测行人的行为。因此，一个真正合理和理想的状态是，行人和驾车人都必须遵守各自的交通规则，享有各自的路权。这就是科斯定理指出的权利相互性以及侵害案件中因果关系的边际原则。[8] 依据法律经济学的分析，一部理想的交通法规应当促使行人和驾车人在各自最有效控制的范围内承担责任。[9]

这一分析追求的是减少损失，似乎与司法无关。但只要换一个视角，将减少的损失视为双方措施所获得的收益，就可以用科斯定理来分析司法制度了。我们可以将司法绩效的改善视为诉讼人和审判者协同努力带来的司法制度收益，也可以视其为这一共同努力所减少的司法制度损失；是收益还是损失则取决于你如何确定衡量司法绩效的基点。

将诉讼人和司法者并重因此并非楹联作者刻意追求文字对仗工整，它恰恰反映了当时的统治者（审判者）对司法问题和司法制度曾有过深刻的洞察，甚至把诉讼人放在首位也可以说反映了他们的某种意识，司法是对社会需求的回应。而楹联对司法活动的这两类参与者分别提出的要求也不过分，因为这些要求（1）从总体上看都符合各自的最大利益（"终累己"和"难欺天"），以及（2）相对于司法诉讼的另一方而言，这也是他们各自更容易做到的。可以说，这一楹联反映了一种整体的司法制度观，追求了一种非常明智的司法责任分配，追求个案审判以及作为制度的司法的效率，体现了高度的政治智慧；即便由于时代的局限，它没

8　Ronald Coase, "The Problem of Social Cost," 3 *Journal of Law and Economics* 1 (1960).
9　可参看，Guido Calabresi, "Some Thoughts on Risk Distribution and the Law of Torts," 70 *Yale Law Journal* 499 (1961); Richard A. Posner, "A Theory of Negligence," 1 *The Journal of Legal Studies* 29 (1972); John Prather Brown, "Toward an Economic Theory of Liability," 2 *The Journal of Legal Studies* 323 (1973)。

有而且也不可能对双方的责任展开细致的边际分析。

四

我不想在此对这一曾经的司法洞识展开进一步的经验验证和理论分析；只打算指出，它揭示了当代司法制度研究中的一个盲点，并因此为当代中国的司法制度研究提出了一些新的可能。至少它意味着，不能仅仅视诉讼人为既定司法制度的消极被动的接受者，他们还是直接影响和塑造这一制度并创造制度绩效的行动者。这不仅展示了一个有关司法审判以及有关司法制度的经验研究的新领地；最重要的是，这提出了一个重构司法制度理论的必要和可能。在实践层面，它要求无论是面对一件诉讼，或是研究、设计或改革一项司法制度，都不应仅仅关注一般的所谓司法原理，仅仅关注审判者的改善，而必须同时关注这个案件中的诉讼者的特点，或是关注这项制度必须面对或即将面对的一般诉讼者的特点。

由于现代社会中诉讼往往依赖律师，在这一视角下，可以视律师为一个不带贬义的理论上的"教唆者"，律师的利益与诉讼人的利益并不一致[10]，因此有必要进一步研究律师在司法中的制度角色，而不是仅仅研究其在诉讼中的角色。不能也不应简单地把律师同诉讼人的利益混为一谈。

这一视角也有助于我们从功能上理解各国以及每一国家内实际上非常复杂的包括司法制度在内的诸多纠纷解决体制，理解司

---

[10] 可参看，Marc Galanter, "Why the 'Haves' Come Out Ahead: Speculations on the Limits of Legal Change," 9 *Law and Society Review* 95 (1974)。

法的复杂制度结构。例如,对于诸如司法、仲裁、调解甚至私了(private settlement),司法中的简易程序和常规程序,小额法院、专门法院和普通法院,英美法中的初审法院和上诉法院之区分,陪审团、律师制度、辩诉交易等一系列制度。中国学界目前习惯于以一系列基本司法理念和命题为起点来演绎展示其合理性(包括批评其合理性),最多也只是从历史路径依赖的角度来考察这些制度的存在理由,往往语焉不详。若是从这一视角切入,我们就会发现,所有这些制度,在一定意义上,都与这些具体制度所服务的特定诉讼人有关,回应了这些诉讼人的以及社会的特殊需求。[11]

这就必须拒绝司法制度研究中的目的论和设计论(但不是拒绝设计)。如果司法制度是对历史过程中发生的不同诉讼需求的制度回应和制度累积,那么诸多的具体司法制度之间就不可能也不应不存在一个始终如一、坚定不移的司法追求或司法目的,因此不可能架构性地按照某个单一司法理念来设计包括司法在内的广义的纠纷解决机制。可以断定,在中国这样的大国,由于各地政治经济文化社会发展的不平衡,由于中国社会的分层,诸多诉讼人对制度的需求一定是不同的。同样的制度设计在各地有时甚至在司法各层级,绩效也必定不同。整齐划一的制度设计因此不仅无效,而且危险。从这一视角来看,制度设计和移植的"走样"未必是值得哀悼的不幸,相反可能是值得总结的庆幸。甚或

---

[11] 新近的一个关于辩诉交易历史的实证研究表明这一制度是对社会变化的一种"突然而显著的"制度回应。麦高伟、米尔斯基:《陪审制与辩诉交易——一部真实的历史》,陈碧、王戈译,中国检察出版社,2006年。关于陪审团制度的变迁,请看,Henry J. Abraham, *The Judicial Process: An Introductory Analysis of the Courts of the United States, England and France*, 4th ed., Oxford University Press, 1980, pp. 107-109。

制度的原旨（original intent）也变得不再重要了，重要的是发现引发制度畸变的社会事件和社会变量，特别是诉讼者相互冲突的需要。这要求一种更多是谱系学的研究思路；更可能导致中国司法改革思路的调整。

只要略加展开，这个洞察甚至可以拓展用以理解司法以外的制度发生和变革。从这个意义上看，法律制度的创制者必定不仅仅包括法律人，而且一定包括了那些通常被视为受制于法律的每一个普通公民。法治因此必定不可能是法律人的创造，它必定是一个民族生活的创造。我们也就可以更深刻同时也更具体地理解孟德斯鸠当年的评论，"为某一国人民制定的法律，应该是非常适合于该国人民的"以及"如果一个国家的法律竟能适合另外一个国家的话，那只是非常凑巧的事"。[12]

五．

尽管中国古人对司法有深刻的理解，这却不意味着传统中国司法的绩效是出色的，或者达到了当时制度设计的预期。因此，还有必要作一点分析。

首先，对负气、寻仇和听人教唆的诉讼人的告知未必能起很大遏阻作用。理由是，可以预期，传统社会绝大多数诉讼人不识字，因此这副楹联的告知也许就成了摆设。即使识字，至少有一部分人也不可能自觉自己的负气、寻仇或听人教唆。在山者总是很难意识到自己"不识庐山真面目"。更重要的是，即使事后

---

[12] 孟德斯鸠：《论法的精神》上册，张雁深译，商务印书馆，1961年，页6。

有了这样的感悟,也无法防止他们或其他人下一次在黄山间不再重复以往的经验。事后理解的往往是生活的道理,但生活本身不仅有道理,还常常伴随了情感。对于那些出于利益和策略考量的冷酷寻仇者,试图用诉讼来陷害他人者,只要他们有足够的主观胜诉概率,这类规劝同样不起多大作用;因为道德规劝不足以促使人行动,推动力必定是利害关系。[13] "费心费力费钱"也只有在心、力、钱有机会成本之际方才构成诉讼费用。而在农业社会中,至少在农闲时,即使在今天,"心"和"力"也并不自然构成成本。俗话说"闲着也是闲着"或"闲得慌"就是一个证据。既然传统农业社会的生产方式降低了农民的实际诉讼费用,因此只要通过诉讼可能获得的收益——争议利益乘以获胜概率——足够大,那么潜在的诉讼者就不大可能因这种规劝而放弃诉讼。

对审判者的规劝和告诫也同样未必有效,因为缺乏监督。尽管传统司法制度的设计者试图在制度中纳入一个自我执行机制,但其有效性一定很低。由于缺乏有财政支持的监督,皇权实际干预的概率并不高,有效性也不大,实际威慑力不可能很大。对舆论的顾忌程度或者取决于因舆论引发的皇权干预的概率和程度,或者取决于审判者对社区的自我认同感;而这两点都是不确定的。剩下的只有对老天报应的忌惮了;而这要取决于当时人们对老天报应的确信程度。[14] 尽管无法测度,但可以确定的一点是,当时人们的确信程度会有不同。鉴于知识会促使人们世俗化,那么,可以推断,一般而言,受过教育的、见多识广的官员

---

13 参看,理查德·A. 波斯纳:《道德和法律理论的疑问》,苏力译,中国政法大学出版社,2001年,页45以下。
14 关于这一信念对于这一自我执行机制运作之必要的理论分析,可参看,吴元元,同前注7,页138—139。

很可能比普通民众更少相信老天报应。[15] 因此，这个机制不仅相对于民众可能更少对官员起作用；更吊诡的是，在官员中，这个基于民间意识形态的自我执行机制的实际效果很可能是逆向淘汰的，即，一般而言，不相信老天爷会报应的官员更可能不勤不清不慎。因此本来最应以这一制度予以遏阻的，但正由于他们不信老天报应，这个制度对他们又最缺乏遏阻效果。

即使如此，如果历史地评价，这也许不重要。重要的是，第一，这个制度在当时社会历史条件下就可行性而言是否合乎情理。我的回答是肯定的。即使这个基于民间意识形态的自我执行机制无法有效激励那些不相信老天报应的官员，它仍然在一定程度上会激励那些若无这一机制就有可能更不勤不清不慎的官员。就此而言，有这个机制仍然比没有这一机制强。一个制度的正当和合理不在于其是否百分之百有效，或是否达到了设计者的预期，而在于在社会层面上其收益是否大于其成本。第二，它已经为我们今天理解司法制度，分析理解中国司法改革的经验和教训，提供了一个新的视角；而这就足够了。我们不能苛求古人。

苛求一词暗示了中国古人的这一洞察是清醒的。这完全可能。

---

[15] 对这一点的论证有理论的和经验的支持。从理论上看，教育固然可能强化某种信念，但总体而言更倾向于引发人们的反思和质疑，追求真的因果律，因此尼采指出，关于因果关系的知识增加会导致道德信念的弱化（尼采：《曙光》，田立年译，漓江出版社，2000年，页8）；波斯纳也指出熟悉道德理论会使得人们更容易为自己的不道德行为寻找道德理论的借口（理查德·A. 波斯纳：《道德和法律理论的疑问》，同前注13，页80）。从经验上看，报应思想更多是不发达社会的信念（理查德·A. 波斯纳：《正义/司法的经济学》，苏力译，中国政法大学出版社，2002年，特别是第8章），在中国传统社会中，报应更常常是民间的但对正式制度有影响的意识形态（可参看，赵旭东：《"报应"的宇宙观：明清以来诉讼解释模式的再解释》，《法律与社会科学》，法律出版社，2006年，页127以下）；以及在中国古代运用神灵报应信仰断案的案例中，官员本人都不相信神灵报应（参见吴元元：《神灵信仰》，同前注7）。

曾经的司法洞识

尽管中国古人不曾如同现代人那样对相关制度作细致的分析，也没有今天主要由西方学者创制的种种制度理论或法律经济学分析，但这不等于中国古人不懂得如何最有效地追求自己的利益，不懂得制度的有效性。中国人早就指出了"一个巴掌拍不响"或"孤掌难鸣"，从来都强调要"双管齐下"，无论是从避免争议还是从合作来看，这都是中国民间对符合科斯定理的责任分配原则的最精练同时也是最形象的概括。这一楹联出现在山西，而山西自明代以来一直是传统中国商业高度发达、人们最善于理财的地区。可以设想，当地人对市场效率的理解和追求很容易渗入他们对非市场行为的日常思考，包括对司法制度的思考和设置上。

洞识当然不等同于理论；但也不应把理论等同于系统的文字阐述。我们不能因为没有系统的文字阐述就否认了中国古人的智慧。其实，在日常生活中，人们并不总是，也不需要，先系统说明必要性和可能性然后才行动。只是在非常少数的现代社会实践中，制度的创立才会或要求伴随有预先的系统理论论证。1978年中国安徽省小岗村农民秘密采取了生产承包责任制，并不因为他们系统论证了甚或理解了人民公社制的弊端，阐述了承包责任制的优点；他们只是凭着经验或直觉知道了后者的产出将高于前者。古人和今人都会在当时的制度制约下不断选择，并在社会演化的过程中，通过试错法逐渐形成一个有效率的制度，提出某些并不系统但仍然符合经济学的简单陈述，且无须展示背后隐含的经济学逻辑。[16]

因此，尽管借助了平遥衙署门前的这副古代楹联，本文却不

---

[16] 例如科斯展示的普通法的效率。有关的论证，可参看，Paul Rubin, "Why Is the Common Law Efficient?" *The Journal of Legal Studies*, vol. 6 (1977) 51; George Priest, "The Common Law Process and the Selection of Efficient Rules," *The Journal of Legal Studies*, vol. 6 (1977) 65; John Goodman, "An Economic Theory of the Evolution of Common Law," *The Journal of Legal Studies*, vol. 7 (1978) 393。

是对中国传统司法制度的一首赞歌,也不意味着希望回到古代,哪怕注定有人会这样理解本文。这就如同我们欣赏、考察甚至赞叹恐龙并不意味着我们渴望回到侏罗纪。本文关注点仅仅在于分析和展示中国传统司法制度中的经济学洞识,发现它与我们今天面对的中国和世界的相关性,对于未来的实践和理论意义。

2006年11月10日初稿
12月25日二稿于北大法学院科研楼

悼念费孝通先生*

费孝通先生辞世了。

在我心目中,他是20世纪中国最杰出的社会科学家。

就我读过的他的著作而言,我认为他的贡献首先是,几乎在无师自通的情况下构思并完成了田野调查,撰写了《江村经济》,从微观的经验层面理性展示了一个中国农村的内在结构以及当时中国南方农业社会的整体结构,经受住了外国学者,特别是中国学者的学术挑剔眼光。但在我看来更重要的是,他撰写了《乡土中国》这本著作,基于对中国传统农业社会的抽象把握,他从宏观层面解说了传统乡土中国社会和国家的诸多特点,几乎是在不经意中用社会科学的理路和语言解说了中国儒家传统思想发生、延续以及在20世纪衰落的缘由。他研究的材料或现象是本土的,常常是身旁的、无人经意的和稍纵即逝的;但他的贡献是普遍的,是学术的且持久的。他对这块土地和土地上的人民充满了爱,但他的学术贡献却来自他的学术敏感、洞察力、思维能力和抽象能力以及从容不迫的学术表达。在20世纪

---

* 原载于《南方周末》,2005年4月28日。

中国社会科学界——在我看来——无人出其右。他专业是社会学、人类学,但他的学术影响遍及中国社会科学界,不仅在思想上,而且在方法和思路上。

他是第一位为中国学界获得国际声誉的天才的社会科学家;而且至今尚无其他中国学者超越。

我同费先生只有过一次接触,参与了他指导的赵旭东博士的答辩。当时他已年近90,却侃侃而谈,思维清晰、严谨,没有一句重复或嗯啊。在我的心目中,他一直是我的学术导师。

1999年元月14日,北京大学为费孝通先生荣获"霍英东学术杰出奖"举行了庆祝会,我作为外院系代表到会发言。让我以这篇昔日的发言稿寄托我的哀思。

2005年4月25日夜于北大

费孝通先生与中国法学

这个题目太大,我无法在宏观和理论层面清晰展开;而且那种代别人说话的方式也是我畏惧的。我更愿意从个人的角度谈谈费先生对我这个后辈学者的影响,以及在我周围的一些情况。与题目相对照,名不副实,但也许这种勾勒更具力量。

我第一次读费先生的著作是1980年代初,在北大读本科期间。当时,天津人民出版社重版了潘光旦先生的《优生原理》和费先生的《生育制度》等著作,我购买阅读后,感到大开眼界,与我当时所学习的规范性的法律以及当时流行的所谓哲理化的或直感性的法学议论,形成了鲜明的对比。费先生的著作,特别是对于婚姻制度的分析，具有一种巨大的穿透力，使我这个当时对爱情、婚姻充满憧憬和梦想的年轻人，习惯于用流行话语批判传统中国婚姻制度的人，看到了传统婚姻制度在当时社会制约条件下的许多合理的因素。例如关于包办婚姻、门当户对、姑表亲、姨表亲，关于离婚制度等。这对我当时学习婚姻法，特别是从制度的层面理解，起到了一定的作用。多年后，我在撰写涉及婚姻法的论文之际，基本思路之一就来自费先生的这本著作。同时，我也从中感到了社会科学分析论证的魅力；它平易，往往来自日常生活，来自人们的日常经验，没有任何信条式的话语，无须诉诸情感化的语言，但会给人一种智识上的震撼。坦率地说，当时我还不太会读书，读书也不细致，仅仅是感到读这些书很快乐，我也不懂得其中有什么理论，更不懂如何将这种研究问题的进路带进法学，不懂得这里面的方法。当时的法学完全处于恢复阶段，没有什么学术研究的传统。本科学习只是将许多前人关于法律问题的一些结论或法律条文记下来，我并没受到很好的法学学术训练。尽管如此，费先生的著作已经深深刻在我的记忆之中了。

还要提到我的一位最要好的同学，邹斌；他在北大购买了社会学系油印的《乡土中国》，我们相互传阅，都非常喜欢。毕业实习期间，受费先生的影响，他曾利用空隙在北京郊区进行各种调查。多年之后，我从美国留学归来，同他谈及费先生的著作时，他说，这本书对他一生的影响非常大，包括当年他研究生毕业之后没有选择留校，而是去了实务部门。

1985年我去了美国，学习美国的法律，远离了中文学术世界。偶然之中，我读到一本讨论国家与社会的英文读本[1]，其中摘录了费先生的英文著作的某些章节。费先生以翔实的材料、细致的分析表明，中国传统社会尽管似乎是倡导大家庭，实际生活中的家庭却大约是5口之家。这个分析在许多社会学家看来非常简单，但对于当时的我意义非同寻常，几乎是震撼性的。费先生的分析结论与我之前从书本中获得的关于中国社会的一般性历史概括非常不同，我开始认识到，尽管是中国人，长期生活在中国，我却未必理解中国，因此有必要重新理解中国。更重要的是，我获得了一种方法论启发，必须从实际出发，必须用眼睛看现实，从现实中提出问题，而不能只接受流行的命题。尽管我最终的博士论文选择的是一个美国的题目，但我开始将美国的法律同美国的社会条件联系起来，开始用一种结构功能主义的观点来分析美国的法律和社会。

1992年回国之后，我开始了新的努力。我追求在美国就说美国，在中国就说中国。这种想法，固然有点可笑，却使我真正开始关注中国社会中的问题。在这一期间，我重新阅读了费先生的《乡土中国》，我发现了理解中国法律制度的一系列关键，包括理解中国当代社会和法律变革的关键。我力求以费先生为榜样，从不起眼的细节入手，用平实的语言和严格的经验分析，去开掘出当代中国社会法律变革中的一系列问题。正是在这种努力中，我提出的一些问题，引发了法学界的注意。尽管许多学者从主流法学模式出发，对我的分析结论不赞同、不理解，提出了许多批评，但是这些问题被凸显出来了，重要性也逐步得到学界的

---

[1] Reinhard Bendix, ed. *State and Society; A Reader in Comparative Political Sociology*, Little, Brown, and Company, 1968.

认同，被认为是当代中国学者和法律工作者无法回避的问题。

1996年，法律系学生组办了一个当代法学名著的系列讲座，我讲了第一讲。但我讲的不是任何法学著作，我讲的是毛泽东的《中国的红色政权为什么能够存在？》和费孝通的《乡土中国》。我谈到，这两部著作对于理解当代中国社会变革中的法律问题，乃至一些具体法律问题，都具有纲领性作用。讲座受到了同学的好评。这表明真正的理论，真正的洞见，一定会有强大的说服力。受众生活在中国的环境中，因此，好的理论要能帮助他们将所遇到的一些现实问题串起来，组织起来，获得一种新的视角。

今天中国法学界已经与1980年代甚至1990年代初相当不同了。今天的学生普遍更注意研究中国的具体问题了，更注重实证研究了。有的优秀学生甚至放弃了出国学习的机会，愿意研究中国问题，他们的研究成果也令人刮目相看。许多法学院的学生都认真并反复阅读了费先生的《乡土中国》。今年，我在北大昌平园区给新生上《法理学》，我尝试用费先生的《乡土中国·生育制度》作为辅助教材，学生很喜欢。对中国社会缺乏了解的学生，通过阅读费先生的著作，更现实地理解了当代中国的一些具体问题，完全消除了我在作出这一决定前的忐忑不安。我感到，实证性地研究中国法律问题，实证性地研究具体法律问题，这种风气正在中国生长，有望产生更重要的成果。也许这些研究没有产生新的宏大理论，但是，法学作为一个注重实践的学科，如果能够解决中国的问题，就一定是个了不起的贡献了。更何况，我相信，这种注重实际的学风和研究风气一定会产生出新的理论贡献。我们的学生是很有潜质的。我们正在做我们的前人从来没有做过的事，无论是在法律实践上还是在法学学术上。而费先生的学术著作和理论影响，以及他以其终生的学术实践展示的对于这个民族的爱都在对法学的成长、改造产生着重大且深刻的影响。

1999 年 1 月 13 日于北大蔚秀园

社会转型中的中国学术[*]

> 萧瑟秋风今又是,
> 换了人间。
>
> ——毛泽东[1]

过去1/4个世纪里,放眼看来,实际是过去的一个多世纪以来,中国已经发生了一些根本性的变化,并且这些变化如今变得越来越明显。我在其他地方曾经说过,如果从历史上看,当代中国的变化可能是中国自春秋战国之后最大的变化;这也就是李鸿章在一个多世纪前说的,是"数千年来未有之变局"[2]。李当年说此话时,人们也许会感到有点夸张;但历史的变迁证明了他是真有眼光。

这个巨变中,一个重大组件是中国学术的变迁。传统中国社

---

[*] 原载于《法律与社会科学》卷1,法律出版社,2006年。
[1] 《毛泽东诗词选》,人民文学出版社,1986年。
[2] 这一说法见于清同治十三年(1874年)李鸿章的《筹画海防折》,但类似的说法最早可追溯到李鸿章清同治十一年(1872年)五月的《筹议制造轮船未可裁撤折》。请看,《李鸿章全集》,安徽教育出版社,2008年,卷6,页159;卷5,页107。

会并非一个"停滞的帝国",但一直是一个农业社会,社会、政治、经济发展都很缓慢,社会结构则没有什么根本性的变化,甚至看不出有什么变化的可能。在这样的社会中,"三年无改父道"是正常的。处于巨变的春秋战国时代的中国思想家们提出了各种主张,在经历了数百年的各类政治实践之后,到了汉武帝时期,终于形成了表面"独尊儒术"其实儒法并用的政治和文化传统。

中国传统学术(以文史哲为代表)可以说基本没有越出这种社会背景和学术传统,也大致适应了当时社会的需要。例如,"忠"和"孝"在传统中国更多是作为哲学、道德、伦理学问题讨论的;但从其社会功能来看,则是传统中国社会的政治意识形态,是当时整个政治社会制度的一个重要构成部分。"忠"更多是作为政治的社会控制机制,尽管主要针对了官员和读书人。"孝"主要是民间的社会控制之一,间接地也有政治治理的功能。两者合作维系了社会的正常运转。由于当时社会的经济生产方式和社会组织方式基本不变,因此,也必然形成一种"天不变道亦不变"的学术思想和传统。在这种社会制度下,虽不能说不可能产生近代意义上的那种注重社会科学的思想和学术,但确实很难兼容,因为社会需求不大,形成不了规模性的消费,就不可能形成一种学术传统。这种情况在欧洲中世纪也有,只不过当时的学术主流是经院哲学,是对圣经以及其他经典文本的注释和阐释。

在中国,到了19世纪末20世纪初,这种状况开始变化了。社会的变化引发了学术传统的变化,无论是内容还是风格。最典型的是西学的引入,其中最突出的则是社会科学的引入。作为经验研究的社会科学传统,应当说,主要是在市场经济社会中,在社会变迁中产生和发展起来的，其特点是试图发现社会运作的因果律，目的是预见、控制和改造社会，是知识的发现，而不再是对经典的解释。无怪乎，经济学、社会学、政治学、法学等都是在这一时期进入了中国。[3]

由此带来了中国学术传统的变迁，也带来了学术传统的某种程度的冲突，特别是对那些介于其间又同时理解这两个传统的一些学者。如果说当年的王国维说"可爱者不可信，可信者不可爱"，"知其可信而不能爱，觉其可爱而不能信"[4]，最早流露出了传统知识分子在中国现代学术变迁中的困惑，那么到了"五四"运动之后，这种变化就格外明显了。"少读或不读中国书"[5]至少在当时一部分知识分子中成为一种口号。这些口号是激进的。尽管之后常用作政治性解说，但在这背后，不无可能，确实也反映出，许多接触了新学或西学的中国学人已经感到传统学术不能适应现代中国社会变迁的需要。从这一角度来看，这个激进的文化口号反映了两种知识类型的冲突，而不完全是激进思想的产物。它也反映了社会需求的知识类型已经发生了变化，尽管当时大多数甚或是那些最激进的学人都更熟悉传统中国的文化。

这种冲突在一些政治领导人身上也反映出来了。最突出的可能是毛泽东。毛泽东本人非常喜欢旧体诗词，对新诗甚至称"给

---

3 主要表现为严复的译著，如《国富论》（经济学）、《群己权界论》（政治学）、《群学肄言》（社会学）、《法意》（法学）。

4 王国维：《静庵文集·自序二》（1907年），《王国维学术经典集》上卷，江西人民出版社，1997年，页5。

5 鲁迅：《写在〈坟〉后面》。1924年，胡适在《再谈谈整理国故》中也认为"我们不必怪青年们不读旧书"。

我三百大洋,也不看"[6],但他一生不提倡旧体诗[7],更多作为一种私人喜好。这也可以算是文化上的公私领域之划分。但问题是为什么?一种解释可以是,毛泽东看到了这一知识类型变迁的必然性和必要性。这一点在"文革"时期也能看到。1968年毛的"721指示"[8] 曾很受重视,但也忽视了其中颇为重要的一点:"大学还是要办的,我这里主要说的是理工科大学……"这个说法很有意思。人们可以批评毛泽东重理轻文,有知识偏见。若是同毛泽东发动的"文革"联系起来,也可以理解为一种统一政治意识形态的努力。但也并非不能从文化上或知识类型上理解。一旦放在中国的社会变迁中来,并结合毛本人对传统文化的熟知和喜好,不无可能,毛认为只有那些强调经验因果律的知识类型才是中国社会变迁、转型和发展最需要的;而这种知识的典型就是理工科的知识。事实上,毛泽东发动的"文化大革命",受冲击最大的还是文科知识分子群体(当时还没有今天习以为常的人文和社科之区分,严格意义的社科知识分子也很少),理工知识分子群体受到的冲击要小得多。

---

[6] 这一说法广为流传,可参看,臧克家:《毛泽东同志的新诗观》,《人民日报》,1990年5月15日,版8。公开发表的毛泽东的观点是:"用白话写诗,几十年来,迄无成功"。毛泽东:《给陈毅同志谈诗的一封信》(1965年7月21日),《诗刊》,1978年第1期。

[7] "诗当然应以新诗为主体,旧诗可以写一些,但是不宜在青年中提倡,因为这种体裁束缚思想,又不易学。"毛泽东:《关于诗的一封信》,《诗刊》,1957年创刊号。

[8] "721指示"指1968年7月21日毛泽东的一个批示,全文是:"大学还是要办的,我这里主要说的是理工科大学还要办,但学制要缩短,教育要革命,要无产阶级政治挂帅,走上海机床厂从工人中培养技术人员的道路。要从有实践经验的工人农民中间选拔学生,到学校学几年以后,又回到生产实践中去。"随后,因"文革"停止招生的中国各大学开始了招收"工农兵大学生"。请看,《从上海机床厂看培养工程技术人员的道路(调查报告)》,《人民日报》,1968年7月22日,版1。

但不管毛泽东意图如何，他的努力却不成功；甚至他的努力还以某种方式构建了一个吊诡现象。在毛泽东时代，尽管受到政治的压制和各个运动的冲击，实际上作家和人文学者的社会地位、生活待遇都颇高，也颇受社会尊重。当时流行的一个比喻是知识分子是臭豆腐——"闻起来臭，吃起来香"。即使受全国性批判，也表明或者是因为这种知识和人在社会中占据了重要位置，令人瞩目。一些学者在"文革"期间和之前的某些悲惨遭遇，也并不仅仅是政治因素，与社会下层平民的"嫉妒"多少也有关。[9] 当时的这种尊重甚至延及今天被划出知识界而称之为演艺界或娱乐圈的人士，例如许多著名演员。即使"文革"期间，这种格局也没有变化——当时文学青年可谓众多。

毛泽东去世之后，知识分子的春天来了；但就1970年代末80年代初而言，甚至一直持续到1980年代中后期，至少就社会能见度看，那个春天更多是，尽管不仅仅是，文科特别是人文知识分子的春天。1970年代末1980年代初，文学过热，乃至王蒙大声疾呼青年别都挤在文学的小道上[10]。"文革"后恢复高考，最早几届考分最高的文科学生大都进入了文史哲系，可能有诸多因素，却还是在一个没有就业市场的年代以特定方式表现了人文学科的市场召唤力；以及1980年代中后期的中国式的"文化热"。

这个春天没能持久，而且很可能是中国传统学术（以人文为

---

[9] 许多关于"文革"中甚或之前一些著名知识分子的著作中都流露出了这一点，尽管没有明说，甚至很少人关注。可参看，陆键东：《陈寅恪的最后二十年》，生活·读书·新知三联书店，1995年，页297—298，324—325，355，390—395；反映出至少是部分教师干部对陈寅恪享受优待不满。间接关联的，还可参看，章诒和：《往事并不如烟》，人民文学出版社，2004年，页261，其中提及罗隆基摆架子，坚持单独乘一辆小轿车，拒绝他人共乘等。
[10] 王蒙：《切莫拥挤在文学小道上》，《王蒙文存》卷21，人民文学出版社，2003年，页326—327。

主）的最后一个春天。到 1980 年代中期之后，就业市场就开始影响一代大学生的高考专业选择了，文史哲的热潮开始降落；文学失却了轰动效应，"国家正在发生巨大的、历史的变化。社会心态也在变，这种变化必然会反映到文学领域"[11]；尽管这一时期还是出现了"文化热"，但参加者主要还是人文——尽管已经变迁了的——学术传统中的人。就整体而言，知识类型的彻底转变始于 1990 年代初。标志性事件就是有关人文精神之失落的讨论[12]，这一讨论仍然主要集中在人文知识分子之中。这一次可以说是中国学界作为一个群体的人文知识分子真正感到了社会变迁给传统学术带来了威胁。

从近代以来，可能没有哪一个时期，作家和诗人、历史学家和哲学家，像 1990 年代中期以后在社会中如此边缘化。1920—1940 年代的文化人何等风光，无论是鲁迅、胡适、郭沫若，还是丁玲、巴金、胡风；其中许多人被当作知识分子的楷模。相比之下，当时的社会科学知识人则较为边缘化。而自 1990 年代中期以来，可能只有余秋雨除外——但在多大程度上是因为他的学术，或是因为他的其他社会活动，至少是一个疑问。印证作家和传统人文学者的社会地位和影响力下降的最重要参照系，是 1990 年代以来社会科学研究的影响力在中国上升，以及社会科学学者的影响力和社会地位在中国的上升。比较一下 1980 年代之前中国最有影响的广义文科（包括人文和社科）知识分子和

---

[11] 王蒙：《文学：失却轰动效应以后》，《人民日报》，1988 年 2 月 12 日，版 5（署名"阳雨"）；该文首先发表于 1988 年 1 月 30 日《文艺报》。

[12] 请参看，张汝伦等：《人文精神：是否可能和如何可能》，《读书》，1994 年第 3 期；高瑞泉等：《人文精神寻踪》，《读书》，1994 年第 4 期；许纪霖等：《道统、学统与政统》，《读书》，1994 年第 5 期；吴炫等：《我们需要怎样的人文精神》，《读书》，1994 年第 6 期，以及其他相关的文章。

1990年代之后的广义文科知识分子的变化，就可以看出这一点。1980年之前，中国社会中有影响的广义文科学者大都是人文学者，而如今基本是社会科学以及通常被划为社会科学（例如法学和商学）的学者。翻译著作出版中也可以看出这一点：1980年代之前，中国的广义文科翻译基本以人文著作和文学作品为主，而1990年代之后基本以社会科学为主。

不能将这一变迁仅仅看成学术风气一时流变，是"三十年河东，三十年河西"的风水轮回。这一转变与中国社会的转变无法分开，与整个社会的治理分不开[13]，社会需求带来了这一变化。我们当然可以说社会需求不理性；但这么长期的不理性，在我看来不可能。

更细致看一看，会发现，即使在社会科学内部也发生了一些学科之外的人看不出来的变化。例如在经济学学科中，经济史就明显衰落了，政治经济学也相对衰落了，至少不那么引人关注了。更为技术化、更为实证、更为经验的微观和宏观经济学发展起来了，还有更为实际的经济政策和产业政策研究发展起来了。法学和政治学的研究也少了一些宏大话语，对学术史的关注同样降低了，学者们更多开始关心技术性或制度细节问题。民主自由问题的讨论也都开始有了更具体、实证和经验的语境。这些变化固然有学术研究增加的原因，但更主要是中国社会本身提出了这样的问题，学者们或多或少地都遇到了这些问题，因此导致了这些社会科学学科的内部演变，尽管学科之外的人还无法感觉到这些。社会学、人类学、国际政治的研究也都有类似的变化。

13　参看，冯象：《木腿正义》，中山大学出版社，1999年；《政法笔记》，江苏人民出版社，2004年。

甚至一些原先研究文史哲的学者也或多或少地转向了或借助了社会科学的研究成果，或开始谈论社会科学的问题。一部《万历十五年》之所以在 1980 年代中期之后一直受到许多中青年人文学者的关注，就是一个突出的象征。[14] 李泽厚在一封信中概括中国学界 1990 年代以来"思想家淡出，学术家凸显"的现象，也以另一方式表达了这种转变。[15] 作为总体的中国学术正发生一种知识类型的根本转变，不仅在基本格局上，而且在各学科内部。

引发这些变化的最根本原因，是整个社会对社会科学的知识需求大大增加了。一些变化是根本性的，无法以依赖传统的人文知识应对由此发生的生活中的问题，这些问题也大都不可能仅仅依靠个人的修身养性或文史哲知识来对付了。那种"天不变道亦不变"的知识品质已经跟不上社会的急剧变化，"与时俱进"的问题就出来了。笼而统之的知识传统也无法适应劳动分工日益细致的专业人士需要，后者更需要实证的、经验的知识。分工和分层导致的价值多元和共识破碎，还要求更多为之正当化的话语系统，而传统大一统的人文学科知识很难为不同社会利益群体提供足够的话语和意识形态正当性。这些都引发了社会科学的发展，也造就了传统人文科学相对于社会科学的无力和疲软。

因此，我认为，中国社会的文科目前正经历自先秦以来最大的转变。这种变迁对中国学界提出了重大挑战。首先是必须更大力度地促进社会科学的发展，这毫无疑问。其次，人文学科也必

---

[14] 黄仁宇：《万历十五年》，中华书局，1982 年；1995 年重印本，2006 年增订纪念版。之后还有内蒙古文化出版社的 1995 年版和生活·读书·新知三联书店的 1997 年版。到 2005 年 9 月，仅生活·读书·新知三联书店版就已印刷 21 次，印数达 263000 册。

[15] 李泽厚：《三边互动》，《二十一世纪》，1994 年第 6 期，页 156。

须适当调整，不能仅仅重复传统。传统的文史哲其实都很有针对性，往往是经世致用之学，无论是儒家还是法家、兵家，甚至道家、墨家，无论是先秦还是后世的学术。但因为某种"学术"的遮蔽，我们往往不理解这一点。这种转变也是可能的；但要注意的是，不能迎合时尚，用一些流行的术语来包装人文研究，必须有一个脱胎换骨的转变。最后，是要实证，人文学科中其实本来就有这一传统，但更要注意现代社会科学的研究方法，包括统计和博弈论。不能总是从宏观上讨论，提一点大概念，一些新词，必须要有验证；但也不能仅限于考证。必须将宏观与微观，理论与经验或"史"与"论"结合起来。这会是一个漫长的过程，会令许多人非常痛苦，找不到自己的位置。但在我看来，这是社会发展的需要。

这不是否认学术对于学术个体的意义。我完全承认这种意义。但是对于学术个体的这种意义最终还是要在社会中接受检验。学术兴衰并不完全是个人才华或追求能够决定的，只要看看神学在近代的总体衰落就可以理解。总体看来，任何特定类型知识的学术，最终说来不可能完全独立于人类之需要，如果它能存活下来或发展起来，一定是因为它在某种程度上或某个层面上反映了人的某种需要，对于人们有某种功用。所有的知识类型都只有在这个意义上并且相对于人才有价值。即便基督教神学也是如此。在这个意义上，仅仅对某个人有价值而无法为他人分享的学术只是一种"私人语言"，而私人语言不可能存在；或者说，说它存在或不存在是一个没有意义的问题。[16]

---

16 参见，维特根斯坦：《哲学研究》，汤潮、范光棣译，生活·读书·新知三联书店，1992年，243节以下。

对于整个中国的学术发展来说，这种知识的转变和社会科学的兴起也才可能参与真正的世界性学术竞争，因为这是相对来说具有更大可比性的知识类型。另一方面，这一点也是中国文明重新崛起的需要和必然。

正是在这一大背景下，我们编辑了《法律和社会科学》。我们希望以此来加入中国学术的历史转型，更具体地推动法学研究在知识类型上的历史转型。我们将努力推动法学的经验研究和实证研究，推动法学与其他诸多社会科学的教学研究，以及推动以中国问题为中心的研究。

路是漫长的；但，该上路了！

2004年6月6日初稿
2006年2月21日定稿于北大法学院

阅读秩序

法律如何信仰？*

——《法律与宗教》读后

> 我们不能靠掩盖思想中的怀疑因素来建立一种虚伪的信仰。
>
> ——叶芝**

一

整整十年前，梁治平翻译了美国哈佛大学法学院伯尔曼教授的《法律与宗教》。这本薄薄的书不仅简要地讨论了历史上法律与宗教的复杂关系，而且在学理上分析了法律与信仰之间的"内在的""深层的"联系。一些精彩的语句，例如"没有信仰的法律将退化成为僵死的教条"，"而没有法律的信仰……将蜕变成为狂信"，简洁且深刻。特别是"法律必须被信仰，否则它将形同虚设"，这样的句子至少当年获得了许多法律学子的心。记得

---

* 原载于左卫民主编：《四川大学法律评论》卷1，四川大学出版社，1999年。
** 王家新编选：《叶芝文集》卷3，东方出版社，1996年，页72。

我回国教学头一学期期末，学生交来的"论文"（之所以加上引号，因为在我看来更像是杂感、随笔）中，至少有5篇引用了这句话作为结尾或开头，且不论文中引用的（由此从另一侧面也可见当时的法学理论书籍之稀少）。但是就"论文"所要讨论的问题来看，这种引用许多未必恰当，很明显，许多学生和我当年读书一样，还不注意或无法把握全书的中心论题，而是喜欢那些引起情感共鸣的响亮语句。这一句话，因此，在我看来，更多的是表达了一种有理由的情绪和期冀：法律在中国缺少一种神圣性，希望中国的法制建设有更大的发展。然而，从这些情绪和期冀中，我却感到另一个问题：法律是如何被信仰的？

时间已经过去了5年，中国的法制建设有了很快的发展，尤其在立法方面。法律在当代中国社会中，尤其在经济生活中，正扮演着日益重要的角色。如今的学生们可读的法律书多了，在市场的熏陶下，他们也显然更为现实了，甚至连论文选题以致文风也都有所转变。似乎，"法律必须被信仰"作为一个学理问题已经由于社会的巨大发展和法律的日益显赫而消解了。但当年浮现我心头的那个被转换的问题没有完全消解，因为这更多是一个实践的问题。这里所说的信仰并不是一种言词上的表白，一种决心，而必须是一种身心的投入。由于法律是一种社会的全民的事业，因此对法律的信仰甚至也不是某个或某些个体的心灵活动，而是整个社会的实践显示出的对法律的尊重和倚重。特别是对于转型时期大量立法的中国，如果要使这些立法不是停留在书本上，停留在建立执法机构，而是真正成为一种全社会的实践，这是个长期的任务。因此，即使法学界以致全社会都接受了"法律必须被信仰"的理论命题也不等于法律被信仰了，不等于法学界理解了和回答了"法律如何才能被信仰"这样一个有很强实践性的问题。

二

无疑,由权力机关(人大)精良立法、执法司法机关严格执法是法律得以普遍信仰的重要和必要条件;普法教育也会起到一些作用。这一点,毋庸我再多言。但是,这还不是法律得以普遍信仰的充分条件。因为,从事实上看,人们并不总是仅仅因为一个文件是由权威机关制定的,名之为"法律",就会为人们(包括官员和普通百姓)自觉遵守(信仰),尽管似乎原则上应当如此。人们并不会因为一个法律得到国家有关执法机关的严格执行,就会信仰该法律。相反,至少有些时候,有些法律越是需要并得到执法机关的严格执行,倒更可能表明人们并不信仰它,例如"文革"时期打击"投机倒把"等,又比如我们法学院外中关村街上屡禁不绝的盗版光盘。而且,如同我在其他地方曾经探讨过的,人们了解法律知识并不必定导致遵守或信仰法律,至少有一些人了解法律更可能是为了钻法律的空子,无论他是官员、法官、律师或是普通人,尽管这种做法,我后面会论及,在另一个层面上,也可能构成或促成对法律的信仰。

那么法律如何才能被信仰,或者换句话说,如何才能赢得人们的身心?首先,我们必须具有一点起码的常识是,尽管人们遵守或诉诸法律的直接动机并不相同或完全不同,有时甚至可能没有清醒的自觉,仅仅是出于习惯(例如在城市出行遵循交通规则靠右行走),但就总体说来,遵循或诉诸法律必定是由于法律可能给人们带来各种便利和利益,包括心理和感情上的利益(公正)。如果一个法律仅仅给人们带来的是不便,甚至是损害,或是给大多数人带来了不便和损害,那么,只要没有实际的强制在场,这个法律即使被人们公认为是法律,也很难为人们自觉遵守,更不可能进入他们的心灵和身体,成为他们的信仰。在这个意义上,法律必定具有功利性,尽管这并不意味着法律或某个法律在所有的时刻给所有人都带来功利,也不意味功利就是或者应当是法律的唯一性质。

因此,得出的结论之一就是,能够为人们所信仰的法律必须能够给人们或至少是绝大多数人带来利益。由于,在当代中国,法制建设实际上以国家立法为中心;因此,我们就必须问立法能否事实上确实实现了这一点。注意,我问的是"能否"做到,而不是立法机关或立法者是否意图做到。就算是所有立法者都有这种意图,但只要立法者的判断有不同(这很正常,这就是孔子所言"君子和而不同"),公共选择理论的研究已经表明,即使是民主的立法程序也无法保证立法总是能够获得这一结果。由于社会在不断变化,需要法律处理的具体事件是复杂的,一个昔日是普遍有利的规则或在某些地区普遍有利的规则未必对今天或对另外一些地区的人们普遍有利。即使是好的法律也总是需要适时予以修改。任何法律只有在这种不断调整以适应人们的利益(当然这种利益并不以某种固定形态出现,它也会因受法律规制以及其他社会因素的影响而变化)的过程中,才能逐渐使人们接受它,形成遵循法律的习惯,产生对于总体法律的信仰。

因此,信仰法律不是一个下决心信仰就能信仰的事件,而是一个过程,或者说是在一系列社会活动、经验、感受之中而达到的"皈依";是在为了追求自我利益而遵循或诉诸法律的过程中自觉不自觉地被卷进去的。即使某个人一时"皈依"了法律，也不意味着法律调适就可以结束了。如果由于社会发生了某种变化，一个本来适当的、好的法律变得违背或损害人们的利益，皈依者也会逐渐以行动"反叛"。从这个层面上看，信仰法律可以说不仅仅是信仰问题，而是一个演进的理性选择结果。理性和信仰在这一过程中获得了一致性。也是从这个层面上看，几乎每个人都可能成为一个法律的信仰者，也同样可能成为一个法律"虚无主义者"。至于一个人究竟是否成为一个法律的信徒，这不是天生的，也不是某种不变的"民族精神"或"传统文化"的结果。不可能仅仅靠论辩、靠灌输"法律必须被信仰""对法律应多些尊重、多些崇拜"，就能令人们信仰法律。必须以实际的法律运作使他/她感受到"还是信仰法律好"，感受到法律值得尊重和崇拜，否则倒真可能成为法律虚无主义者。

三

中国目前处于一个重要的历史变革和以大规模立法为主要特征的法制建设时期，我们即使有心也无法保证所立之法均为适应人们需要的法律。立法者和其他人一样都会出错和偏差，他们对社会交往、合作规则的认定可能与普通人以实际活动体现出来的判断有差异，他们不会仅仅因进入了立法机关或在立法机关工作就一夜之间具有上帝的全知全能，洞察一切。要使制定的法律为人们信仰，除其他必要条件外，最重要的也许就是要关注法律的实际效果，关注和重视（并不一定意味着迁就，即便有时迁就不可避免）最大多数普通人以他们的实际行动表现出来的对于法律的反应。信仰就如同爱情一样，你无法强求获得，它必须基于人们的自觉趋从，身心的依赖。如果只是宣称法律必须被信仰，并因此强求人们信仰，如果不是有维护自己的职业利益之嫌疑，那么也是一个迂腐的说教者。

我们还必须意识到作为抽象的法律和具体的以复数形式出现的法律之间的区别，或者说法律和制定法之间的区别，尽管这个区别不能强调过分，以致形成对立。由于前述理由，一个社会中的总体法律可能合理，应当信仰，却不意味着对每个具体法律或法条都崇拜和迷信。否则，社会就无须变革了，法律也就无从发展了。在现实生活中，往往正因为有许多人以其行为表现出来对某个法律或法条不信仰——违反它或规避它——才使立法者发现了该法律存在的欠缺和问题，也才有了法律的修改或完善。还有些时候，即使立法的文字完全没有改变，人们也会以自己的行为和社会实践修改了法律文字原先具有的社会含义，实际修改了法律。只要想一想过去 20 年来，我国刑法中关于投机倒把罪的实际含义的变化以及实际生活中其他一些法律（而不是法律条文）的变化，就可以理解这一点。从这一角度看，这种形式的对某个具体法律的不信仰恰恰是作为总体的法律得以发展的真正源泉。也是在这个意义上，这些对某些具体法律或法条的不信仰，甚至可以说是对更完善、更恰当的法律的憧憬和信仰。当然，这里的分析决不应当成为社会公认的损害绝大多数人的根本利益和长远利益的违法犯罪行为的借口。

因此，在对法律的信仰和某些"不信仰"之间存在着一个悖论，更准确地说，必须要有一种必要的张力。的确，对法律的信仰有时恰恰是以这种悖论的方式体现出来的。当一个律师为了打赢官司而千方百计寻找法律漏洞之际，当某个诉讼当事人为了自身利益而努力说服法庭接受自己对法律的理解之际，他们都明白自己并没严格遵循法律，他们是在规避法律或规避法律的常规解释，在这个意义上，我们可以说他们对法律缺乏信仰甚至没有信仰。但是，当他们把法律当作一种追求个体利益的资源而诉诸、利用之际，他们的活动已经展示着他们已全身心地卷入、沉溺于这种法律实践的话语，无法解脱。他们已无须声称自己是否信仰法律，他们的所作所为已经表明他们至少在此刻相信唯有通过法律才能更好地获取某种利益或保护既得的利益，他们是如此倾心以致无暇顾及其他。这难道不是一种更为深刻的尽管似乎不那么崇高的对于法律的信仰？

四

对于法学家来说，这种张力也许格外重要。因为法学家除以与普通人一致的方式展现他们对于法律的信仰——即在日常生活中遵循正当合理的法律，诉诸法律争取自己的利益——外，还有他特殊的法律信仰表现方式。这种特殊方式是法学家的职业所决定和要求的。法学家的职责在很大程度上就是在一个法律学术传统中（这很重要，这是他可能挑剔的基础），始终以一种近乎挑剔的眼光来审视法律，以似乎是不相信任何法律的态度和研究活动这种特定方式来实现他对法律的追求和信仰。一个好的、真正的法学家必须，也必定会有自己的审视法律的眼光，他不可能只因为法律这么规定了，就认为是对的，就认为应当这样做。那种法条主义的、教条主义的、威权主义的信仰法律，尤其是制定法，实际上是放弃了自己作为法学家的责任，既不利于法律的发展，不利于法学的发展，也不利于社会的发展和人民的利益，自然，也就是放弃了对法律的信仰。但也正是在这个挑剔、审视的过程中，在他发现具体法律或法条存在问题并提出认真的解决办法（尽管后者并非必备，因为社会应有所分工，也因为法律最终必定是社会的选择）的研究过程中，他正以执著的追求，以一种某些时候在他人看来是固执或偏执，展示着他对法律的最虔诚的信仰。在这里，我们看到了一种"怪异"得令人感动的关于信仰和怀疑的辩证法。的确，如果没有怀疑，还谈得上什么信仰呢！

我们必须记住，从根本上看，信仰从来都不是，也无须一种言词的表白，而是一个人的活动所展现的他的存在方式。对于一个人是如此；对于一个民族，未必不是如此。

1997 年 11 月 21 日于北大蔚秀园

认真对待人治*

——韦伯《经济与社会》的一个读书笔记

> 一九七九年，那是一个春天，
> 有一位老人在中国的南海边画了一个圈。
> 神话般地崛起座座城，
> 奇迹般地聚起座座金山。
> ……
> 啊，中国，啊，中国，
> 你展开了一幅百年的新画卷，
> 捧出万紫千红的春天。
>
> ——歌曲《春天的故事》

问　题

今天，人们已普遍接受法治是当代中国应当追求的。在流行的法学话语中，人治受到批判，甚至被等同于专制。从普法、促

---

* 原载于《华东政法学院学报》1998年12月创刊号。

成当代中国的制度形成、确立人们对法治的追求而言,这种近乎宣传的文字也无妨,但是,若将这样的文字当作法理学,则有重大纰漏。如果法治作为治理社会的手段真是如此优越,人治又真的是如此恶劣,反差真的是如此鲜明,那么人类历史上为什么还会有长期的"人治"和"法治"之争?人治又怎么可能曾经长期被一些伟大思想家作为一种治理社会、国家的基本方法之一?这些思想家怎么会在这样一个在我们看来一目了然的选项之间错误地选择了人治?难道,我们的前人真是如此愚蠢,而我们真是如此聪明?如果从这种进路来思考法治与人治的问题,会把问题太简单化了。

从理论思维上看,这种论证方式甚至连"文革"时期的"宁要社会主义的草,不要资本主义的苗"的论证方式都不如。这种论证也势必将法治和人治的讨论道德化,或者是将人治论者视为傻瓜甚至坏蛋,他们为追求个人权力不惜损害全社会、全民族的利益。在这种政治的或道德的评价引导下,就不可能认真理解和尊重古代诸多伟大思想家的研究成果。这种分析也容易将中国法治建设的任务简单化。似乎法治与人治的问题只是一个领导人或领导集体的认识和决心问题,而完全忘记制度的形成和建立是社会多种因素制约的产物。

事实上,在法学和政治学中,法治是同人治并列的两种基本治国方法。既然并列,那就不可能是优劣利弊如此简单明了,昭然若揭。只有在难分高下的较量中,法治相对于人治的优点才值得追求。只有打老虎的武松才能算得上英雄,如果打的只是一只老鼠,恐怕武松的名字早就被人们遗忘了。而且,既然是一种治国的手段,那么人治就不可能仅仅是为了维护统治者个人的权力;即使是为了青史留名,为了自己的国家强大和具有影响力，一个领导人也不会在如此明显的优劣选择之间，选择一个对于实现其政治抱负如此不利的治国方略。如果他愚蠢地选择了，他又凭什么获得追随者和人民的支持，他的专断意志又如何可能为其他人服从？

我们必须假定，人治和法治的目的基本一致，都希望社会安定、经济繁荣、人民安居乐业。即使是人治事实上导致了社会动荡不安，这也不意味着，人治论者希望将国家搞乱，或者是一定想置老百姓于死地。如果这一假定是对的，那么，我们势必转向考察实现富国安邦目标的可能性。也只有在这一基础上作出的分析，也许才能展现法治或人治相对于对方的优越性。

而且，如果法治真的如同许多论者声称的那样，相对于人治，可以"长治久安"，并且如同许多论者所言，曾经在历史上实现过法治（例如古希腊和罗马的黄金时代），那么为什么又会在此后的人类历史上出现人治？如果将这种历史变迁归结为理论或判断的失误，或者归结为个别野心家的篡权，这本身就与法治能保证国家"长治久安"的说法自相矛盾。

如果人治在历史上确实是一种长期并重复存在过的制度，一种治国手段，那么就必定有其存在的合理性。而这一点的反面就意味着"法治"也必定有其自身难以克服的弱点或缺陷。当然，仅作这种逻辑推论是空洞的，不足以令人信服，更是同今天流行的政治法律话语培养出来的直觉相对立。但是，我并不因此简单放弃这种违背了我们今天直觉的逻辑推论，而是将这种逻辑清理作为一个很好的起点，迫使自己更加细致深入地分析法治和人治。这种分析不仅将会开拓我们视野，使得我们对当代中国法治的形成有一个更为务实的态度，而且可能使我们在智识上对法治和人治都获得更深刻的认识。

法治与人治的分歧

我们今天习惯赋予法治以褒义，人治以贬义，但如果作为统治方式来看，这两种治理方式并不具有我们今天通常赋予的那种褒义或贬义。大致说来，法治论者认为治理社会和国家主要依靠法律规则，而人治论者认为主要依靠优秀的、有智慧的治理者。两者追求的目标实际并无很大差异。那么，历史上长期存在的人治与法治的争论焦点在什么地方呢？焦点不在于目标，而在于方法，在于可行性，特别是针对具体社会环境下人治或法治的可能性。

作为治理国家的基本方法，法治和人治都有一些关于人和社会的基本假设。归纳起来，人治论者的基本假设大致可以概括为以下几点：

(1) 社会和国家说到底要通过人来统治，特别是贤人和智者；

(2) 社会中会产生具有高尚道德和高度智慧的人；以及

(3) 社会应当有而且确实有办法将这些贤人智者选拔出来，赋予他们以决断事物的最终权力。

人治论者的这些假定是有经验支持的。人的智力和远见事实上是有差别的，人的道德水平和责任感也是不同的。人们不仅在日常生活中往往寻求贤人智者指导，并且往往非常信赖、高度尊敬这些贤人智者，因为后者的判断往往确实比常人的判断更好，更可能正确。此外，这种决策方式可以当机立断、快刀斩乱麻，不仅节省了时间，也省去了其他许多麻烦。社会治理尽管需要法律、规章，但是任何完备的法律总会存在许多照顾不到的地方。仅仅有法律，即使是好法律也不能保证结果就好，坏人会钻空子，打擦边球，还必须有贤人和能人来运用法律。因此，最好的治理方式，在人治论者看来，是贤能政治。但人治论者并不甚至从来没有否定法律规则的重要性。被列为中国"人治论"的代表人物的孔子就非常强调"礼"——其实就是法——和"礼治"，认为"安上治民，莫善于礼""礼乐不兴，则刑罚不中"[1]，实际就是强调遵循规则、制度和法律。但是，所有的规章制度，最终还必须通过人来治理。"徒法不足以自行"[2]。最极端的人治论者可能是撰写《理想国》的柏拉图[3]，但他的基本假定是可以培养或发现一个无所不知、通晓一切的哲学王来治理国家。因此，他强调的既是知识和信息的，也是理性的统治，这与后来的唯理主义法治论者完全一致。

法治论者认为，社会的最佳统治方式是法治。依据他们得出法治结论的理由或进路不同，又可以分为唯理主义法治论者和怀疑主义法治论者。所谓唯理主义法治论者，他们相信法律作为

---

1 《孝经·广要道章》《论语·子路》。
2 《孟子·离娄上》。
3 这种限定是非常重要的，其实，柏拉图本人未必如同今天许多学者认为的那样是一个"人治论者"，《理想国》是一种对极限制度及其条件的探讨，是一种学术上穷追不舍，我们不应将之理解为一个政治制度的设计。事实上，正是柏拉图在《理想国》中对人治极限条件的清理，才使得后来人更容易理解极端"人治"的不可能，而正是在这一探讨之后，柏拉图才在《政治家篇》和《法律篇》中得出了"法治"作为现实可行的第二等最好方案的结论。由此可见，理论上对"人治"和"法治"的探讨，与作者个人对人治或法治的喜好关系并不像目前中国学界通常想象得那么紧密。

一种理性"是不受欲望影响的"[4],"是永恒正确的理性"[5],或"永远公正"的普遍意志的体现[6]。既然法律已经从定义上被界定为是永恒正确的,因此法治自然也就不容置疑了。但是,在我看来,即便这些思想家对法治的判断正确,他们关于法治的论证也很成问题。[7] 从一定意义上看,他们关于法治优越性的论述同柏拉图的人治讨论属于同一范畴,都是对一种不考虑操作的理想制度的推论,因此其实践往往以人治告终。[8]

怀疑主义法治论者认为,人的理性力量(无论是个人还是一个时代的人)永远有限,只有依据一代代人的智慧累积而成的

---

[4] 亚里士多德:《政治学》,吴寿彭译,商务印书馆,1965年,页163。

[5] 西塞罗:《法律篇》,苏力译,商务印书馆,1999年,卷1第12段。但是(请参看该书的中译本序),由于西塞罗的思想不严密或者由于他是一位政治家,因此对他的这一命题可以做出不同的解释。西塞罗高度尊重传统和习俗,认为理性同传统是相结合的,认为在罗马共和国得以长期坚持的惯例、法律制度就是理性的体现。这实际上是拒绝了个人的理性,而将理性同一个民族的长时段的实践结合起来了。他对宗教法(大致相当于中国古代的"礼")给予更多的重视,被列为首要的法律(参见《法律篇》第二编);即使其中有些宗教法存在的先前的理由已经无法成立,他仍然坚持,只要这种宗教法事实上已经衍生出了不为人所意识的且有利于当时社会的功用。他认为宗教法的作用更多是对这个民族具有一种精神上凝聚力,对个人有一种精神的净化和升华的作用;认为一个民族仅有理性是不够的,而需要一种"虚幻的"情感因素。

[6] 参见,卢梭:《社会契约论》,版2,何兆武译,商务印书馆,1980年,页39—40。

[7] 例如,亚里士多德认为法治的优点之一大意相当于中国人说的"人多智慧多"(参见,亚里士多德:《政治学》,同前注4,页163—164),但这个论点支持的不是法治,而是民主。但如果真的是"三个臭皮匠,顶个诸葛亮"的话,那么诸葛亮就不会为人们称道。又如,亚里士多德称法治是"良法之治",但是他无法指出如何获得良法。卢梭关于"普遍意志"(公意)永远正确的论断延续了西塞罗关于法律是永恒正确的理性的命题。同时,西塞罗关于永远正确理性的论证也很含糊。参见前注5。

[8] 例如,亚里士多德教出的学生之一是亚历山大大帝,一个典型的而且成功的人治君主。西塞罗的法治理论和实践未能阻止罗马共和国的蜕变,甚至他自己也被残杀。奉卢梭的"法治民主"思想为圭臬的法国大革命,特别是罗伯斯庇尔专政时期,在任何意义上都难说是"法治"。

制度，依据长期形成的规则和前例，人类才可能相对恰当地处理人类事务。[9] 法治论者，特别是怀疑主义的法治论者，至少提出了两个问题，人治论者无法给予断然的回答。首先是世界上有没有在一切重要关头都能高瞻远瞩、不犯错误的贤人智者。其次，即使有，我们能否通过某种方式发现并确保这样的人处于治理国家的适当位置。这些法治论者对这两个问题都持怀疑态度，但不必定持否定态度。他们怀疑有全知全能的圣人，他们也怀疑有可验证的发现圣人的方法和程序。基于这两个怀疑，他们认为法治是更适当的治国方法。法治，在这个意义上，就是一切人都要按照既定的普遍为人们知晓的规则办事，不违背已经确定的规则，不凭个人的主观看法行事，即使是身居高位的统治者也是如此，特别是在一些重大原则问题上，更要严格遵循社会中已经确定的规则，以此来防止和减少统治者犯错误，更不用说防止统治者滥用权力了。但法治论者并不反对杰出统治者在许多问题上，甚至是在一些重大但必须当机立断的问题上，在一些必须行使裁量权的问题上，充分发挥他们个人的才智判断，行使裁量性的权力；不反对杰出领导人运用他的个人魅力、远见卓识、才能来影响和领导民众的意见和观点。但说到底，他们认为，法治是最根本的治国手段，是最可依赖的原则。

由此可见，法治和人治从来并非只强调法律或只强调圣人；

---

[9] 这种基于经验主义和怀疑主义的法治传统在英美法以及英国哲学中得到了最充分的体现，例如英国的伯克、休谟、弗格森以及美国的霍姆斯等人，但是作了最为系统的理论阐述可能是哈耶克，参见弗里德里希·奥古斯特·冯·哈耶克：《个人主义与经济秩序》，贾湛、文跃然等译，北京经济学院出版社，1989年；弗里德里希·奥古斯特·冯·哈耶克：《自由秩序原理》，邓正来译，生活·读书·新知三联书店，1997年，以及 Friedrich A. Hayek, *Law, Legislation and Liberty*, 3 vols., University of Chicago Press, 1973, 1976, 1979。

在一定程度上，两者必须结合，差别仅仅在于最终的或主要的手段是法还是人。

韦伯关于人治与法治的概述

如果心平气和地同样认真对待传统的法理学论证，我认为人治论者和法治论者的观点都有道理，都很有说服力。我们无法从这种传统的思辨进路来确认人治或法治的优劣利弊。同时，这种讨论法理学问题的方法也许有错。这种讨论都试图找到一种永恒的最佳治理方式，寻求一种不问时间地点到处都能适用而且都有效的社会治理方式。近代以来的社会发展告诉我们，不可能有这种放之四海而皆准的治理方式，一个社会的最佳治理方式必须适应该社会发展需要，必须是为人们社会生活所需要的。仅仅依赖思辨不可能将这个讨论引向深入。而"思辨终止的地方，……正是描述人们的实践活动和实际发展过程的真正实证的科学开始的地方"[10]。因此，我们也许应当将人治与法治问题的讨论放在一个历史发展的语境中来思考。在这个问题上，韦伯对政治统治方式的变迁的考察和分析[11]，我认为成功超越了传统法理学关于人治和法治谁优谁劣的形而上争论，有可能把法治和人治的讨论推进到一个新的层面。

大致说来，韦伯将社会生活中的合法统治方式大致分为三

---

[10] 马克思、恩格斯：《德意志意识形态》，《马克思恩格斯选集》卷1，人民出版社，1972年，页31。

[11] 参见，马克斯·韦伯：《经济与社会》，林荣远译，商务印书馆，1997年，特别是第3章和第9章。

类，分别是法理型、传统型和魅力型统治。法理型统治相信法律，即使有权威的人也只有在法律规则之下才有发布命令的权利；人们普遍遵守法律，信守法律，法律代表了一种大家都遵守的普遍秩序。传统型统治是基于源远流长的传统的神圣性，相信按照传统进行统治的合法性。魅力型统治则基于人们确信一些非常有个人魅力的领导人具有超凡的智慧、品质，他们的统治因此获得合法性。如果依据通例，将法治界定为遵循先例或既定规则的统治[12]，那么前两种统治都大致相当于法治，而魅力型统治大致相当于人治。

韦伯认为魅力型统治是一种前理性时代的社会现象，往往出现在社会危机时期。这时，魅力型人物可以促使人们改变价值观念和信仰，接受一种新的信仰和做法；关键在于当时的人们需要这样的人物的引导，他们尊崇这种魅力型人物，追随他进行社会变革。表面看起来，这种对领袖人物的迷信是一种愚昧行为。但在韦伯看来，这种人物的出现以及与之相伴的魅力型统治往往具有革命的力量，在魅力型领袖率领下，人们能迅速、不加反思地摆脱旧的思想观念和行为模式的约束，与旧制度彻底决裂。从社会功能上看，这种看似愚昧的魅力与昭示人、启示人的"理智"所起到的社会功能是相同的。[13]

---

[12] 尽管法治"是一个无比重要，但其内容尚未界定且无法随便界定的概念"（David M. Walker, *The Oxford Companion to Law*, Clarendon Press, 1980, p. 1093），但是，这种界定比较普遍。例如，富勒就将法律界定为"使人类行为服从规则治理的事业"（Lon Fuller, *The Morality of Law*, rev. ed., Yale University Press, 1969, p. 106），而美国大法官斯葛利亚更为简单将法治界定为规则之法［Antony Scalia, "Rule of Law as Law of Rules," 56 *University of Chicago Law Review* 1175 (1989)］。

[13] "在受传统束缚的时代，'魅力'是巨大的革命力量。'理性'同样也是革命的力量……"马克斯·韦伯：《经济与社会》上卷，同前注11，页273。

魅力型统治，在韦伯看来，由于强调精神和信念的力量，往往不注重经济生活，是一种典型的"非经济性"的政权。它鄙视传统型和法理型统治下的日常琐碎经济活动。[14] 这样的统治会形成一个魅力型共同体；群体内部虽有少数行政管理人员，但他们不是现代意义上的官僚（即受过专门训练的严格按照等级命令系统运作的、各司其职的文官），他们无须技术训练，获得管理人员的资格既不是个人的社会地位，也不是家族的门阀，而是个人的魅力。魅力型共同体中，最高领导人与行政人员的关系是直接的，无须或者只有很少固定的机构和程序，没有严格的程序规则，也不承认"正式"的司法。有魅力的领袖人物在社会组织中有或没有正式职务不重要，因为他的权威不来自任何职务，而来自他个人的魅力。在这里，行政职务不是一种职业，因为没有固定的职权范围，也没有固定收入。魅力型领导人在领导工作时，也常常跨越权限，超越程序，一竿子捅到底。作决策也没有确定的、固定的议事机构和决策程序，往往凭魅力型领导人的个人智慧。[15] 可以说，魅力型统治是典型的人治。

　　韦伯认为，魅力型统治是有问题的。问题并不在于这种人治无法集中民众的智慧或不民主，关键在于这是一种不稳固的、不能持久的统治形式。[16] 这因为魅力型统治内部缺乏稳定的组织机构和程序、缺乏基于专业技术的职业人员，它对日常经济活动的鄙视。更重要的是，没有哪一个社会会总是处于激动人心的革命或变革状态。魅力型领袖"只有在生活中通过考验他的力量，才

14　"魅力统治总是把有计划的合理获得的金钱视为毫无尊严而加以拒绝，从根本上拒绝整个合理的经济行为。"《经济与社会》下卷，同前注 11，页 447；又见，《经济与社会》上卷，同前注 11，页 272—273。
15　参见，马克斯·韦伯：《经济与社会》下卷，同前注 11，页 446、449。
16　参见，马克斯·韦伯：《经济与社会》下卷，同前注 11，页 448。

能获得和保持他的权威。……他必须创造英雄的事迹"[17]。而社会革命或变革一旦完成，社会进入相对平稳发展的阶段，社会生活变得平庸、常规，魅力型领袖因此无从展示其魅力，其魅力必然逐渐衰落。而且，魅力型领袖的个人生命也总会有终结，要有新的领导人。[18] 若要继续保持魅力型统治，新领导人就必须有魅力，但魅力不像财产或职务可以继承或指派，魅力是个人化的。如果将魅力同职务等同，这"魅力"就失去了原来的意味。如果领导人承继是通过某种程序选举，就会产生一套程序和技术，一定程度上，就将领导人的选择制度化了。如果由魅力型领导人指定继承人或传给子女，这就实际是向传统型统治转化。如果由信徒选举，那就实际上开了民主的先河，势必逐步走向法理型统治。因此，在韦伯看来，任何魅力型统治都不可避免地会"常规化"，走向法理型或传统型统治，形成事实上现代的或传统的法治状态。

法理型统治是一种依靠官僚和法定程序的政治统治。[19] 这种统治的优点在于稳定，领袖也要守法，依据既定规则来统治，领导人的更换也按照程序进行；即使领导人个人的能力、魅力、智慧弱一点，也无妨，因为这种统治是一个机构的运作，领导人只是这个机构的一个组成部分。在这个意义上，法理型统治是理性的、规则化的。它适合和平时期、"平庸"时期，它适合人类社会的大多数时期。但这种统治也有弱点。最大的弱点是机械，循

---

[17] 同上书，页449。
[18] 马克斯·韦伯：《经济与社会》上卷，同前注11，页274以下；同前注11，下卷，页460以下。
[19] 这里是一种概括，关于韦伯的详细论述，请看，马克斯·韦伯：《经济与社会》上卷，同前注11，页242以下。

规蹈矩,当社会发生变化之际,它的回应能力不足、不快,有时甚至显现出僵化。它特别不足以应对社会生活的紧急情况,缺乏紧急情况下所必须的当机立断,甚至会出现合法不合理的情形。在法理型统治下,由于一些重大变革往往要牵动整个机构,牵动很多人的既得利益,也很难变革。这时,往往需要魅力型领袖人物来推动变革,进行创新。传统型统治与法理型统治有更多相似之处,不同点在于传统型统治更多依赖惯例,倚重传统;因此,同样有法理型统治可能出现的僵化问题,甚至更严重。当社会有变革需求时,从这两种统治中,都会出现新的魅力型人物以其创新性社会活动以及他对于民众的社会召唤力引发革命性突破,形成新的魅力型统治。但是,革命同样不可能永久持续,革命后的制度又会逐渐常规化,统治类型必定再次从魅力型转向法理型或传统型的统治。在这种意义上,世界处于一种永恒的轮回。

必须指出,韦伯进行的是一种"理想类型"的分析。韦伯不认为社会和历史中曾经有任何一种纯粹的理想类型的统治,现实生活中,人们可以看见的都是某种程度的混合型统治,其差别仅仅是程度而已。[20]

韦伯进路的启示

上面关于韦伯观点的叙述当然大大简略了,因此失去了其原

---

[20] "绝不能把统治结构的三种基本类型简单地按照先后顺序放在一条发展线上,……它们相互结合的表现方式五花八门。"马克斯·韦伯:《经济与社会》下卷,同前注11,页471(译文作了调整)。

著的丰富性和历史性，甚至有历史循环论的味道。这不是韦伯的问题，而是任何概述都难免的。但如果我们不追究细节，而是将韦伯的分析作为一种思路来考察法治和人治的变迁和发展，我们就可以看到，法治和人治都有其特定的合理性，这种合理性都是历史和社会构成的，并不是永恒、普遍和内在的。相对说来，法治具有更多普遍的合理性；但这种优点不是法治本身固有的，而是由于社会生活的特点促成的。我们还可以看到，人治的问题也不在于任何统治者都可能犯错误，事实上法治同样可能犯错误甚至犯重大的错误[21]；问题在于人治无法作为一个长期治国的手段，无法保证制度、政策的稳定性和可预期性，无法找到有魅力的领导人——他/她总是具有那么多令人钦佩的智慧和贤德，尤其在现代高度分工的社会中。尽管如此，我们必须看到，在特定历史条件下，特别在社会需要变革的历史时期，人治不仅必要，甚至不可避免。

如果从这个历史发展的角度来重新理解中国历史，我们就可以理解，为什么历代王朝的创立者或中兴者，无论他多么强调法律却都是事实上的"人治"者，而随着君主的更替，后代许多君主不论多么想励精图治、奋发有为、变法维新，都会受到各种所谓"天道"或"祖宗之法"即制度的约束，不能随意妄为；最极端的甚至会被重臣或宦官废除。如果我们不是将"法治"作为一个为今日西方发达国家专有的褒义词，而是按照中性的法治界定——依法治国，我认为，在中国古代是有事实上的"法

---

[21] 有两个最惨痛的例子。一个是苏格拉底之死，苏格拉底是在完全符合雅典法治的前提下，依据当时的法律以民主投票的方式判处死刑的，而对他的指控即使成立，本来也可以不处以死刑（只要他谦卑一点）。而另一个例子则是在世界公认的优秀的《魏玛宪法》制度框架下，希特勒通过法定选举程序上台执政。

治"的，即使没用"法治"这个词，或者没有伴随着民主。但这也表明，无论是人治还是法治，都不仅仅是某个君主个人的意志使然。

如果从这个角度来考察近代中国，我们对这段历史也会有一种新的理解。为什么自 19 世纪末起中国的现代化进程是从"变法"开始，而不是从法治开始？为什么一代代杰出的政治领导人都在进行各种形式的革命和改革，而不是试图保留当时已经形成的某些制度和规则？我们也许会理解本文题记引证的赞美小平同志的那首《春天的故事》的社会寓意。进而，我们也许会更深刻地理解中国共产党"十五大"政治报告将"依法治国"作为一个基本方针确立下来的重大意义，以及近年来与此伴随的机构改革和公务员制度改革。

请注意，本文仅仅是主张认真对待人治，并不是要为人治张目（尽管这种误解在中国当下"人治还是法治"的二元对立话语中完全可能发生），我并没赞美或主张人治。无论是作为一个当代的中国公民，还是作为一个法学人，我都希望法治。根据韦伯的分析理路，也可以推断中国正或将进入一个常规社会，法治会是当代中国社会发展的趋势。本文力求提醒的是，不要将个人的希望替代学理的分析，将个人的欲念或职业的欲念——法治——神圣化。研究社会的学者必须保持一种冷静的心态，力求周全地思考法治和人治的问题，把它当作一个真正的学理问题，分析法治和人治为什么会长期以不同的方式存在以及各自发生存在的历史条件。这种思考对那种不问条件的强调法治的论点也许表现了某种程度的"不敬"；甚或，此处的分析本身就是个错误，违背了"历史的潮流"。但是，如果法治真是"历史的潮流"，是一个民族的事业，是一个历史的过程，不是某个或某些法学家的创造，那么它就必定不会因为我个人或任何其他人的这种或那种表态而加速或减缓。

事实上，我曾大胆地预测"中国现代法治形成的一些基本条件也许已经具备"[22]。我不是从传统的思辨法理学角度论证的，不认为当我们上下一致，决心"依法治国"时，法治就足以（尽管这是一个重要条件）形成了。我坚持的仍然是历史唯物主义的进路，即从经济基础、社会结构转型的角度论证了作为上层建筑之一部的法治形成的现实可能性。我认为，经过中国人民的百年艰难奋斗，中国社会在经济、政治和文化这三个最重要方面的转型就总体而言已经基本完成，因此，法治在20世纪末的中国成为一个追求目标不是偶然的，更不是虚妄的。如果韦伯的分析可能给我们某些启示的话，那么也只是再次告知我们，当代中国建设社会主义法治，这并不是或主要不是一个主观目标选择的问题，而几乎是一种不可避免的社会生活发展的趋势，这是中国近代剧烈变革后社会发展的要求，是一个与中国近代以来特别是当代的社会改革不可分离的并且始终依赖后者的历史过程。

1998年10月7日初稿
11月29日二稿于北大蔚秀园

22　苏力：《二十世纪中国的现代化和法治》，《法学研究》，1998年第1期，页13以下。

从政法的视角切入*

——《政法笔记》读后

作者称《政法笔记》是跨出法学的门槛,为中国普通读者即"法盲"就"新旧政法体制衔接转型中的一些法律问题"撰写的一本书。该书涉及的问题和知识都相当广泛,几乎每一篇文章都涉及了当代中国的社会、政治、经济、文化问题。材料不仅有中国的,而且有外国的,不仅有当代的,还有古代的:从鲁迅的肖像权到西欧的像章学,从宪法到反腐,从《圣经》故事到2000年美国大选。作者从容不迫,娓娓道来,举重若轻,天马行空,信手拈来,随心所欲不逾矩。广博的知识面和学术视野,对中国政治法律的独到观察,都迫使读者必须"认真对待"。甚至会令法学以及其他学科的学者和学生们都感到某种陌生。尽管先前我已在杂志上读过其中的大部分文字,拿起书来,却还是不得不小心、细致;不时,还得停下来想一想。

该书有两个非常突出的特点。一是,作者对中国法治发展的冷眼观察和批判的态度。尽管(或是因为?)长期旅居海外,作者不是简单的法治理想主义者和乐观主义者,而是坚持了学者的

---

* 原载于《文汇读书周报》,2004年3月5日,页9。

从政法的视角切入

冷静,直面中国社会和法治的现实发展,指出了其中隐含的悖论;许多时候,甚至只是将生活中的矛盾现象同时摆在读者的面前,并不多言。这种叙述和论证的方式打破了那种法治的意识形态套话。例如,作者指出,一方面整个社会都在高唱反腐败,另一方面由于"贬低道德",至少在法庭辩论中,腐败似乎也成了一种"权利"("腐败会不会成为权利?")。一方面似乎在宣传仅维系于爱情的"爱侣型婚姻"理想,另一方面婚前财产公证实际上已把婚姻变成了某种"性契约"("公证婚前财产、标价拾金不昧之类")。一方面强调着保护法治和产权,另一方面又通过不断的知识产权回溯而忘却和改写着先前的政治伦理关系和产权关系("法盲与版权"和"鲁迅肖像权问题")。一方面政治体制改革开始强调官员的政治责任,另一方面由于政治责任法律化又大大削减了官员的道德责任以及其中的政治意义("所多玛的末日"和"县委书记的名誉权")。一方面女性穿得越来越少,袒胸露脐,似乎是禁忌越来越少,另一方面,街头的膀爷们已经被视为有碍观瞻,是不"文明"的行为("小头一硬,大头着粪")。这种直面现实的描述和分析,显然与今日中国法学界流行的那种你支持还是反对××的法学提问有根本的不同,令习惯意识形态话语的人困惑:你作者到底持什么立场?似乎作者没有立场。

作者的立场其实很明确。他不仅不把法治看成一个高层的政治决策,也不视其为一个精英的事业。在作者看来,"法治在理论上,是全体公民无分阶级性别身份贵贱都有发言权的"。甚至作者对法学界寄予厚望的法律职业也充满了批判精神,认为今日中国的"法律〔……〕还在努力学习争取成为资本的语言和权势的工具"(弁言页3),而法律的"程序越是精巧繁复,贪官污吏越是有可乘之机"（页157），因此，"法治本身，[……] 也不可避免的充满了伦理疑问"，"本质上是一种权力话语重写历史、以程序技术掩盖实质矛盾的社会控制策略"（页168）。正是抱着这种近乎冷酷的学者眼光，作者坚持一种不轻信、批判的立场，关注具体的问题——作者的分析总是从一个个具体的案件入手，从经验入手，而不是从大词、关键词入手。总的说来，作者拒绝了宏大的社会理论，不管所谓"历史潮流""时代方向"，但是，细细读来，你还是可以感到作者的文字中总是伴随了一种对社会、人生和历史的感叹和感悟，尽管不时有讥刺、反讽和黑色幽默。

另一突出特点是作者的文字风格。作者的文字显然很受古汉语的影响，受作者推崇的《史记》的影响（"不上架的书"）；文字简洁、洗练、古朴、口语化，没有长句子，也不注重西化了的现代汉语语法要求，甚至许多翻译的句子或书名都是如此。举一个例子，埃里克森所著"Order without Law"，我译为《无需法律的秩序》，而冯象译为《秩序无需法律》；冯的翻译不仅意思完全到了，而且更凝练，更符合中文习惯，更重要的是，与英文书名的词序也完全一致。这种功夫看似容易，实则匠心独具且浑然天成。作者精通多国文字，对西方经典和中古文学有深厚造诣，熟悉西化的叙事结构和行文风格，很有英人散文的风格。并且，这一切同他对中国传统文化的爱好交融在一起了，读起来别有风味。值得注意的是，尽管是法学论文或随笔，作者却很会讲故事，非常注重形象和意象，注重文章的"形散神不散"的结构和韵律。在中国法学界，作者的文字不仅独树一帜，而且是耐读的精品。

由于这两个突出特点，不论作者有意与否，在我看来，作者事实上创造了陌生化的阅读效果。也许这就是作者的一种话语策略，就是要让文辞在读者心里"过一遍"，有所琢磨，有所反思——适度的阻隔和陌生化更可能打乱那种意识形态的法治套话，让人们更多去留心周围真实的生活世界。

但是，不无可能，这就成了此书的缺陷——尤其是在这样一个"快餐"时代。当然，作者也许并不在意这一点，只在意写作中是否融入了自己独到的观察、分析、发现和思考，能否使之成为中国法学的一本无可替代的著作。作者做到了这一点。

最后应当特别强调一下的是，本书以《政法笔记》为题，实在是别有用心。如今，尽管"政法"二字全国到处可见，法学界却不愿理它，似乎这两个字总带着先前时代的印记。如果可能，我想中国的五所政法大学（学院）都会改名为"法政"或"法商"大学（学院）。似乎只要回避了"政法"的语词就可以避开了"政法"的实践。我在一篇文章中将1980年代中国法学概括为"政法法学"时就为这一选择担心过，最后还是惹得不少人不满。冯象显然不相信语词有高低贵贱之分，他没有政治正确。他以本书为"政法"正了名，并成功将之转化为一个有用的学术概念——他的文章在相当程度上显示了，政、法不可分；"法律是政治的晚礼服"；从政治治理或功能的角度来看，法治其实是现代社会的一种政治策略；法治建设其实是一种社会政治力量和资源的重新配置。回避"政法"也许会遮蔽一些重要的观察视角，回避了社会现实。冯象的努力使我们重新获得了一个学术的视角，不仅可以从此来审视我们的今天，而且可以反思我们的昨天和前天。

我感谢这一学术的努力。

2004年1月24日于北大法学楼

民主与法治的张力*

——《法律、实用主义与民主》代译序

先是民主与法制,后来是民主与法治,改革开放以来成了中国法学界的一个流行说法。即使是偶然的语词并列,说多了,也容易让人觉得民主与法治是天造地设、浑然天成的一对。

二十多年过去了,就像再好的夫妻也会有矛盾一样,民主与法治之间的潜在冲突不时呈现,如今已为越来越多的人感受到了,也变得越来越清楚了。2003年年底,中国社会有关刘涌案[1]判决引发的争论就是一个典型例证。除许多技术性论点外,这

---

* 原载于理查德·A. 波斯纳:《法律、实用主义与民主》,凌斌、李国庆译,中国政法大学出版社,2005年。

[1] 2003年在中国引发巨大争议的一个案件。刘涌,1960年生,沈阳市人;1995年创办民营企业嘉阳集团,下属公司26家,员工2500人,资产7亿元。2001年8月10日辽宁省铁岭市人民检察院向铁岭市中级人民法院提起公诉,2002年4月17日,辽宁省铁岭市中级人民法院以组织、领导黑社会性质组织等罪一审判处刘涌、宋健飞死刑。2003年8月15日,辽宁省高级人民法院二审认为刘涌"论罪应当判处死刑,但鉴于其犯罪的事实、犯罪的性质、情节和对于社会的危害程度以及本案的具体情况,对其可不立即执行",认为"不能从根本上排除公安机关在侦查过程中存在刑讯逼供的情况",因此改判死刑缓期二年执行。舆论哗然,出现了一边倒的质疑之声,认为"刘涌不死,天理难容"。在舆论的强大压力下,2003年10月8日,最高人民法院以原二审判决对刘涌的判决不当为由,依照审判监督程序提审本案。2003年12月22日,最高人民法院在辽宁省锦州市中级人民法院经再审后作出判决,判处刘涌死刑。

民主与法治的张力

一争论的关键之一,抽象来看,大致就是一个民主与法治的问题。一部分学者强调了司法至上,法律职业技能至上。而另一部分学者,以及以网络话语表现出来的多数民意,则主张法律必须以民意为基础。每个具体的人对"刘涌案"的具体判断可能会偏向这方或那方,但,若仅仅就道理而言,两方都有根有据,言之成理,甚至是义正词严,大义凛然。难道国人皆曰杀就可以杀?这难道不会变成舆论审判,走向令人可怕的"大民主",因此有可能严重侵犯公民的自由、人身和财产这些基本权利,直至滥杀无辜——尽管刘涌并非无辜?但是,如果法律没有或缺乏足够的民意基础,这样的法律或司法还有合法性吗?人们还会支持和参与法治建设吗?甚至,法律会不会为资本或权力所控制,成为腐败和罪恶的幌子?在一个转型的中国,在一个还没有完全从熟人社会中走出来,还没有形成陌生人社会需要的和而不同又相互信任的群体中,人们根本不可能真正信仰基于抽象的非人身关系的、在操作上势必依赖法律职业人士的法治。这是社会转型的中国,事实上,是一切急剧转型社会的根本性政治和法治难题之一。刘涌案只是凸显了这一冲突。近年来,中国社会围绕一些案件和事件的争论,也都隐含了这种冲突。

因此,波斯纳的这本讨论民主与法治的新著,尽管针对的是美国社会的现实,对于中国法学家和政治学家却可能有一些及时的启发。

一

波斯纳讨论的其实是美国的一个古老的政法——而不仅仅是

法治——问题。美国建国时期有关宪法的争论就提出了"多数人的暴政"的难题。[2] 因此,《美国宪法》以及之后的宪法实践,在包括波斯纳在内的许多美国政治学者、宪法学者看来,追求的从来都不是一个纯粹的民主政体。《美国宪法》中体现或规定的三权分立和联邦主义,制宪三年后通过的《权利法案》,马伯利诉麦迪逊案建立的司法审查,乃至南方重建以及美国内战后的三条重要宪法修正案都表现出美国宪政一直避免走上纯粹的民主政体。在法学界,这一民主与法治的争论更多集中为对司法审查制度的质疑,比尔德甚至指责马伯利诉麦迪逊案是一个"伟大的篡权"[3]——篡夺了人民或由人民选举出来的国会和总统的权力。两者之间的矛盾并不总是尖锐的;只是社会一旦遇到了重大分歧,这个矛盾就会表露出来,围绕着各自的政治利益和追求,各派学者会展开激烈的讨论,提出自己的理论,看起来是抽象的理论,实际上却总是有很强的针对性,有隐含的政治日程。

例如,比克尔"最小危险部门"的理论。[4] 比克尔认为,司法审查(法治至上)并不是不民主,相反是对民主的一个有效补充。因为宪法是人民通过的;构成宪政部门之一的最高法院是政府中"最小危险的"决策部门。即使它的决策一时不能令民

---

[2] 参看,汉密尔顿、麦迪逊、杰伊:《联邦党人文集》,商务印书馆,1980 年,页 206;"在共和国里极其重要的是,不仅要保护社会防止统治者的压迫,而且要防止一部分社会反对另一部分社会的不公。在不同阶级的公民中必然存在着不同的利益。如果多数人由一种共同利益联合起来,少数人的权利就没有保障。"又可参看,托克维尔:《论美国的民主》上卷,商务印书馆,1988 年,页 284。

[3] Charles A. Beard, "The Supreme Court—Usurper or Grantee?" in *Essays in Constitutional Law*, ed. by Robert G. McCloskey, Vintage Books, 1957.

[4] Alexander M. Bickel, *The Least Dangerous Branch; The Supreme Court at the Bar of Politics*, Bobbs-Merrill, 1962; 中译本,亚历山大·M. 比克尔:《最小危险的部门》,姚中秋译,北京大学出版社,2007 年。

民主与法治的张力

众满意，但恰恰因为最高法院作出了依法但不代表民意的决定，这样的决定方可以检验民众的激情是否持久，是否强烈，可以让民众能够"三思而行"，防止民众因无知或恐惧而做出一些事后追悔莫及的蠢事。因此，比克尔认为，司法审查说到底还是符合民主原则的。比克尔的著作出版于 1960 年代初，之前美国联邦最高法院（1954 年）判决了布朗案件，废除公立学校内的种族隔离，引来了大量的抨击。比克尔以此为最高法院的激进决定做了一个温和的辩护。

1970 年代后，美国政治开始逐步右倾；但最高法院仍然为自由派法官主导，因此受到了攻击。攻击点有两个方面，一是不守法治，因为最高法院的解释超出了宪法的"原意"；因此，二也违反了民主。在这种情势下，伊利提出了"强化代表"理论，为 1950—1960 年代的美国联邦最高法院的一系列判决辩解。[5] 伊利构建了一个有关《美国宪法》和宪法修正案的基本目的，即要创建一个由选举产生的、真诚并名副其实代表全体人民利益的代议制政府，一种民主政治。而这种代议制能否成立和有效运作，在伊利看来，前提是能否保证所有有能力的成人都参与政府官员的选举，推选出公正代表了所有人的官员。只要司法决定推进了这些价值，伊利认为，即使最高法院的决定违背了宪法条文的原意，却仍然与被解释的宪法在精神上一致，推进了宪法意图推进的民主价值。在伊利看来，1950—1960 年代联邦最高法院的一系列决定都强化了代议民主。

随着 1980 年代后美国政治和社会日益保守和右倾，联邦最

---

[5] John Hart Ely, *Democracy and Distrust: A Theory of Judicial Review*, Harvard University Press, 1980；中译本，约翰·哈特·伊利：《民主与不信任：关于司法审查的理论》，朱中一、顾运译，法律出版社，2003 年。

高法院中保守派法官数量逐渐增加，最高法院之前的一系列自由派判决受到了更多挑战，甚至有可能被立法机关或时下的最高法院推翻。在这种情况下，一些新的民主和司法审查的理论又出现了。例如，阿克曼的"宪法时刻"两元论民主理论。[6] 他认为，世界上有两种民主政治活动，一种较高，发生在有革命自我意识的时期，即所谓的宪法时刻，美国建国、美国内战和南方重建以及罗斯福新政都是这样的时期。这一时期会形成和凝聚一种深刻、广泛、真正且无可挑剔的具有合法性的民众意愿。另一种民主政治活动则稍低，发生在常规时期，是普通政治生活。阿克曼认为，当法官运用"宪法时刻"所采纳的原则来废除日常政治的立法产品时，这种司法审查并非不民主；相反，他们是在忠于一种更深刻的民主概念，关注了一种在公共辩论和真诚思考的历程中经过检验并精制了的民众意愿。但阿克曼列举的这三个"宪法时刻"很成问题。建国时期和内战时期没有问题，确实那时制宪或有重要宪法修正案，称其为宪法时刻不为过；罗斯福新政则很牵强，因为新政时期并没有修宪。因此，阿克曼的真正追求是要维护罗斯福新政以来的自由派政策。如果日趋保守的最高法院试图以民主为由推翻1950—1960年代最高法院的判决，在阿克曼看来，不仅违反了真正深刻的民主精神，同时也构成了违宪——违反了他心目中的宪法时刻的社会共识。这是一个学术上有创意，政法实践起来很是危险的追求；凭什么你说是宪法时刻就是宪法时刻，而这个宪法时刻凝聚的民众意愿又是什么？这等于放弃宪法文本和法治。

---

[6] Bruce Ackerman, *We the People*, *vol.* 1: *Foundations*, Belknap Press of Harvard University Press, 1991. 中译本，布鲁斯·阿克曼：《我们人民：宪法的根基》，孙力、张朝霞译，法律出版社，2004年。

接着，到了1990年代后期，又有了图希奈特的"大众宪法"理论。[7] 简单说来，针对1990年代以后已经为保守派法官占据且盘踞的联邦最高法院，自由派已不再指望最高法院了，他们想转移战场，图希奈特因此强调宪法并不只有最高法院说了才算，立法部门、行政部门都是宪法的部门，不能把宪法的解释权仅仅交给最高法院的大法官们，应当从大法官手中把宪法拿走，交给人民，交给由人民选举产生的立法和行政部门。因此，有了所谓"大众宪法"。

当然还有其他许多理论，所有这些理论都试图在《美国宪法》确立的框架中，在一些有潜在冲突的主要价值理念指导下，针对美国当时社会的现实政治问题，试图协调民主与法治（司法审查）的关系。如果仅仅从理论上来看，这些理论都言之有据，言之成理。但问题是，理论再完美，也不过是一个强有力的论点，具有规范作用和指导作用，却未必有实证的效力。从法学的角度来看，制度的制约更为重要。

二

波斯纳在书中提出的理论仍然属于这个美国传统；但有所创新和推进。他通过理论的和实证的分析指出，美国实际上运行的民主和法治，都是实用主义的，而不是理想的。所谓理想的，在民主理论和实践中，即该书着重讨论的慎议民主制（deliberative

---

[7] Mark Tushnet, *Taking the Constitution away from the Courts*, Princeton University Press, 1999.

democracy）；这是杜威式的民主，强调通过教育和提供信息来促使更多的人参与到民主生活中来，通过审慎、知情的思考，作出重大决策。在法律理论和实践上，理想的就是法律形式主义，即相信通过一套法律专业技能，依据预先确定的法律规则推演获得正确的法律决定。所谓实用主义的民主理论和实践则是熊彼特式的民主，它强调民主制中精英的作用。在法律实践上则是一种考虑所有相关因素并注重系统后果的实践性推理，必要时它甚至会出于策略考量而采用法律形式主义的修辞。

但为什么号称理想的美国的民主与法治，在实践上却是实用主义的？是因为受了一种主义的影响吗？这种实用主义的民主与法治好不好？是否应当追求更理想的慎议民主和法律形式主义？波斯纳没有从理想主义的道德哲学和政治哲学出发，而是坚持了他一贯的追求，基于多学科的研究成果，从社会科学的角度出发，为美国的实用主义民主和法治（司法）实践作了相当充分的解说和辩护。大致说来，波斯纳分析表明，在现代社会，不可能在实践上真正采用慎议民主制。因为从人性上看，人们的利益关切总是不同的，并不是也不可能所有的人都关心那些政治或法律学者认为普通人应当关心的问题。不错，"天下兴亡，匹夫有责"；但这只是从道理上讲该当如此，实践起来，普通人的偏好不同，信息处理能力也有限，社会分工使他们往往专注于与自己有关的问题；许多重大决策涉及政治哲学和诸多的具体知识，需要严密的论证推理，而这并非每个人或普通人喜欢和擅长的。因此，波斯纳结论认为，现代社会的民主制必定是代议民主制，是精英民主制，这是现代民主的现实可行的形式，也是一种实用主义的民主制。

人们很容易质疑，这种实用主义的精英民主削弱了民主，会带来不良后果。波斯纳认为并不必然。除传统的尊重个人自由、限定国家权力等理由外，波斯纳阐述的另外一个重要论点是，这样的一种精英民主制其实可以使人们有所分工，将更多时间和精力放在各自关心的问题，特别是"发财致富"上，培养出利益交换的、务实的和平等的观念，对整个社会的结果，无论是经济上还是政治文化上，都更好。这是一种实用主义的论证。

此外，表面看来，精英民主似乎不够民主，慎议民主更为理想，但波斯纳指出，实践起来，慎议民主要比精英民主更为精英，不可能是民众全面参与的民主。因为，任何制度都无法要求民众个个懂行，而且都审慎思考，这其实是强人所难。在现代社会中，真正能参与慎议民主过程的其实一定是高度精英的，几乎需要一种大学教授才具备的能力、智力和闲暇。因此，慎议民主在实践上一定是排斥民众参与的。这是支持精英民主的另一种实用主义的论证。

在波斯纳看来，民主制实践的最核心问题并不是什么说起来最理想，而是要在人的天性、各种社会条件制约的前提下，考虑什么样的民主最可行，会带来什么样的系统的后果。波斯纳坚持了民主的追求，但不把民主作为一个至高无上的绝对价值。他强调制度运作的后果，但又不接受简单的基于个案的后果论；他总是强调制度运作的系统后果。在这种系统的后果论中，法治和司法审查也可以找到它应有的位置。

值得注意的是，与前面提到的诸多理论相比，波斯纳不认为自己提出的是一种新的关于民主与法治的理论，因此期冀政治家和法官都接受这种理论，美国社会的民主和法治实践因此会有所进步。波斯纳不相信一个新概念或一种新理论可以对世界直接产生影响。通过对美国政治和司法的大量的经验分析，波斯纳认为美国民主和司法的实践体现的，所有美国法官在不同程度上实际遵循的就是实用主义的民主理论和司法理论。波斯纳自认为本书不过是在对美国民主实践和司法实践作一种描述或概括。在波斯纳看来，无论是美国人民，无论是政治家还是法官，无论他们口头上声称自己坚持什么主义或哲学，他们都是天生的日常实用主义者，都有一种天然的实用主义倾向。实用主义是一种弥散在美国全部日常生活的美国人哲学。

但实用主义的民主和法治理论不完全是描述，也不完全没有规范或指导的意义。针对近年来美国的一些重大事件，例如，克林顿弹劾案、2000年大选危机以及"9·11"事件后美国的法律回应，波斯纳进一步展开了他的实用主义的民主与法治分析。他认为，最终引发克林顿弹劾案的联邦最高法院判决就缺少了某些实用主义考量，因为一些大法官把"没有人高于法律"这个法治的口号过于当真，变成了一个教条，最终使得一件本来意义并不大的性骚扰民事指控变成了耗费资源、牵动各政治派别神经的一件"国家大事"，引发了政治危机。

但在2000年大选问题上，波斯纳指出，最高法院的决定则非常实用主义，成功避免了可能的政治危机。然而，波斯纳也认为，该判决意见书的弱点在于，没有给出坦诚且有力的实用主义论证，而是大量使用了意识形态化的民主概念。波斯纳认为，由于布什和戈尔所得选票相差无几，这时候一个实用主义的考量是应当假定，两个人都代表了足够的民意，两人的政治合法性相当，因此谁最终成为国家的领导人对国家没有什么重大差别。在此前提下，波斯纳认为，联邦最高法院就不应当斤斤计较谁多得了几张选票，因为这个问题最终也很难在实质意义上精确确定哪种做法符合真正的民主理念，最高法院应当关注的是依据现有法律规则考虑如何防止最坏的大选结果，防止总统继位问题发生宪政危机，因为这样的危机会导致国家政务和安全无人负责的问题，对整个美国都可能是一个巨大的灾难。联邦最高法院必须履行自己的政治功能。实现正义，哪怕天塌下来；在波斯纳看来，这是一种不负责任的司法态度。

在对"9·11"事件后美国反恐措施的分析上，波斯纳同样从实用主义的角度批评了那种教条主义的强调公民权利、不允许权变的自由主义论点。波斯纳指出，人类社会发展并非一个不断推动自由扩展的理想过程，自由和权利永远都是相对于环境而言的；至少在有些紧急状况下，为了避免重大的危险，必要性（necessity）要高于法制（legality）。当然，即使在紧急状况下，也仍然需要平衡各种重要的利益；只是这种权衡必须从事先的角度来看，而不是总是采取事后诸葛亮的态度看待那些当时必要事后看似过分的措施。实用主义的司法不追求唯一合理的答案，而是追求一种合乎情理的答案，因此是一种复数的答案。

波斯纳的这些分析，如同他以往的著作一样，很犀利、大胆、严格乃至近乎冷酷，其结论自然会有"政治不正确"的地方，一些中国学者会本能上不赞同。但无论如何，其分析的深度、广度和细致程度以及他对于多学科知识特别是经验研究的成功运用都使人印象深刻，并引人思考。

当代中国社会中，民主与法治作为口号已经流行，但如果不在经验上予以考察、验证和反思，却可能妨碍民主和法治在中国的实践和发展，从而变成一种空洞的话语。对民主和法治的经验考察和理论反思并不是为了也并不一定导致信仰的破坏，相反，没有经过深入思考、反思甚至怀疑而接受的所谓信仰很可能只是知识人的一种矫情。

三

我不想继续拙劣概述本书的主题。书是要自己读的。我只想指出阅读本书的另一个视角。

这本书在一定意义上也可以说是一本比较——在跨文化的意义上——政治和法律理论的著作。本书大量讨论了奥地利和德国法学家和思想家，有许多甚至是波斯纳为撰写本书部分章节特意研读的。贯穿全书的熊彼特，以及专章讨论的凯尔逊和哈耶克，这三位学者都是奥地利人，此外波斯纳还不时提及近年来在中国名声渐起的卡尔·施密特，一位希特勒时期亲纳粹的重要德国学者。同此前的著作相比，波斯纳只是在《道德和法律理论的疑问》一书中较多分析过哈贝马斯的法学理论。因此，这是他第一次给予欧洲大陆的学者如此多和系统的关注。从学术讨论涵盖的地域上，这也表明了波斯纳学术的扩展。

不仅是空间的扩展，还有深度的开掘。这些学者之前都已经有很多人研究了，有些甚至已经开始被人们逐渐淡忘。但波斯纳的分析总是保持了学者因独立而敏锐的感受力，从中开掘出了新意，对一些似乎已成定论的问题给予了新的解说和批评。例如，熊彼特此前一般是作为一位重要的经济学家受到学界重视，波斯纳在本书中却集中关注了熊彼特关于民主的思考以及隐含的实用主义，将熊的民主政治思想同熊的经济学思想联系起来了。我不知道西方学者是否有其他人关注过熊在这方面的理论，但至少对中国学者而言，波斯纳的这一分析研究是全新的。对凯尔逊的研究也是如此。凯尔逊的纯粹法学在中国法学界基本上是众所周知,也有不少批评和分析,但是从来没有人——包括在西方学界——如同波斯纳,指出了这一纯粹法学的构架实际上为社会科学介入法律决策留下了巨大空间。对哈耶克的分析也有同样的出奇之处。尽管哈耶克是一位经济学家,一位广泛涉猎社会科学、有重大影响的思想家,但是波斯纳分析指出,由于哈耶克误解并过分强调了普通法的形式主义,因此哈耶克的法律理论实际上拒绝了社会科学在法律实践中的存在。所有这些分析和结论,都可以商榷,但是波斯纳研究的深入、洞察力和论证仍然令人赞叹。

值得注意的还有,波斯纳对这些学者的解读也是一种创造。例如,基于所有的信仰都是特定民族或文化群体的信仰,施密特认为不存在解决道德和政治争议的客观方法,因为不存在能够调和这些信仰的普遍理性;由此施密特得出的结论是,要保证司法的稳定和确定,唯一途径是从社会中排除那些与大多数人信仰不同的人,他甚至用这一观点支持纳粹在司法机关排斥犹太人。尽管身为犹太人,波斯纳却分享了施密特的基本发现,也借助了施氏的逻辑,只是得出的结论完全相反。波斯纳认为,既然美国存在着诸多不相容的观点,既然无法将这些观点整合成为一套和谐的法学理论,那么妥善解决这个问题的办法恰恰是要在司法制度上保证这些不同的观点都得到代表,让各个群体都有他们的法官代表。因为,当社会不同质时,一个社会背景、性别、种族和其他影响重要政策判断的因素都同质的司法机构会是一场灾难。这一点令我想起一件趣事。1970年美国参议院审查尼克松总统提名的联邦最高法院大法官人选,有人认为人选哈罗德·卡斯维尔(G. Harrold Carswell)法官太平庸(mediocrity)。参议员赫卢斯卡(Hruska)为其辩护称:"就算他平庸,但这个世界上很多法官、民众和律师也很平庸，他们难道就没有权利得到些许代表吗?"[8] 这种观点当然荒唐，在不断强调提升民众法治意识和法官专业知识和技能的今日中国，更是政治不正确。但会同波斯纳的分析，却引发了我的思考，也值得我们思考，可能有助于我们更冷酷地理解民主的真正功能：未必是追求卓越，或仅仅是得以发声。

不能仅仅将这些都归结为波斯纳的天分。对于我来说，最重要的是，波斯纳从不迷信前人研究的结论，不相信流行的结论，不相信别人对这些学者思想的概括或其他第二手的资料。他总是认真研读第一手的材料，用他的经济学家、法学家、社会学家的眼光来理解，用自己的经验以及他人的经验研究成果来验证。对于这样一位学术成就巨大，审判、教学、研究和写作都极为忙碌的65岁的在任法官，这是何等得不易！不易不仅在于体力、精力和时间，更在于开放心态。这一点对于我，对于我们这一代中国法律学人，应当是一种鞭策。

当代中国，社会正在转型，民主与法治都在一种不断调整中（因此也就是摇摆中）艰难前行。我们当然首先要关注中国的法治与民主的实践问题，但也应当关注其中隐含的重大理论问题；我们不但要关心中国的经验，而且要关注国外的经验；不仅是美国的，而且是世界各国的。为了中国的法治和法学，我们都需要长期的、坚韧的努力。

2005年6月27日于北大法学院

---

[8] 原话是，"Even if he is mediocre, there are a lot of mediocre judges and people and lawyers. They are entitled to a little representation, aren't they?" 请看，Richard Harris, *Decision*, Ballantine Books, 1972, p. 110。

社群主义的挑战？[*]

> 一切深奥的推理……可能使论敌无以应对，却不能使他信服……
>
> ——休谟[1]

一

和一切主义一样，社群主义其实不构成一个单一的思想体系，而是对在某些方面看法近似的学者的思想（例如麦金太尔、桑德尔和瓦尔泽）或/和社会运动（例如女权主义、建构性批判法学）的粗略概括。社群主义内部差别并不小，并不因分享了或被贴上了一个主义而真的有了同一性。但大致说来，社群主义都对当代西方社会，以及发生在这些社会中的冲突、矛盾和问

---

[*] 原文载于刘军宁、王焱、贺卫方编：《公共论丛》卷4，生活·读书·新知三联书店，1997年。
[1] 休谟：《人性论》下卷，关文运译，商务印书馆，1980年，页495（译文参照英文本略有调整）。

题，作出了批判，将这些令他们不安的社会现象归结为据说是支撑并支配了西方社会的自由主义和个体主义。

例如，麦金太尔（Alasdair MacIntyre）在《追求美德》[2]中，一开始就提出了他写作此书时美国社会中无法解决的三大争论：战争与和平、人工流产和社会福利。争论之所以无法获得社会共识，在麦金太尔看来，是由于建立在自由主义和个体主义（麦金太尔称之为情感主义伦理学）基础之上的美国当代社会伦理碎裂了。麦氏认为，要解决这种伦理危机和道德理论危机，就应当继承或回归失落了的以亚里士多德为代表的美德传统；而要使传统美德得以存在和维持，最基本的社会背景条件就是要有这样一个分享共同利益（善）的社群（或共同体）；在这个社群中，成员对他们的共同利益（善）有共同的追求。公允地说，麦氏并没有明确呼吁社群的建立；作为一个伦理学家，他也无法指出如何在当代西方社会实际重建社群；只是，这种期盼在其书中相当明显。

又如，女权主义法学家韦斯特（Robin West）认为现代以来作为西方社会的法律制度基石的个体主义和自由主义体现的是一种男性伦理。而女性，由于生理特点，天生具有一种不同于男性的"女性道德"：总是更关怀他人、体贴他人、照顾他人的利益；即使发生冲突，也不只是论理，强调规则，而是更看重情分，更注意维护持续的关系。因此，她和一些女权主义法学家都主张要依据这种据说是人人相互关心、相互体贴的女性道德来重

---

[2] Alasdair MacIntyre, *After Virtue: A Study in Moral Theory*, 2nd ed., University of Notre Dame Press, 1984；阿拉斯代尔·麦金太尔：《德性之后》，龚群等译，中国社会科学出版社，1995年。

社群主义的挑战？

建美国的法律制度。[3] 这也是一种社群主义的主张，尽管其大旗上写的是女权主义。

在美国学术界，社群主义几乎同时被其倡导者和反对者视为或界定为一种与西方社会占主导地位的个体主义和自由主义尖锐对立的道德哲学和政治哲学。一些学者甚至认为它不仅应当而且可能取代个体主义和自由主义的政治哲学和道德哲学，进而试图据此构建社会、修改法律。社群主义向个体主义和自由主义提出了挑战。

然而，这种挑战是真实的吗？如果真实，是在什么层面？中国学者又应当如何看待这场争论？本文不可能回答这些问题，只是基于自己的初步阅读，谈些看法。

二

个人和社群的关系问题是近代以来西方政治哲学、道德哲学的一个老问题。尽管在近代有长期的争论，然而，在我看来，这是近代西方社会因资本主义发展、社会分工细致化、社会流动性增加，出现了现代哲学和社会意义上的个体之后，才出现的一个问题。马克思（《共产党宣言》）、迪尔凯姆（《社会分工论》《自杀论》）对此都有过细致的、令人信服的理论分析。托克维尔在《民主在美国》一书中对美国个体主义形成的分析基本上也是这一思路。如果接受这种分析思路，那么自由主义或个体主

---

3 请看，Robin West, "Jurisprudence and Gender," 55 *University of Chicago Law Review* 1 (1988)。

义——无论作为社会实践还是以理论形态出现的政治伦理哲学——在近现代西方社会成为主流，就不应被视为一种"主义"或"思想"的产物，而是社会经济生活以及相应的社会组织结构变迁的产物。换言之，洛克和密尔并没"创造"社会生活中的自由主义和个体主义，而是社会生活中的自由主义和个体主义创造了洛克和密尔。不是洛克和密尔说出了自由主义，而是自由主义说出了洛克和密尔。洛克和密尔在西方自由主义学术传统中的重要性是他们之后西方社会经济、社会结构的历史变迁过程中逐步构建起来的，而不是因为他们先重要了，西方社会随后在他们的理论基础上或按照他们的理论建立起来了。这就如同孔子在他生活的年代只是诸子百家中之一家，其重要性是后来的中国历史构成的，是后代学者的认同和阐释的结果。伟大学者的身后历史并不是其著述之意蕴的展现，相反其身后历史作为语境决定了其著作的意义。"天不生仲尼，万古长如夜"之类的话是当不得真的。

这不是否定思想家的历史重要性。这不仅因为一个思想家总是说出了一些他人没有说出的话，或他人不如这位思想家说得精辟、凝练，容易为人们理解和接受（这表明在思想史上不是思想分享者有同样的意义），而且我也承认在一定限度内，"主义"作为人们可认同的符号具有构建现实的作用。但归根结蒂，只要人们还承认社会和历史都是众人各求生存的合力产物，我们就不能把一种以理论形态表现出来的"主义"看得太重。

正是基于这一点，我才认为，哪怕社群主义在学术界再轰轰烈烈，只要西方社会的经济、社会结构不发生重要变更，它就不可能，在实践层面，对作为西方社会之基石的自由主义和个体主义构成实质性的全面挑战。如果市场经济要求高度自由流动的、高度专业化的个体，并正不断促进和塑造自然人成为这种文化个体，那么这些高度流动的、追逐自我利益的个体如何能组织成麦金太尔认为回归美德传统所必须的那个追求共同利益的社群呢？你不可能只是说，为防止道德危机或道德理论危机，为获得伦理共识，让我们结成一个追求共同利益的社群吧，人们就会放下自己各自的利益追求而结成这样一个或一些社群。即使人们可能一时在某种改造社会的理想主义追求下结成社群，他们也会为什么是他们真正的共同利益，应如何实践追求而争论不休。如果麦金太尔的判断是真的，当代西方社会中无法达成共识的道德论争反映了道德危机，那么，我想这也绝不是因为西方人不懂得要追求他们的共同利益。他们的道德争论无不是为了说服对方接受自己的观点，各自坚信自己观点真正代表了人类社会或本国社会这个更大社群的共同利益。甚至也正是这个原因，当代政治自由主义的代表人物罗尔斯在《正义论》中提出的正义原则在有些学者看来属于社群主义。他们面临的问题是不能确定并实践他们的终极目的（*telos*），无法在实际的具体问题上确定他们的共同利益。是不能也，非不为也。

三

假定，社群主义在当代西方对自由主义和个体主义在总体社会实践层面并不构成挑战，这并不自然地意味，在智识上也不构成一种挑战。我认为，在智识层面，或者在理解当代西方或美国社会中发生的种种社会问题上，社群主义研究者的确有贡献。不能将这两个层面的问题混为一谈。试图以社群主义取代自由主义和个体主义的学者的窃喜，或某些自由主义学者对社群主义的轻视，都混淆了这两个层面的问题。

社群主义对自由主义政治伦理哲学，对基于这一哲学基础的法律制度言说有许多质疑，例如情感主义的（高度个体化的）伦理学不能构成令人信服的社会和道德基础；人性的复杂，社群归宿感对于人以及社会生活的高度重要；道德实践的意义和前提是社群；等等。这些都是自由主义如果作为一个自洽雄辩的理论体系必须回答，却难以回答的问题。

社群主义在智识上对自由主义和个体主义构成了挑战，但提出了挑战不意味着社群主义自身在智识上已解决了这些问题，或者社群主义在智识上可以取代或应当取代自由主义和个体主义成为当代西方社会的基础。这就好比一个人论证了克林顿不适合担任美国总统，并不意味着他已经论证了自己是美国总统的最佳人选。社群主义同样没有在理论和实践上解决自由主义和个体主义理论面对的难题。有些问题似乎智识上解决了，但仔细看，就会发现，也仅仅是通过概念界定完成的。例如，麦金太尔对社群主义的偏好在一定程度上基于他对人的界定。他认为依据亚里士多德的美德传统，"人"这个概念本身就不是当代西方的那种自然人，而必然包含了善的概念，包括了人的终极目的。换言之，并粗略说来，麦金太尔将人这个概念变成了一个规范的或目的论的概念，就如同我们说"做个人真不容易"时所使用的那个人的概念，更类似孟子话语中的"人"。又如，麦金太尔强调美德与实践的关系，强调美德与智慧的统一，强调美德与传统的关系。由于他的美德概念囊括了如此多的成分，自由主义和个体主义可能遇到的许多问题也就从他的理论中被有效排除了。

然而，这种哲学层面的成功对于现实生活的实践者来说是空

社群主义的挑战？

洞、苍白的。我可以承认人有终极目的，但我不知道什么才是正确的终极目的，或我的理解与你的理解有不同，怎么办？如何让这个世界的所有人都接受麦氏的界定，并努力实践成为这个无比高大的人呢？我也承认美德是一个总体性概念，必定是实践的，但现实社会中的活动都是具体的，我必须也只能在一个个具体事件中生活。比方说，我就不知道此刻在写这篇短文时我的活动是不是体现了一种美德？我也承认美德与智慧密不可分，是在具体时间、地点恰当地做事，但我不知道我现在所做的事是否恰当，抑或有更恰当的事可以去做？我也承认社群是重要的，甚至承认它优先于个人，但是我如何进入那样一个社群，以实践的美德取代我此刻的分析和言说？或是选择进入任何一个社群都可以，我可以选择吗——不需要我想进入的那个社群的接受？正是在这个意义上，我认为，作为哲学伦理学的社群主义主要是批判性的；它给予当代人的只能是一些纲要性启发，一种对现代性的反思。却无法实际指导社会生活和个体生活。这是传统道德哲学一种无法克服的弱点，同时也是它的优点。体现了知识的另一种地方性。

也许麦金太尔已经看到了这一点，并隐含在《追寻美德》一书的最后一句话："我们正在等待的不是戈多，而是一个完全不同的人，圣本尼迪克特"。[4] 将永远不会到来的戈多与创建了基督教隐修教士社团的本尼迪克特并列，在我看来，麦金太尔几乎是以一种隐喻和委婉的方式说：他在学理上认可的社群主义是一个毫无希望的希望。麦金太尔接受过马克思主义的学术传

---

[4] 麦金太尔：《德性之后》，同前注2，页263。圣本尼迪克特（St. Benedict, 480—547），意大利人，天主教隐修制度和本笃会的创始人。

统，他著述中体现出颇受指责的"相对主义"，他选择了社会伦理学史研究而不是构建社群主义理论，以及他否认自己是社群主义者等，都显示如此解读他不仅成立，甚至可能是对他的深刻理解。如果这一解读成立，麦金太尔就不仅是在批判自由主义和个体主义，他也在批判社群主义，而不是一个倡导者（尽管人们通常这样标签他）。但也由于这一点，麦金太尔也比其他一些社群主义实践倡导者更深刻、复杂，更有历史眼光。

四

另外一些社群主义学者，因为某种认知角度或为了某种学术和社会功利，没有这样理解麦金太尔，没有理解从哲学理想层面到实践操作层面之间的困难，而试图依据社群主义的伦理原则来重构西方社会。他/她们构建出关于理想社群的画图，以他/她们的政治主张作为社群的公共美德，同时又试图诉诸当代西方的政治法律制度来构建这种理想社群。他/她们认为现有的政治法律制度所体现的价值和原则仅仅是一种人为的选择，是相对的，是一种"虚假的必然性"，因此只要通过争夺文化霸权，就可以改造这个社会，改造社会政治法律制度。[5] 在法学界，以昂格为代表的建构主义批判法学，以及一些激进女权者，就是这种社群主义的代表。

对于这种追求实践的社群主义，我们同样可以提出种种疑

---

5 Roberto Mangabeira Unger, *False Necessity, Anti-Necessitarian Social Theory in the Service of Radical Democracy, Part I of Politics, a Work in Constructive Social Theory*, Cambridge University Press, 1987.

社群主义的挑战？

问：在今天当代西方社会碎裂化的道德共同体中如何获得一种不是在概念上而是在实践上众口称是的道德目标？即使获得了普遍认可，又应如何对待社群中必然会存在或迟早会出现的少数不认可这些目标的人和那些试图变革创新的人？如果这种高度认同的道德追求在实践上出现了重大偏差怎么办？在现代的流动社会中，而不是在那些偏僻的小型社区中，又由谁来保证这种道德得到切实执行？如何防止这个社会的成员或临时的来访者——例如一个外来投资者——违反这种公认的道德？所有这些问题都不是一个社群主义理想能回答的。

我在其他地方已提到过分强调道德一致以致缺乏必要弹性可能给社会带来的危险[6]，不再重复。在这里，我仅仅从法律关注和要求的技术操作层面来分析女权主义者提倡的以"关怀道德"作为法律制度原则的主张，何以不可行。所谓"关怀道德"强调的是，一个社会中的人应当互相关心、互相爱护、互相帮助；这不仅是一种道德义务，在一些女权者看来，而且应成为一种以制裁保证的法律义务。目标明晰且良善，问题是制度实践。如果有个孩子落入游人云集的昆明湖，无人来救，或有些人来救了，还有些有能力的人没有来救，我们应当如何处理这个问题？按照这种社群主义的主张，似乎应当处罚那些未履行这一法律义务的人以维护这种"关怀道德"。然而这一看起来正当的理想，司法上难以操作。由于游人很多，落水是偶然事件，我们无法划定谁对这一孩子负有符合社群主义的法律义务。一旦要划定（例如，以落水者为中心、100 米为半径内的所有人员都有这种义务），这种划分必定专断——有什么理由距离 100 米和 100.5

---

6 参见本书《把道德放在社会生活的合适位置》一文，注 5 及其相伴正文。

米的人，责任差别就那么大？而且实践中，我们又能依据什么标准判断一个人履行了或没履行——伸手救援？跑步过来？呼唤他人？——这一义务？即使这一切在技术上都不成问题，也需要数量惊人的司法执行人员和辅助人员来辨识和确定责任，社会费用会高得惊人，最终将阻遏这种法律实践——这还仅仅是一个小事件！在我看来，任何一个现代的、开放的社会都无法长期承担这种费用。这也就意味着，无法长期坚持这种听起来似乎完全正当的社群主义实践。这也就是为什么，即使在中国社会中，尽管人们屡屡谴责见死不救，也有不少人试图立法来解决这个问题，但这种立法至多只能是纲领性的、导向性的，除极个别便于确认责任的情况外，基本无法付诸司法实践。这种立法实际上已失去了法律的意义。

五

说了这么多，并不意味着我完全赞同自由主义和个体主义，反对社群主义。与前述第二节的观点相一致，我认为，作为实践的"主义"及其理论形态都要受制于具体的社会语境，个人倾向并不那么重要。

就中国社会的整体来说，随着中国的改革开放、经济发展、人员流动，社群主义很难有太大实践意义。就一般趋势来看，中国社会将变得更为自由，人也将更个体化。但是，社群主义，无论作为实践还是理论，对于当代中国都是不能忽视的。简单说来，首先，由于中国地域广阔，各地经济发展不平衡，在中国的一些农村地区，社群仍然是社会生活的基础，因此存在着实践的社群主义。了解社群主义的理论则可能有助于我们理解这些地区人们的生活、行为方式和情感,有助于我们辨析其"利弊",有助于防止脱离社会背景、轻易地以某种自由主义理想和法治来改造这些社区。[7] 其次,社群主义和自由主义的论争有利于我们看到它们各自的弱点和欠缺,因此对正在现代化的中国保持一种比较谨慎的注意反思的态度,注意通过社会的公共选择在个体与社群之间在实践上保持一种张力。对社群主义理论的研究和反思则是这种努力的一个必要组成部分。

最后,从个人经验来看,我总觉得,理论形态的"主义"之争,往往有夸张的倾向。不仅在西方社会中学术之争往往是推进不同利益集团的利益的工具;在学术市场上,夸张的强烈对比也往往是获取学术或智识之接受空间的有效广告。在利益这个放大镜前,一些理论上的差异被放大了,似乎势不两立。而在实践上,这些问题也许不那么严重,甚至可能不构成真问题。因此,在承认差异之时,我们切不可将学术广告过分当真,甚或自己也加入了这种标新立异的游戏。马克思的名言——"哲学家只是如何解释世界"——其实是看得挺透的。

1997 年 2 月 19 日北大蔚秀园

---

[7] 可参看,苏力:《秋菊的困惑和山杠爷的悲剧》,《法治及其本土资源》,中国政法大学出版社,1996 年。

经济学帝国主义?*

> 我决起而飞,抢榆枋而止;时则不至,而控于地而已矣。奚以之九万里而南为?
>
> ——《庄子·逍遥游》

《中国制度变迁的案例研究(第1集)》[1] 是一本经济学家的个案研究报告汇编。但是如果不是从作者的学科出身来阅读这本书,也不过分关注它所借助的学术术语之出身门第,并因此摆脱对此书的经济学的定位,我们可以从中读出在学界看来许多属于其他学科的研究内容。对于关心改革中的中国社会的诸多学科,特别是法学的学者来说,这都是一本扎实、有见解、有启发的书。尽管在理论层面,它也许还没有提出更为一般的原理或核心概念,但有些篇章相当惊心动魄,发人深省,对我们的一些习惯看法提出了挑战。对于这本书的成就和不足,一些经济学家已

---

* 原载于《读书》1999年第6期。
1 张曙光主编:《中国制度变迁的案例研究》第1集,上海人民出版社,1996年。

经作出了细致且有说服力的评论[2]，无须我再来"叨叨"。引起我思考的倒是一个近年来颇为流行的说法："经济学帝国主义"。

一

的确，自1970年代以来，经济学研究呈现出一种强烈的扩张趋势，无论是社会学、人类学还是法学甚或是其他学科都面临着来自经济学家的挑战；有的学科甚至主动邀请经济学的加入，有的学者则似乎是皈依了经济学。1992年，贝克尔获得了诺贝尔经济学奖，可以说是这一扩张达到了最为尊荣的一步。贝克尔运用经济学理论研究了许多传统的社会学问题：犯罪、家庭、婚姻、人口、种族歧视等，将一大块"社会学领地"纳入了经济学门下研究，尽管还没有成为经济学独占的领域。1993年获得诺贝尔经济学奖的诺斯又从宏观层面将历史研究，甚至社会历史中的意识形态都囊括进入经济学的制度研究。在法学领域，尽管无人获得诺贝尔经济学奖，但是微观经济学对法学以及法律实践的影响，至少在美国，甚至超过了上述学科。无论是传统的普通法领域，还是近代以来的政府规制，无论是宪法理论还是程序法，甚至司法体制都经过了经济学的分析。科斯、布坎南等人在法学界有着重大影响，而波斯纳早在1973年就一手对美国的几乎全部法学领域进行了经济学的重构（当然，成功与否是另一回事，而且也与人们的视角和政治观点有关）。一大批法律

---

[2] 请看，《中国社会科学季刊》（香港），1997年春夏季卷，页234—260。特别是周其仁的文章。

经济学学者已经进入了从联邦最高法院以降的各级法院和各州法院，法律经济学早已从纯学术研究进入了司法实践。即使在中国，经济学也在向各个领域深入。在大学里，由于樊纲、汪丁丁、盛洪、张宇燕等人的漂亮的经济学散文和随笔，使得许多文科学生从思维方式到日常术语都有明显的变化，交易费用、信息成本、囚徒困境似乎是最便利的分析概念或模式之一。正因为如此，经济学帝国主义这一说法在包括经济学界本身的许多学术人士中传开。在美国，对法律经济学影响深广、被公认为法律经济学的奠基人之一的科斯本人就认为经济学管不了那么多，也不应当管那么多。[3] 这种说法自然也很快进口到中国来了。似乎，经济学帝国主义成了一个不争的事实。当然，对不同的人来说，这种说法可以是哀叹、谴责，也可以是调侃或自我解嘲。

然而，当我们说经济学帝国主义时，我们是什么意思？我们是在说，一些被定位为经济学家的人从事了其他领域的研究？或者是其他领域的研究者主动利用了一些据说是由经济学首先提出来的概念、命题或分析进路？或者是主流经济学的量化模型被广泛用于其他学科？在我看来，主要是前两种情况。而如果真是前两种情况，我们就很难说，这是一种经济学帝国主义的现象。

我想以科斯作为一个分析的范例。科斯是对当代法学有重大影响的经济学家，但是，他又很难被仅仅界定为一位经济学家，甚至即使在经济学界，他也不属于"主流经济学"。他毕业于商学院，部分就职于法学院，他一直对量化模型相当反感，甚至

---

[3] 参见，Richard A. Posner, "Ronald Coase and Methodology," in *Overcoming Law*, Harvard University Press, 1995, pp. 421–423。

对"理性最大化"这一经济学的根本假设也表示没有必要。[4] 不仅如此，如果从其他角度看，他的最有影响的、创立了一个经济学派并使他获得诺贝尔奖的两篇论文至少在其发表之际也很难说是传统意义上的经济学论文。《企业的性质》讨论的是为什么企业会发生。如果从广义的社会学角度来看，这研究的几乎就是一个社会学问题，即社会组织问题[5]；如果从法律的角度来看，这完全是一个法学的问题（由此可见，真实世界在学科层面上必定是多维度的）。科斯的另一篇论文《社会成本问题》更是首先发表在法学和经济学交叉学科研究的杂志上，并且，是法学杂志引证最多的论文。[6] 此外，从1976年至1990年间，根据《社会科学引证索引》，引证科斯的全部文献中，超过1/3来自法律杂志而不是经济学杂志[7]，而这种比重还在增加。[8] 这并不是怀疑科斯的学术身份，也没想通过定义之战为法学或其他学科"挖"一位学者或思想家来"光宗耀祖"。

---

[4] Ronald H. Coase, "The New Institutional Economics," 140 *Journal of Institutional and Theoretical Economics* 229 (1984), p. 231。"没有理由假定绝大多数人都在最大化除不幸福以外的一切，而且，即使这一点也不完全成功。" 在其他地方，科斯还说，欢迎经济学放弃"个体选择始终如一"的假设。"Duncan Black," in Ronald H. Coase, *Essays on Economics and Economists*, University of Chicago Press, 1994, p. 186. 均转引自, Posner, *Overcoming Law*, 同前注3, p. 412。

[5] 这在社会学上也是有传统的。韦伯社会学的一个重要传统就是研究官僚制和各种政治权力的组织。

[6] 有关的实证研究，请看, Fred R. Shapiro, "The Most-Cited Law Review Articles Revisited," 71 *Chicago-Kent Law Review* 751 (1996); 又请看, James E. Krier and Stewart J. Schwab, "The Cathedral at Twenty-Five: Citations and Impressions," 106 *Yale Law Journal* 2121 (1997)。在这两个根据不同数据库所作的实证研究中，科斯的这篇发表于1960年（实际是1961年）论文的引证次数都居榜首，且遥遥领先，超出排名第二的论文——霍姆斯的名著《法律的道路》——近一倍。

[7] William M. Landes and Richard A. Posner, "The Influence of Economics on Law: A Quantitative Study," 36 *Journal of Law and Economics* 385 (1993)（表6）。

[8] 在1986—1990年间，法学杂志对科斯这一论文的引证比例上升到40%。转引自Posner, *Overcoming Law*, 同前注3。

科斯的身份是与我们的习惯性思维包括哪些现象属于某个领域、学科相联系的，是与后来某学科学者的引证率、科斯在什么院/系任教、他的学术朋友的研究领域以及其他一系列因素相关的；甚至与诺贝尔奖的名字有关。

换一个角度看，我们似乎可以说，经济学领域本身似乎也在被蚕食。如果将哈耶克、科斯、布坎南、贝克尔、诺斯等人换一个界定（这些人如同科斯一样，重新界定其身份都不是没有理由或没有可能的），那么似乎就该是经济学悲叹了。最典型的也许是如今在经济学界很"火"的博弈论。我不想在此追溯博弈论的"原产地"，但可以确定地说，博弈论并不是经济学的传统产品；仅从"囚徒困境"这个名字就可以知道它是个"杂种"。1995年因博弈论研究而获得诺贝尔经济学奖的纳什先生根本就没有进行过任何传统意义上的经济学研究。而且，从知识社会学上看，任何学科，当它"入侵"其他领域时，它自身也必然会面临着某种被蚕食、侵蚀的危险。知识/权力并不必定为某个人、某个学科所独占。然而，面对这种状况，我们没听见经济学家惊呼"数学帝国主义""社会学帝国主义"或"法学帝国主义"，也没有很多经济学家称现在的经济学不伦不类。

为什么会这样？我们可以简单回答说，经济学研究现在很热，因此，经济学家有自信。其实如果从财政或就业来看，未必如此。至少在美国，法学院都比经济系更有钱，毕业生就业有保障，收入也更高。很显然，经济学家的自信心不来自他们更有钱或就业便利，"功夫在诗外"。我们还可以回答说，我们反对经济学的扩张是因为希望保持严格的学科学术传统。我尊敬这种学术责任感和荣誉感，但我们不可能"跑马占地"，靠定义取胜，来维护学科传统，重要的是要拿出令人信服的成果来。学术传统从来是通过学术成果，而不是通过分割地界来延续的。必须看到，学术世界同样是残酷的，学术研究是一种产品，最终要靠征服学术消费者的心来选择。当然，我这样说也许已证明我是经济学帝国主义的俘虏，但未必如此。一个真正有实力和自信心的学科和学者应当保持一种开放的心态，一种鲁迅先生说的"汉唐气象"。

而且，退一万步，我们要问，我们究竟是为了什么而进行研究？在我看来，引发我们思考和研究的并不是学科本身（尽管只有在某个或某几个学科的传统中，我们才有可能发现问题，才可能找到研究问题的进路），而是现实生活中的问题。既然社会生活本身不是按照我们现在的学科划分那么界定明晰，既然每个社会问题都可能同时具有多个学科的维度，既然经济活动是人类最基本的社会活动之一，既然人们在这个领域形成的思维和行为方式不可能不弥散到人的其他活动领域，那么，有什么理由说某些领域应当由某个学科独占呢？只要关心的是真实世界中的问题，学者就不可能，也不应当在传统的学科边界"饮马长江"，而必定为其求知的好奇心所驱动而"欲罢不能"。如果忘记了生活本身提出的问题，而沉溺于某个学科的现有的定理、概念、命题，那么他就不仅丧失了社会责任感，而且丧失了自我，也丧失了学术，因为他忘记了海德格尔的那个"存在"。正是在问题的指引下，真正的学者才从来不会作茧自缚，会不断自我超越。只要看看中外真正的大学者、大思想家，无论是孔子、老子、柏拉图、亚里士多德还是马克思或韦伯，我们都很难给他们作一个精确的学科定位。这不仅因为他们从来不是为学术而生活，而是因生活而学术的。重要的是思想和学术成果，而不是学科领域。

二

我并不否认学科传统的重要性，也并不因此主张废弃现有的学科分类。传统是我们可能研究问题的出发点，我国目前许多学科的发展之所以不尽人意恰恰是因为其缺乏真正坚实的学术传统[9]；而且现有的学科体系作为一种实际运作的制度也不是任何人试图废除或重建就可能实现的。只是，无论如何，我们不能将现有学科划分视为一套先验的、永恒的和应然的方案。只要回顾人类学科的发展，我们可以看到，我们目前的知识、学科体制都是历史演变、社会劳动分工的产物。[10] 这种体制从历史演化理性来看，具有合理性，它便于知识的累积和传承；但它确实也是许多偶然事件（例如，某个重要学者研究所跨越的领域、他对自我以及他人对他的定位等）碰撞的产物。现有的知识体制不是一种终极真理，各个学科的边界是可变动的，必定会随着社会的劳动分工而发展，随着学科相互渗透、交叉而发展，有的甚至会从学术舞台上消失（例如古代社会非常流行的占星学如今就从学术舞台上消失了）。事实上，近年来，国内外各个学科的发展都有日益交叉的趋势，即使经济学也不例外。在这一过程中，也许有些昔日的"显学"会失去其显赫，也许另一些不起眼的学科变得醒目起来，或者本来就很醒目的变得格外刺眼。但只要不是妄自

---

[9] 参见，朱苏力：《法学研究的规范化、传统与本土化》，《中国书评》（香港），1995年5月总第5期。

[10] 参见，沃勒斯坦：《开放社会科学：重建社会科学报告书》，刘锋译，生活·读书·新知三联书店，1997年。

尊大，有维护既得利益者之嫌疑，而是以学术发展和自我的学术兴趣为重，这并没什么了不起的。在这方面，许多学者也许应当向一些并非为了金钱或其他物质利益而乐此不疲的集邮者、京剧票友学习。

中国目前正处于一个重要历史转型时期，许多问题不仅有待于深入研究，甚至就有待研究。对于中国的问题，也并非如同人们很容易设想的那样，我们已了如指掌，而是还有不少一知半解，有时甚至就是不自知。引入的"西学"学科，固然凝结了前人的经验，但绝不应当而且也不可能成为界定中国的实际问题之学科性质和研究的圣经和紧箍咒。从我们的日常或社会生活中发现问题，进行问题导向研究，几乎不可避免地会出现不尊重现有学科"产权界定"但有利于提高效率的现象（又一个"经济学俘虏"之例证）。其实，现在许多学者都在不同程度上跨越了自己本来的学科界限，已经是"你中有我，我中有你"。在这样一个大的学术和社会背景下，经济学学者进入其他学科的传统领域，其实是一个正常的、好的现象。它不仅反映出中国学者对真实世界的关切和学术好奇心与责任心，他们的进入还可能激活一些实在太缺乏活力和学术理论竞争的学科领域。经济学家的研究当然不能取代其他学科传统的研究，因为"各村的地道都有许多高招"；他们的研究也必定会出错。但是，难道仅仅因为我们在本学科之内研究就一定不会出错，结果就一定更真确吗？上帝没有担保任何学者的研究结果必定真确。只要是真正的研究，那在一定层面上，就都在积累我们共同的学术和知识传统。

事实上，眼前的这本书，在我看来，就同时糅合了法学、社会学和政治学的研究，无论是所涉及的内容，还是所使用的方法，尽管作者已经被其学位、工作单位以及其他社会标签体制标识为"经济学家"。对于我这位法学人来说，它给予我的启发远远超过了目前中国学者的绝大多数法学（法理学和经济法学）著作。它使我看到了在一些具体的世界中法律、法规和政府机构的决策和行为是如何起作用（包括不起作用甚至起反作用）的，它让我看到了在这些具体的世界中，社会生活是如何塑造着规则，规则又怎样改变着社会生活，以及这一切活动的某些后果。例如，自发的股票市场是如何形成规则的（杨晓维文和陈郁文），政府垄断行业内的竞争与最后这种竞争又如何打破了这种垄断（张宇燕文），等等。这都是传统的中国法学理论没有的，在传统法学概念框架中甚至很难想象。当然，也许，这些个案本身并不具有普遍意义，法学界也无法直接利用；但是，它给人的启发可能具有普遍意义，它所蕴含的某些社会生活的常识可能具有普遍意义，这些研究者研究问题的态度和方法可能具有普遍意义。至少，它也给我们留下了一些珍贵的历史变迁的记录，以及这记录中隐含着的中国学者的思想和情感。

波斯纳，这位极力推进法律的经济学改造（但不限于此，尽管人们习惯这样标签他）的学者，曾经说过（大意）：即使法学家是一位社会清洁工，他们也不应只能使用传统的扫帚和拖把，不能用其他更为便利和有效率的工具。[11] 话虽俏皮，但道理是对的；这道理不限于哪一个人，哪一个学科。只有具备了这种常人的心态，我们才有可能超越自身的学科，超越"入侵"的

---

11 Richard A. Posner, *The Problems of Jurisprudence*, Harvard University Press, 1990, p. 438.

经济学"帝国主义"。[12]

> 1997年6月初稿
> 1997年11月23日改定于北大蔚秀园

---

[12] 我的追求显然失败了。为编辑此书,搜索资料时偶尔发现,这篇写于1997年的文章,与同期发表于《读书》上的蔡昉教授的文章(《经济学家为什么倾向于奉行"经济学帝国主义"?》),居然最早讨论了所谓经济学帝国主义问题。此后引出了更多关于经济学帝国主义的讨论,只是如今这个词竟变成了一种最容易为其他学科用来拒绝经济学方法的借口。事与愿违,才明白了孔夫子"不言怪力乱神"的明智。从中国期刊网上搜索的题目有经济学帝国主义字样的主要文章有,石士钧:《"经济学帝国主义"的合理内核及其启示》,《上海经济研究》,1999年第12期;杨玉生、杨戈:《"经济学帝国主义"评析》,《经济学动态》,2001年第1期;陈明明:《政治学在中国的命运——从"经济学帝国主义"谈起》,《天津社会科学》,2001年第2期;李树:《法律经济学:经济学帝国主义的重要表现》,《当代财经》,2003年第1期;朱富强:《经济学帝国主义的神话》,《当代经济研究》,2003年第3期;党国英:《从"哲学帝国主义"到"经济学帝国主义"》,《书屋》,2001年第12期(同名文章又见于《科学中国人》,2003年第7期);周玉燕:《经济学帝国主义及其启示——对诺贝尔经济学奖的反思》,《上海大学学报(社会科学版)》,2004年第1期;李树:《经济学帝国主义下的法律经济学运动》,《社会科学》,2004年第1期;傅沂:《经济学帝国主义的后现代主义哲学思考——兼论经济学研究重心的重新定位》,《理论学刊》,2004年第8期;李树:《经济学帝国主义扩张及其表现形态》,《社会科学》,2005年第7期;王骏:《"经济学帝国主义"与经济学在中国》,《经济问题探索》,2006年第5期;李树:《经济学逻辑的延伸——经济学帝国主义之道》,《中州学刊》,2006年第5期。

《新乡土中国》序*

一

这是一本研究当代中国农村的著作。[1]

以费老为学术楷模，作者追求理解当代中国的农村和农民；甚至在文字风格上也追随费老的《乡土中国》，简洁却细致，深入却不深奥。尽管作者自己称"费老是在更抽象层面上理解……"而他的则"是在具体农村调查中形成的一些随感"，但我还是认为这本书可以让人感到生活比理论更丰富，比理论更发人深思，可以让有志于中国学术的研究者看到中国社会中蕴藏着的理论资源，可以感到生活对学术敏感、自信和创造力的需求，看到中国学术发展的一种可能。

如今有不少人对研究中国农村或农民问题有误解，以为这只是一个比较土、没有多少也不需要多少社会科学的理论的领域而

---

* 原载于《法律书评》，法律出版社，2003年创刊号。
[1] 贺雪峰：《新乡土中国——转型期乡村社会调查笔记》，广西师范大学出版社，2003年。

已；认为如今都加入 WTO 了，同世界接轨了，因此只要研究"学术前沿"问题就行了；研究农村和农民问题已经不前沿了，甚至是思想不开放、学术视野狭窄的表现；当然也有人认为研究中国农村就是要替农民说话。其实这是无知，是不懂得什么是社会科学研究的表现。

本书作者确实非常熟悉中国的农村生活。但是，我敢说，仅仅熟悉农民或农村的人，甚至有文化的人，都不一定能写出这本书。因为作者是有学术关切的。细心者完全可以从书中看出作者的理论功底：他不仅对当代国内学者的研究成果很熟悉，而且对国外的一些理论也颇为熟悉；熟悉的还不仅仅是某一个学科——这本书融汇了多学科的知识。但是作者的好处是不求张扬所谓理论，不把理论——其实是各种名词——都摆到外面来；他只是在分析问题本身，关注问题本身，理论只是作为理解、分析和组织材料的工具。学过理论的可以从中看到理论，不了解某些理论的也会感到很有意思，因为生活最有意思。在我看来，这才是真正懂了理论，懂得了理论的用处，在此基础上也才有可能发展理论。

我喜欢这样的著述和文字。这样说，是因为近年来，不少中国学者都有学术的宏图大志，希望能够走向世界。但是在我看来，不少人可能对理论创新有误解，以为只有外国人的理论才是理论，因此理论就是进口许多大词、新词，而这些词在中国当下究竟指的是什么他并不清楚，甚至以为高深的理论就是除了自己别人都不懂，或者连自己也不懂，或者就是让一套语词以及与之伴随的亢奋情感牵着自己走。在这些人那里，生活世界成了理论的装饰，因此他们的理论也就仅仅成了一种装饰。我认为这是一条歧路，尽管最终判断还要等着学术市场。贺君不是这样的人，是不信邪、有主见的人，是不唯书的人。

这是因为作者的学术关切是出自对中国社会、对人的关切。作者以自己所在的湖北省为基地，跑了中国的许多地方；他追求对日常生活的理解和把握，注意那些人们通常不大注意的却有学术意味的细节。因此，作者虽然以中国农村为研究对象，他的学术视野却是开阔的；他的研究以社会改造为导向，但是他摈弃了道德主义的进路。他的努力是建立在社会科学的基础上的。其实，如果从求知和学术的角度来看，研究的问题本身没有什么高下、土洋和先进落后之分，落后的只能是学者的观察力和思考力。观察、理解生活中的问题是回答和解决问题的第一步；而理解问题不可能仅仅通过读书、读"先进的"理论书完成。必须面对生活本身，让生活的问题本身在自己的面前展开，理论仅仅是一套工具，把引发你关注的似乎不相关的社会现象勾连起来。

也正因为关切的是中国社会和农民，而不是意识形态，因此作者也就不追求一个政治正确的立场，一个代表"弱势群体"说话或所谓"说真话"的道德立场。这也是坚持社会科学研究的立场的一个重要方面。说实话，研究中国农村和农民仅仅因为这是中国的一个问题，是我们身边的一个真实的问题，是中国现代化无法回避的问题。这个问题近现代以来一直都是中国社会发展变革的最重要问题，甚至可能无须加限制词"之一"。即使今天也是如此。中国加入 WTO 了，中国更对外开放了，中国的经济高速发展了，中国的城市人口增加了，所有这些都以某种方式涉及占目前中国人口将近 60% 的农民。因此，中国要真正完成市场经济的转型就必须最终为农民提供足够的自由就业机会，无论他是从事农业或是从事其他行业。中国要法治，也就不只是在城市建立几个法律援助中心，或有多少法官或律师，而是农民的纠

《新乡土中国》序

纷可以得到农民愿意接受的因此大致是公正并有效率的解决——无论是通过司法、行政、民间调解或是其他什么方式，也不论有没有律师介入。中国要建设宪政民主，很重要的一部分就是中国的农民真正成为公民，实际享受到国家直接赋予的权利，而不是像现在的许多地区那样，农民实际享受的是地方性权利，得更多依赖熟人网络或从自然社区寻求帮助。甚至，现代化还包括了"教育"——一种现代化的规训——农民，使他们随着中国社会现代化的发展，随着他们的生活环境的改变，逐步自觉摈弃——而且他们自己也一定会摈弃——那些与现代化生活不相适应的观念和行为方式——也许他们要有更多一些个体主义，更多一些普遍主义，更少一点地方观念和老乡观念，更多一些协作精神，等等。但是要注意，这种教育不只是宣传，而是现代化生活给农民带来的激励和制度约束的改变。正是在这个意义上，我感到作者研究中国农民和农村问题完全不是某种道德化因素推动的学术选择，不是一种姿态，而是中国今天社会生活推动的真正的学术选择。这样的研究可能成为农民利益的代言人，却不是为了成为农民利益的代言人。这就是社会科学的立场。

二

这本书的另一个好处是把握了时代背景，也就是书名中的那个"新"字，因此也就需要界定一下。

费孝通先生当年研究时，中国确实是一个"乡土中国"。那时的农村基本上是经济上自给自足的；就整个中国来说，也基本上是乡土的。当时也有城市，有的甚至很繁华，如上海。但是，不仅城市经济（工商业）在国民经济中所占的比例很小，而且城市人口数量在全国人口中所占比例也很小，其中大多数可能在一代之前还待在农村或者就是流入城市的农民。因此，就整体来说，当时的中国确实是乡土中国；或者，费老的一本英文版著作的书名中译可能更准确地注释了他的乡土中国的准确含义——"捆在土地上的中国"[2]。

今天的中国尽管农民还占了中国人口的大多数，略低于60%，中国最广大的地区仍然是农村，但是中国已经不是捆在土地上的中国了。不仅在中国国民生产总值或国内生产总值中，农业比例已经非常小了。最重要的是，今天的中国农村已经不再是自给自足的经济了。农民的种子、化肥、农业机器都来自城市或城镇，甚至来自更遥远的地方。例如，种植水稻的种子大多来自遥远的南方种子基地，许多培育养殖的动植物种也都来自远方，有的甚至来自国外。在生产许多产品时，他们的目光使劲盯着城市甚至国外的市场。他们使用了电和各种电器，使用了汽油、煤油或柴油。在许多地方，甚至浇地的水都要购买——今日中国农民的生活在很多方面都已经同城市连接在一起，已经构成了现代工商社会的一部分。他们的孩子已进入各种学校；他们当中的许多人都已经进入城市，成为"农民工"，甚至成了准城市居民。在广东省的东莞市，当地人告诉我，本地人口只有100多万，外地民工则有500—600万。当代中国许多农民的最主要收入已经不是费孝通先生所说的从土地中刨食了。在这个意义上看，中国的农民和农村现在其实更多是捆在市场上，而不是捆在

---

[2] Hsiao-Tung Fei and Chih-I Chang, *Earthbound China: A Study of Rural Economy in Yunnan*, revise ed., prepared in collaboration with Paul Cooper and Margaret Park Redfield, University of Chicago Press, 1975, c1945.

土地上。就整个中国而言，已经是"市场中国"了。当代中国农村和农民的生活和命运都更多与市场、与现代民族国家，甚至间接地与全球化相联系了。这是我们考察中国农民和农村的一个基本时代背景。

事实上，如果把握了这个背景，那么就可以看出，这本书中讨论的所有问题几乎都与这一点相联系。中国农村已经不是"熟人社会"了，而是"半熟人社会"了。甚至村庄的含义也变了，出现了自然村与行政村的区别。人际关系开始理性化了，出现了村治的问题；提出了制度下乡的问题。有了计划生育、"大社员"。有了两委关系、党政关系、干群关系，等等。只要看一看本书的诸多题目就可以看到中国农村的变化了。

中国已经不是"乡土中国"了。这也就是需要深入研究和理解当代中国农村的一个重要原因。

可是，我难道真的是在为书名较真吗？我不过是借这个书名指出了今日中国的变化，以及中国问题的变化而已；也是进一步强调研究中国农村和农民对于当代中国的意义。只有清醒地意识到这一点，我们的微观研究才会始终保持一种宏观气象；乡土社会或农村问题研究才具有普遍的意义。费孝通先生的《乡土中国》就紧紧把握了当时中国农村正在开始的这种变化（请想一想"文字下乡"等问题），因此为我们创设了一部难以绕开的经典。今天我们也可以并应当这样做。

三

今年早些时候，作者将这本书寄给我，我读得很愉快。之后，作者又来电话，要我替他的这本书写一个序。我一贯对给别人写序有抵触情绪。因为至少到目前为止，大多是有成就者、长者给新人、后辈写序。而在我看来，贺君在农村方面的研究是远在我之上的，虽然我比贺君年长十余岁，但进入学术研究的时间大致相当。我也一直将他视为朋友。现在请我作序，一下子唤起了两者之间的距离。

说一直可能令人误解，因为我认识作者并不久。先前他在荆州市任教时曾按期给我寄过他们学校的学报，后来也常常在许多杂志上看到他的文章，包括一些重要的学术杂志。由于当时他的就职单位是一个职业技术学院，因此并不在意——其实学者常常是"势利"的（也不全是势利，也有节省信息成本的问题）。偶尔读了他的文章，才觉得，虽然比较毛糙一些，分析有些简略，但可以说是虎虎有生气，给人启发挺多。作者不仅对相关文献比较熟悉，更重要的是材料充分，并且会从中提炼问题，提的问题也比较真和实在，论述分析也都很到位。这是我读他的论文的第一印象，也是读这本书的印象。只要看看此书中一些篇章的写作日期——有时是一天写了两三篇，我们就可以感到作者勤于思考、勤于写作。

2001 年夏天，作者邀请我参加了他主办的一个农村研究的会议，我们第一次见面，有过一次比较长的夜谈，感到作者是一个真正的学者：热爱学术，勤奋，认真，有学术追求，坚持学术平等，不盲从，有社会责任感，思考问题有深度。但是最让我感到自己与他有差距的是他对真实世界的了解和对相关材料的熟悉。

书就在这里，可以印证我的这些印象，同时也证明了作者的学术能力、追求和勤奋。我也就不用多说了。

2002 年 12 月 3 日于北大法学院

超越"不过如此"*

一

这是一部从社会角度考察美国司法的著作[1],因此必然在某种程度上会揭露美国司法的一些社会内幕。作者有着长期美国留学、工作经验。他选择了美国司法上的一些著名但没有进入法学院教科书的案件和事件,他没有集中关注职业法律人通常关注的法律推理和判决理由,而是比较详尽地介绍了这些案件的来龙去脉、社会背景,国际国内和台前台后各种政治力量对司法的影响、角力和干预,以翔实的历史材料,强有力的逻辑和理论分析,比较充分地展示了塑造美国法治的社会力量,同时展示了美国法治的一些不光彩甚至可以说是黑暗的一面。为过去十多年来太多赞美乃至近乎崇拜美国法治的中国法学界、法律界和司法界,为更多注定只能从书本中了解美国法治的中国年轻学子,作

---

* 原载于《法律书评》第6辑,北京大学出版社,2007年。
1 鱼崇:《自由女神下的阴影——"美国式法治"断片》,中国法制出版社,2007年。作者原计划此书名为《不过如此——非著名"美国式法治"案例拾零》。

者提供了另一个观察美国法治的视角,并提供了一个适度的平衡。

作者的使用、分析、整合经验材料的能力,将理论思考融入叙述的能力都是出色的。可以看出,作者受过很好的法学训练、社会科学的学术训练。作者的文字表达也很生动、饱满,充满了年轻学者的阳光和力量,例如,"我如同持刀划过自己皮肤一般小心翼翼地……"这类文字屡见不鲜。

鉴于这两点,我认为这是一本及时且有益的书。

因为,在当代中国法学的学术语境中,尽管几乎人人知道法律的生命是经验,而不是逻辑,但法律事件总是容易被视为法律自身逻辑的结果,无论是通过遵循先例、法律解释、法律推理、法律发现。总之法律,特别是形成文字的法律,是或应当是唯一推动案件发展、决定案件结果的因素。这种思路是职业法律人用以主张和捍卫司法独立的基点和出发点,无疑有必须予以高度尊重的社会价值;但在现实生活中,作为一种社会现象的法律又确实常常受制于种种社会力量,无法仅仅按照法律(无论是普通法还是制定法)的字面含义甚或立法者的意图推进展开。当所有的人都开始掌握和竞争法律话语之际,现实的法律就变成了一种以法律话语包装的各种力量的对决,更不用说流行观念和时代偏见对法律的塑造了。

本书作者侧重于从后一视角理解某些美国法律的结果。它当然不能替代前一视角,甚至乍看起来与前一视角下的理想法律有冲突,但我仍然认为这一视角的必要和互补功能。不仅因为作为法律人,我们永远不能无意或有意地忽略经验中的法律,更重要的是当利益攸关时,即使是法律人也都会诉诸法律逻辑之外的力量。想想围绕刘涌案的社会争论!想想围绕邱兴华案的社会争论!

　　因此，本书的重要性并不在于如何全面理解美国的法治实践，而在于如何清醒冷静地对待和处理我们周边正在进行的法治实践。作者是清醒和冷静的。在他看来，法治无疑值得追求，但我们第一不能把文本中的法律和现实的法律等同，或用一个取代另一个。第二，不能期待法治只有好处，没有弊端。第三，不应把美国的法治理论和实践等同于理想的法治，把特定的法治模式普世化，忘记一个社会中法治的社会根基和历史传统，并因此放弃了我们应当有的警惕和努力。

二

　　上面的话并不是吹捧，相反。因为我看到，作者写作此书的用心很容易被误解。这本书很可能成为一本被有意忽视，甚至会受到谴责的著作。这一点作者已经有了预期，他估计自己很可能被视为"掘粪人"。不仅因为作者的笔玷污了中国法学界多年来有意无意编织起来的美国法治的神圣，而这神圣附着了众多政治的、经济的和精神的利益；更重要的是，面对着显然不完善而有待发展的中国法治，这种暴露也许会令一些读者茫然——如果失去了全力效仿的对象，也许会失去追求法治的动力。法治必须信仰，许多法治理想主义者都如此宣称。

　　但这个看起来很是纯情、纯真、纯洁的命题背后的追求并不纯粹，而是夹杂了某些实用主义的考量和抉择。说穿了，就因为法治并不完美，就是担心人们发现这一点就不会一往无前追求法治了，因此最好先把或一定要把法治的毛病都藏着、掖着，要求人们信仰，而把对法治问题的洞察保留给自己。出于利害权衡，我倒也不反对这种实用主义的考量和抉择；我只是反对把这种考量和抉择打扮成纯情的理想主义，以此来排斥另一些同样基于实用主义考量、对法治同样真诚的追求和努力。例如本书作者的追求。

充分理解了法治在现实和历史实践中的问题并不一定会削弱人们对法治的信念和追求，相反可能会使这一信念更具韧性，对法治有更现实的期待，对我们自身的历史使命有更坚实的规划。浪漫者会勇敢追求可歌可泣、惊天动地的爱情，但这种追求常常最容易幻灭。比较务实的爱情期待则不会或不会轻易因一次失恋甚或欺骗而被击溃——毕竟"谁的爱情为了古今流传？"[2] 不过是为"执子之手，与子偕老"罢了！今天，许多人甚至未必期待"与子偕老"了。

而且，我也不认为这种"揭露"或"扒粪"会湮灭美国法治在总体上的成功。因为，法治的成功从来都不停留于言词或话语，而一定伴随着国家的和平和繁荣。

尽管如此，本书还是表明了作者是有勇气的。这种勇气不仅来自他比我们多数人更多了解美国法治（基于知识的伦理），更来自他对中国社会和法治现实的关心，而不是对学术主流的关心（基于政治的伦理）。这一点作者在"代序"中有足够的表达。

---

[2] 电视剧《贞观长歌》插曲的歌词。原歌词为"谁的爱情来了，古今流传"，本文作者引用时有意改动了一字。

超越"不过如此"

三

读者可能产生的误解,固然与中国当下的主流法治意识形态有关,与读者的前见或"信仰"有关,但公道地说,与本书作者的表达方式也有关。因此,考虑到现有的制度条件——主流法治意识形态——情况下,作者的表达方式可以改进。

作者看到了并且有效地表达了现实中美国法治的问题,也有一定程度的语境化思考和分析。但作者第一,似乎更多胶着于案件或事件本身,而未能将其中真正可能属于法治的问题,以及良好法治运作对于社会条件的要求,这类更具理论性的问题提出来。因此,轻率的读者很容易得出一些没有分寸的结论:法治看来也不怎么样,或者美国法治看来也不怎么样。例如,从罗森伯格间谍案(第一章)中很容易看到政治陷害,政治干预司法,不正当的程序,法官不负责任、虚伪和沽名钓誉等;从泰瑞安乐死案(第二章)中又很容易看到美国政治中所谓分立的三权之间的相互交错和侵蚀;从卡特琳娜飓风案(第三、四章)中则让人看到了联邦主义在应对重大危机时可能存在重大缺陷,迫使我们必须深入反思中央与地方的分权问题。

这都不错。但在这些问题上,还需要作者更精细的辨析,特别是考虑到中国读者的知识和文化背景。作者若是能够区分哪些问题是一般法律制度的问题,哪些是美国法律制度的问题,以及哪些是任何制度都无法解决的问题——社会条件的、人的或偶发的意外的问题,则会避免某些误解。例如,罗森伯格间谍案的社会背景——麦卡锡主义，这就不是法治本身可以解决的。当一个社会本身已经陷入一种时代的偏见之际，任何人都不可能指望法治作为救世主。上诉中审理此案的法官弗兰克，一位著名的法学家，明知罗森伯格夫妇的罪证不足，却谢绝行使权力解救他们，仅仅因为他自己和罗森伯格夫妇都是犹太人——他想避嫌。我们固然可以视这一点为弗兰克法官不负责，但这是人性的普遍弱点；且在特定情况下，这未必又不是一个优点。由于这类问题只有少数比较精细的读者才能自己当即领悟，因此若是替读者着想，作者也许就必须挑明，指出一个思考的路口。在这些地方的精细，会使读者思路更开阔和复杂，也会弱化有强烈前见的读者的抵制。这是一种实用主义的写作考量；而对效果的考量和关注是实用主义的优点。

　　因此，不管怎么说，我觉得本书的书名——《不过如此》——不好，尽管若是从修辞效果来看，这很吸引眼球。难道对美国法治的全部概括仅仅是"不过如此"——且让我装扮成一个"政治正确者"以这种居高临下的口吻提问和质疑！我相信，这不可能是作者对美国法治或美国法治历史的概括。而如果作者真的如此概括，那么，这就恰恰反映了作者对美国法治或法治本身曾有过不现实期待，之后有某种程度的幻灭，以及作者渴望一个更完美的中国法治。这种追求当然是值得赞赏的，但我相信，即使有一天中国法治"建成"了，诸如此类的问题也仍然会在中国出现。我们难道能够仅仅用"不过如此"来予以概括？评价法治的标准从来也不是完美的，没有阴影和错误，远离卑下和怯弱，消灭权谋和猥琐，而是就整体而言，在特定历史时空中，它是否合乎情理地没有更好的替代。任何法治都不可能是一块玲珑剔透、洁白无瑕的羊脂玉雕，而可能如同龙门石窟的卢舍那佛,水迹、霉斑、风蚀,甚或有残缺,但在他面前,人们还是会肃然起敬。

四

这实际提出了一个更具普遍性的问题,如何进行比较法的研究?我将此书视为一个比较法研究的成果,因为前面提到贯穿全书的作者隐含的中国关切。

近现代以来中国比较法研究的基本趋向是用西方或一个理想的西方做尺子来衡量中国,发现中国的"不足",以求改进。在留下了重要历史功绩的同时,这种比较研究已经在中国法律制度研究和建设上留下了很多,有些甚至是很严重的麻烦。由于不像西方,因此匆忙改革;没有效果,接着再改;学日本、学法国、学苏联、学美国。标准似乎有二,一是形式结构上与某被效仿国是否相同,二是主观感觉上是否完美;二者其实又合二为一。这几乎是难免的,甚或是必要的。但这种研究进路忘记了对制度发生包括制度弊端发生之缘由的仔细考察。这是一种只有资料或信息增长但没有真正的智识增长的研究,往往会培养出一种基于具象或理想而简单否定或肯定的思维方式,一种激烈的甚至是革命的情怀。正是在这个意义上,尽管这本书展示了作者对法治丰富性和历史性的理解,强调了要警惕萨义德的《东方学》[3] 批评的思维模式,但或多或少地,"不过如此",这一概括仍然隐含了近现代中国比较法研究的那种基本理路,隐含了某些"东方学"

---

[3] 爱德华·W. 萨义德:《东方学》,王宇根译,生活·读书·新知三联书店,1999年。

的残余：一位中国学者用中国法学界构建的美国理想法治解构了美国的法治现实。

我不完全是批评。恰恰在此，我看到了比较法研究转向的必要和可能。因为若是继续这种研究进路，我们最终可能结论认为，所有的法治都"不过如此"，包括我们的正在建设的法治。我们应当转向对法治作一种真正历史的、社会的和语境的理解，而不是理想主义的或单线进化论的理解，不再驻足于挑刺。考察人类的特点或弱点，具体考察各个社会自身的方方面面，通过比较研究，发现各国法治的合理性及其制度的局限，即其隐含的脆弱和不足，即使是一些永远无法超越的不足。这种研究进路的主要力量是解说，但不是仅仅为了解说，不是为了维护现状，而是试图在充分意识到不足之后去努力超越，即使结果是西西弗斯的努力。

这种研究是可能的。可能来自我们日益增加累积的比较研究和跨文化资料的汇集，来自社会科学的研究方法和模型。在这两个基础上，我们也许会再一次发现比较法研究的力量，发现比较研究的广阔天地——今天我们的哪一个部门法的研究，哪一个法律专题的研究又不是比较法的研究？！

2007 年 4 月 14 日于北大法学院

图书在版编目(CIP)数据

制度是如何形成的 / 苏力著. —3 版. —北京：北京大学出版社，2022.7

ISBN 978-7-301-32915-3

Ⅰ.①制… Ⅱ.①苏… Ⅲ.①法律—文集 Ⅳ.①D9-53

中国版本图书馆 CIP 数据核字(2022)第 039131 号

书　　　名	制度是如何形成的(第三版) ZHIDU SHI RUHE XINGCHENG DE（DI-SAN BAN）
著作责任者	苏　力　著
责 任 编 辑	方尔埼
标 准 书 号	ISBN 978-7-301-32915-3
出 版 发 行	北京大学出版社
地　　　址	北京市海淀区成府路 205 号　100871
网　　　址	http://www.pup.cn　http://www.yandayuanzhao.com
电 子 信 箱	yandayuanzhao@163.com
新 浪 微 博	@北京大学出版社　@北大出版社燕大元照法律图书
电　　　话	邮购部 010-62752015　发行部 010-62750672 编辑部 010-62117788
印 　刷 　者	大厂回族自治县彩虹印刷有限公司
经 　销 　者	新华书店
	650 毫米×980 毫米　16 开本　21.5 印张　259 千字 1999 年 9 月第 1 版　2007 年 9 月第 2 版 2022 年 7 月第 3 版　2022 年 7 月第 1 次印刷
定　　　价	69.00 元

未经许可，不得以任何方式复制或抄袭本书之部分或全部内容。
版权所有，侵权必究
举报电话：010-62752024　电子信箱：fd@pup.pku.edu.cn
图书如有印装质量问题，请与出版部联系，电话：010-62756370